燕园记忆

北大熏习录

白化文 著

图书在版编目（CIP）数据

北大熏习录 / 白化文著. —北京：北京大学出版社，2010.6
（燕园记忆）
ISBN 978-7-301-16696-3

I. ①北… II. ①白… III. ①白化文－回忆录 IV. ① K825.4

中国版本图书馆 CIP 数据核字（2010）第 103249 号

书　　　　名：	北大熏习录
著作责任者：	白化文　著
责 任 编 辑：	丁　超　梁　勇
封 面 设 计：	海云书装
标 准 书 号：	ISBN 978-7-301-16696-3 / G・2872
出 版 发 行：	北京大学出版社
地　　　　址：	北京市海淀区成府路 205 号　100871
网　　　　址：	http://www.pup.cn　电子信箱：pw@pup.pku.edu.cn
电　　　　话：	邮购部 62752015　发行部 62750672　编辑部 62750883
	出版部 62754962
印　　刷　　者：	三河市欣欣印刷有限公司
经　　销　　者：	新华书店
	650 毫米×980 毫米　16 开本　21 印张　263 千字
	2010 年 6 月第 1 版　2010 年 6 月第 1 次印刷
定　　　　价：	36.00 元

未经许可，不得以任何方式复制或抄袭本书之部分或全部内容。
版权所有，侵权必究。举报电话：010-62752024　电子信箱：fd@pup.pku.edu.cn

前　言

一

　　我正坐在家里，百无聊赖，梦想着天上掉馅饼呢。北京大学出版社培文教育文化公司总经理高秀芹女史翩然来至，说是可以考虑给我出点什么。在下当然双手赞成。仅仅从出版角度看，值此世界经济不景气并必然影响书市之际，她们敢出未必能卖钱的书，除了出于扶助学术、惜老怜贫的公心以外，实在想不起别的来了。

　　高秀芹女史下旨，让掇拾旧稿，编出一本跟母校北大多少有关的小册子来。这是赏给咱多大的面子呀！赶紧动手，倾筐倒箧，悉索敝赋，初步弄出点眉目，立即上报。行，还是不行，那就听大伙儿的喽。

　　要说明的，其一是，拿出来的基本上是旧稿，这次把其中一些略加润色；新稿最多占10%。颇有炒冷饭骗稿费的嫌疑。无奈咱家年已八十，马戏团淘汰的老狗熊，玩不出什么新花样了。只可以此酬世。知我罪我，唯在读者矣！

　　其二是，我虽厕身北大，但从舍下人事加地域地划定一个范围，可就不限于北大了。在北大以及我在他处受过熏陶的人和事可是不少呢。无形中，能写入的就多了。"熏习"乃是在师友间得以熏陶染习之意。有老师，也有学友与朋友，范围也扩大不少。下及此处的"录"，便是录在下熏习所得，并非点他人之名，俾免贻讥焉。

二

　　以下，略述内容安排。

第一部分"熏习记往",分为:一、逝世的北大中文系诸位师长。现在,我在中文系从学过的老师,除了调往历史系的吴小如老师以外,全都不在了。为之怆然。二、不在中文系,而我问学过且关系比较亲密的老师,有吴小如(业师)、季希逋(推荐过我提升职称,可称"房师")两位老师。此外,讲授过非中文系课程的老师,有的已经逝世,如讲授"中国通史"的邓恭三(广铭)先生,讲授"西方文学"的李赋宁先生,讲授"政治经济学"的赵靖先生,这些位老师后来与我联系极少。就是中文系的教过我的老师,如杨慧修(晦)老主任,如王昭琛(瑶)老师,如章廷谦(以笔名"川岛"著称)老师,在我工作后联系也稀少,实在写不出什么像样的回忆来。吕德申老师逝世后,有人叫我写回忆,我勉强写了,就是现在这样子,自觉实在不行,不敢再写了。三、我在信息管理系(原名"图书馆学系")工作,我系的先辈王先生、刘先生,我有义务写。王先生辞世前的一两年,我向先生咨询过一些学术上的问题,后来又应王夫人等位的嘱托,办过一些事,可写的相当多,差不多全写出来了。刘先生和我接触极少。开纪念会,出文集时,系里派我按划定的范围写一篇,那并非刘老的专业所在,只是系里认为我得写,所以我就写吧。至于阴少曾先生,原来与我并不相识,"文革"后,在他的晚年,却是与我往来较多,写来笔下就带有感情了。四、侍坐周门多年,笔墨遂多。"周门"意为周氏家族,以我从学过的周绍良、周太初(一良)两位"亲教师"(盗用佛教的专名词)为主,上挂周叔迦等位老先生,下靠周家的师弟师妹。五、其他先辈,受教虽不多而印象深刻者,略作数篇纪念。

第二部分"书与人",先述与图书馆特别是北大图书馆有关的,那是因为我是北大信息管理系工作人员,我爱人李鼎霞是北大图书馆工作人员,虽然均已退休多年,还是经常在馆中出入。这是我们最熟悉的北大部门,有一些事,如果我现在不作记录,可能后来人就知道不了啦。我因工作关系,常应邀给校内同事和校友写点序跋、书评之类的短文，现在选出一些，编在一起。我为非北大系统的朋友写的这类文章也不少，并未阑入。

第三部分是寿辞、碑文。写碑文，有困难：当代的碑，往往留给作者挥洒的地方不大，只有古代写"颂""铭"那点地方。所以，只能可汤下面。显得不伦不类，寒碜！而且往往安置在碑阴，这在规制上是不如法的，但也只能这样了。咱是照给下的尺寸量度呀！这些碑文，也都是友谊特约，不能推托的。看人家家属伤心得死去活来，咱能不干吗？我干的这种活计也不少，现在挑选出几篇与我和北大有关系的来展览。如傅亨墓表，实属碑阴，颂、铭体裁，正规碑文之代用，属于一种新类型。我与傅大学长高中同学，各有各的小圈子，几乎没有交谈过；大学同上北大，他读化学系，更无往来。没想到最后能以此种方式为他送行。我想，兴许后世研究中国文体之学的学者，读到这一时间段的碑铭文字并看到实物，会发现碑文写法与树立之情况有相当大的普遍性变化，而且多样化，因而为之另立一节文字以概之。

在下乃无名下士，早已过气，或者说，从来就没有来过气。幸蒙友朋不弃，常以作序、草拟碑文底稿、写读后感等事见嘱。那是赏我的极大的面子。无奈在下年届八十，精力不济，喇叭吹不动了，难以为继。借此就向大家伙儿请假啦。谢幕！

以上略述梗概。最后，还是得感谢北京大学出版社，特别是高秀芹女史领导的部门。没有他们，就不会有这本小书。

咱们就这两下子，您要听真格的，下面就"开锣"！

白化文

2009年1月28日，星期三。紫霄园
2009年3月25日，星期三。修定

目 录

前 言 *1*

熏习记注

与北大中文系有关的几张老照片 *3*

● **一瓣心香　追忆燕园从学师长** *10*

浦江清先生二题 *11*

　　秋雨梧桐成绝唱　春风桃李有余哀——回忆浦江清先生 *11*

　　浦江清先生著《中国文学史讲义（宋元部分）》读后 *14*

游泽承（国恩）先生《中国文学史讲义》读后 *16*

对一次考试答案的忏悔——回忆魏天行（建功）先生 *23*

王了一（力）老师应《文史知识》之邀参与的三次春节评联活动 *27*

周燕孙（祖谟）老师二三事 *33*

我最敬爱的水晶般透明的林静希（庚）先生 *39*

吴组缃先生晚年二三事 *45*

琐忆吕德申先生 *49*

沉痛悼念褚斌杰学长 *51*

● **再一瓣心香　侍坐登堂琐记** *55*

此是深潭照水犀——学习《皓首学术随笔·吴小如卷》 *56*

仰望季希逋（羡林）先生 *60*

追随任又之（继愈）先生的一些回忆 *67*

- **又一瓣心香　贞元朝士曾陪侍** 79

  王有三（重民）先生四题 80

  　　王有三（重民）先生百年祭 80

  　　读王有三（重民）先生的《中国善本书提要》 83

  　　读《伯希和劫经录》 92

  　　《冷庐文薮》序 96

  学习刘国钧先生有关道教、佛教著作书后 102

  想念阴少曾（法鲁）先生 108

- **更一瓣心香　立雪周门记** 113

  普及佛法的大名家周叔迦先生 114

  周太初（一良）先生三题 117

  　　一封送迟的信件——为纪念周一良先生而作 117

  　　从圆珍述及"俗讲"的两段文字说起
  　　　　——纪念周太初（一良）先生 120

  　　周太初（一良）先生购买《北洋画报》 125

  周绍良先生六题 129

  　　深切悼念周绍良先生 129

  　　中国俗文学研究的两位先驱者
  　　　　——周绍良先生和关德栋先生 134

  　　唐人传奇研究的新的里程碑——读《唐传奇笺证》 146

  　　《绍良书话》后记 147

  　　《唐才子传笺证》前言 151

  　　从《新编全本季木藏陶》的出版谈起 153

- **追忆亲炙诸先辈** 160

  从《春明旧事》谈起 161

  启元白（功）先生是圣人 165

追忆王绍曾先生 *167*

朱季黄（家潛）先生与《文史知识》 *170*

书 与 人

- **书与人之一　图书馆与我** *177*

  国家图书馆的老读者 *178*

  "文津讲坛"与我 *181*

  抗战时北大学生存在图书馆的书 *184*

  熏陶——从沙滩到未名湖 *188*

  我的马氏书情结 *193*

  书影与藏书印 *198*

  藏书家身后盖印 *201*

  《北京大学图书馆藏古籍善本书目》读后 *204*

  我所知的老北大出版组（部） *210*

  深圳图书馆印象 *217*

- **书与人之二　出版社与我** *219*

  出版界培育我——从大众书店到北京出版社 *220*

  一以贯之地培养作者——一面，一指，一种杂志 *225*

  出版社培育我：上海辞书出版社与杨蓉蓉女史，
  　　以及渊源所自的刘铭恕先生 *231*

- **书与人之三　书店与我** *241*

  及时的回顾与前瞻——读《中国旧书业百年》 *242*

  惭愧呀，我的"书缘" *245*

  中国书店与我 *248*

  中关村里续书香——祝贺中国书店中关村分店开幕 *252*

- **说项话今** 255
  - 《文献学与文献学家》序 256
  - 《江淮雁斋读书志》序 258
  - 读《锦灰堆》 260
  - 周藏《北平笺谱》跋 264

寿辞、碑文

- **上寿添筹** 269
  - 秋浦周先生欣开九帙庆寿文集征稿小启 270
  - 秋浦周先生八十寿序 271
  - 恭祝秋浦周先生并沈夫人米寿暨结缡七十载寿序 273
  - 选堂先生米寿献辞 274
  - 临清季先生新开十秩庆寿征文小启 275
  - 临清季希逋先生九十寿序 276

- **酬世芜辞一** 277
  - 《北大百年百联》弁言 278
  - 《古籍整理浅谈》弁言 279
  - 《中国图书出版印刷史论》弁言 280
  - 《清代书刻牌记图录》序 281
  - 《清代敕修书籍御制序跋暨版式留真》序 282
  - 《佛教美术丛考二编》序 283
  - 《佛像粹编》序 284
  - 《开宝遗珍》序 285
  - 《风雅的诗钟》序 286
  - 《品味书简》序 287
  - 《月无忘斋诗存》小引 288

- **酬世芜辞二** *289*

  北京大学图书馆纪念先贤铸像铭文 *290*

  中国农业大学校庆铸钟铭文 *293*

  文昌院记 *295*

  大唐三藏大遍觉大师游学天竺那蓝陀寺纪念碑碑文 *296*

  七塔报恩禅寺新建山门牌楼落成记 *298*

  七塔报恩禅寺记 *299*

  天寿陵园叙 *301*

- **酬世芜辞三** *302*

  周绍良先生夫妇之碑碑文 *303*

  阎中雄之碑碑文 *304*

  傅亨墓表 *305*

  孟二冬之碑碑文 *306*

  联语小集 *307*

  一、为佛寺等处写的联语 *307*

  二、挽联 *310*

  三、喜联 *311*

  四、寿联 *312*

鞠躬如也

定位·从师·交流·考察 *315*

熏习记注

与北大中文系有关的几张老照片

我有几张与北大中文系有关的老照片,印出来供考索用。

一组照片是丁瑜老先生赐予我的,共3张。丁老乃北大中文系1949年毕业班中的一位。毕业后转入当时附设在中文系内的"图书馆专修科"。再经毕业后,进入北京图书馆(今称"中国国家图书馆"),在善本部工作,直至以研究员身份离休。今为中国图书馆学界元老焉。附带说明:北大的图书馆专修科乃1947年由王重民先生创立。当时可能汲取了美国大学中设立此科的经验。据说,在美国许多地方,并不设立图书馆学系,而是在大学里设有一种图书馆学专修班性质的特设班,专门招收大学毕业生,在此班中学习与图书馆学有关的知识与技能,结业时发证书。美国的各个图书馆馆员均凭此种证书上岗。我觉得,这个办法好,起码,先有一种专业打底子。其实,就拿图书馆学专业本身来说,学一两年足够了,还包括大量实习在内。四年制的图书馆学系(现在改名"信息管理系",很容易和别的系混淆)从高中生中招生,在校时有一半时间学的是别的系的课,毕业时缺乏某种专业知识,上岗后还得重新来。现在北大此系注重外语(重点是英语)和计算机的教学,倒也不错,学成1/3个英语系加1/3个计算机系,外加1/3个本系。可惜的是,这几年没有把本国的特别是古代文献的知识作为重点,以致于学生到了如中文古籍部、善本部等单位,很难立即如丁老先生那样立即投入工作,因而在短期内还不如学古典文献专业的和中国古代史的,以及学中国古代哲学与宗教的吃香。

北大中文系49届部分学生红楼前合影

　　以上扯远了,回到对照片的解释上来。北大中文系1949年毕业班(1945年抗战胜利后入校的首班),据吴小如老师说,沥沥拉拉的有六十多位,但从来没有集合在一起照过相。1948年11月,是这个班的第七学期,解放军已经围城,一次上课后,一部分同学照了两张合影。

　　一张是在红楼前照的,经吴小如老师和丁瑜老前辈辨认,自左至右排序如下:

　　前排第三位林心慧,第四王鸿文,第五陈凤英,均为女史。第七位是吴小如先生。后排第三位黄盛陆,第四周淑芝女史,第五萧沅,第七王国璋,第八位是丁瑜老前辈。其余几位已经不知是谁了,希望知道的人们赐知。告诉北大中文系张鸣教授便可!

　　另一张是在民主广场上照的。

　　前排蹲着的第三位是周淑芝。另二位吴、丁两位先生都忘记是谁了。站着的,第一位是吴小如老师,第二位丁瑜老前辈,第六黄盛陆,第八萧沅,第十一王鸿文(露半边脸),第十二陈凤英,第

北大中文系49届部分学生民主广场合影

十三林心慧。其馀的各位,认不清了。也希望告知张鸣教授,谢谢了!

还有一张,是1946年春季春游时在香山双清别墅照的。经辨认,自左至右女史三位:鹿道慈,丁化贤,非中文系的韩女史。男

北大中文系49届部分学生香山春游时合影

北大中文系师生合影,摄于1950年6月30日

士为:前左韩立炎,前右宋玉珩;后排为张守常,葛士杰,翟尔梅。

中文系姚殿芳老师(现在北大对外汉语教育学院,已退休)赐给我一张照片,题为"北大中国语文系全体师生合影,一九五〇年六月卅日",是魏建功老师题的字。我在1950年秋季方入系,未得躬逢其盛。这里面的人,我只能辨认出不多几位来,还是请当时参加的各位老学长多赐教吧。据说,乐黛云老师在她的一本带有回忆录性质的著作中,已经把所有的人都认出,排有名单。此书我没有找到。请有兴趣的读者自行寻觅吧。

我们班,即1951级(我1950年入系,即因家事休学,1951年复学),1955年毕业,留有几乎全体师生的合影。每一位均可辨认,附有占位表。

我们班中的一部分人,在1953年暑假期间,经学校组织,到鹫峰大觉寺附近游览。住在大觉寺附近山上的一所废弃的破庙里,自带行李。大家把旧桌椅拼凑起来,凑合着住。晚上有人给喷敌

这是上面合影的占位表

敌畏驱蚊。我们班男生住天王殿,我睡在供桌上。女生与历史系的女生合住大雄宝殿。学校派大师傅给做饭。我们班带队的是我,历史系的是比我们高一个年级的梁从诫。理科的人,组织情况忘了。大家每天分头爬山游览。据说,山上有狼、獾,禁止单人上山,每人均需携一木棍防身。沈玉成(后为社科院文学所研究员,1995年11月7日逝世)极不习惯此种生活,酝酿起义返校。我极力镇压,说"此处不通汽车,要走几十里到颐和园才有车呢!组织纪律更不许擅自离队。一周后学校大卡车来接"云云。沈玉成大骂,说上了姓白的当了。几十年后,我经常调侃他,说:"比你当右派下放湖北咸宁五七干校如何?"

我们小组在山上,以奶头双峰(我们称之为"二公主岭")为背景,由李秉达(后为国家体委宣传系统负责人之一,印度归侨)给照了一张相。可惜,李秉达自己没有留下影像。留影的人是:

北大中文系51级部分学生鹫峰留影,1953年夏

头排左起二人：沈玉成、贺瑞君（后为西南大学中文系教授，2005年2月10日逝世）。

二排左起四人：潘兆明（后为北大对外汉语教育学院主任），冯振江（后为哈尔滨教师进修学院等处教师，退休后在老家定兴居住），王砚农（后为北京语言大学教授），孔相如（后为《中央民族大学学报》主编，2009年1月5日逝世）。

三排左起五人：林则勋（后为福建省文史系统干部），邵岳（后为北大中文系党总支书记，20世纪80年代初早逝），王桂珍（后为卫生系统教师，1988年2月13日逝世），我，我的追求对象李鼎霞（后来均在北大工作，1958年结婚）。

留影者十一人，今逝者五人。不胜今昔之感。

2010年是北大中文系建系100周年。我希望发表这些老照片，引起历史的回忆。

一瓣心香

追忆燕园从学师长

浦江清先生二题

秋雨梧桐成绝唱　春风桃李有余哀
——回忆浦江清先生

"后进何人知大老！"现在的喜爱文学的青年，知道浦先生的人恐怕不多了。可在三四十年代以至解放初，清华园"双清"的名字是很响亮的，这就是清华大学中文系的朱佩弦（自清）先生和浦江清先生，两位的名字中都有一个"清"字。浦先生的名字很雅，当时还有人为此出了一条上联："浦江清游清江浦"，求对下联，条件极苛刻：①回文；②偏旁要一致；③人名对人名，地名对地名。听说至今也没有人对出来，成为绝对了。

浦先生（1904—1957.8.31）是松江人。青少年时代家境清寒，但勤奋好学，靠本县的"清寒子弟助学金"，1922—1926年间在南京的东南大学外语系学习并毕业。在校时得到学贯中西的吴宓先生的赏识，毕业后被推荐到清华研究院的"国学门"，作陈寅恪大师的助教，从此转学中国学问。因工作需要，还在陈先生指导下，自学了梵文、天文学等学术，可说是学贯天地与中西的博学之士。1929年"国学门"撤销，浦先生转入中文系。1952年院系调整时调整入北大中文系任教，直到逝世。遗著集成《浦江清文录》，1958年、1989年各由人民文学出版社出版一次，第二次出版的集子中附有先生所著"诗词"。

先母常对我说起一件往事，即，1931年夏季，朱佩弦（自清）先生刚和陈竹隐先生订婚，在中南海租了几间房，过精神恋爱生活。陈先生是我外祖母和我母亲的朋友，她是成都人，负笈于当时的北平艺术学院，是齐白石、溥西园等先生的弟子，在北平的文艺界相当活跃,有时在真光电影院或清华大学礼堂参加诗歌吟唱演出,那可是古雅的玩意儿,但却很受高等教育界人士的欢迎。可是她在北平没有娘家,有时住我姥姥家。订婚时,我们这边还算大媒和女家的人呢。

朱先生订婚了,就想起自己的好朋友浦先生还没有女友。于是陈竹隐先生求我外祖母做媒,将我外祖母的堂妹介绍浦先生。这位小姐和陈先生年岁相仿,二十六七岁光景,当时也算是大女了。相亲地点在北海漪澜堂。浦、朱、陈三先生均出席,女方是那位小姐、我外祖母、我母亲还带着我。根据迷信的妈妈论儿,相亲时有一个父母双全的婴儿——最好是长子——参加,能促成喜事。我当时一岁多,作为吉祥物的条件齐备,得以与会。可是小姐相面的结果是,认为浦先生"无寿者相",此事告吹。浦先生果然享年不永,可是那位小姐在20世纪40年代中就因子宫癌去世,比浦先生走得还早呢。

那次会见,却出人意料地决定了我的一生。原来,我正玩家母的钢笔,浦、朱两位先生出于礼貌,夸奖了我几句,说将来可以往文学方面培养。家母认真起来,后来果真这么办了,造成我在中学偏科偏得厉害,数理化一窍不通,外语一锅粥,非念中文系不可了。

待我在北大中文系读书时再见到浦先生,已是1952年。1954年秋季,浦先生给我们开中国文学史第三段,即宋元明清部分,助手是吴小如先生。第一学期由程毅中大学长——原任北京中华书局副总编辑、现任中央文史馆馆员——和我担任课代表。当时我们班共有七十余人,分成两个小班,故而有两个课代表。

浦先生那时身体已经很不好,早上起不来,课时安排在上午最后两节。有时上课铃响了,老师未到,我们两个人就到燕东园浦先生府上去,侍候老师穿衣戴帽,常用浦宅的一辆女式自行车前推后拥,把老师载到课堂上来。浦先生是会唱昆曲的,他教元明戏曲,常采用吟唱法,意在熏陶。他老人家很认真,迟到的时间一定要补上。这可苦了大伙儿啦。毕竟我们那时是国家供给制,供饭,12块8毛一个月包伙。每天大米白面,四菜一汤,中午经常吃小炖肉,8人一桌。若与别的系合桌,去晚了就只剩下粉条子啦。再说,大师傅还等着清扫食堂准备上晚餐呢。浦先生拖课半小时是常事,有时能达到一小时。众人大有罢课之势,课代表夹在其中受苦。第二学期起,我就激流勇退,把这差使交给将要成为我爱人的李鼎霞啦。在下曾有打油诗一首:"教室楼(按:今为第一教室楼)前日影西,霖铃一曲尚低迷,唱到明皇声咽处,回肠荡气腹中啼!"现在想来,让老先生讲基础课未必是上策,要因人制宜。

可是浦先生是十分爱学生的,很想把自己的绝学传授下去。一个深秋的晚上,程大学长和我去见他,他执意要送我们出来,说遛遛。途中手指星空,大讲起天文来。可惜我们哪里听得懂!看到我们茫茫然的样子,老师大约失望了,以后不再提起。

徐枢大学长——就是现任中国社会科学院语言研究所博士生导师的那位了——是我班学习语言学的尖子,从二年级开始就发表相关的小文章。毕业前吕叔湘、张志公两位先生分别召见过他,均有罗致于门下之意。可是那一年中等专业学校大发展,我们班毕业分配,有一部分就分到那里去了。徐大学长分配到电力学校,语文不是那里的主科,徐大学长有点郁郁不得志的心态。有一天,他遇见了浦先生,把胸中的郁闷向老师说了,浦先生却说:"你可以研究电嘛!"过后,徐大学长向我说了,两人哈哈大笑。细一想,老师有深意存焉:到什么山上唱什么歌。只要抓住"研究"不放就行。因而我此后每到新岗位,一定服从工作需要,在工作中不废研究,多少干出些名堂来。都是受"研究电"的启发啊!

程毅中学长分配到西安石油学校教语文。1956年,北大又招研究生,他想考,就近托徐枢学长去问问浦先生。想不到浦先生说,不用考了,由浦先生向系里说,从西安要回来就是了。不久,程兄便"生入玉关"。在那时这样办,是要冒风险的。而程大学长和浦先生并无特殊关系。浦先生晚年指导的几位研究生和助教，如程毅中、傅璇琮和赵齐平，后来都各有建树。老师的独生女浦汉明那时正在北京师范大学中文系读书，默察老师对于她的培养和期待，绝不如对几位研究生那样殷切。汉明毕业后分配去青海，师母也没有留难。可见先生和师母以学术为公器的襟怀。我常诵陆放翁的名句："冀北当年浩莫分，斯人一顾每空群。国家科第与风汉，天下英雄唯使君！后进何人知大老，横流无地寄斯文！……"

浦先生逝世，时为教研究主任的游泽承（国恩）先生代室内的研究生和助教们作了几副挽联。程毅中读给我听，我对其中一副的最后两句印象深刻。但我的感觉是，此联风神绵邈，恐非老成人游先生的笔墨，而是出于惨绿少年之手，八成还是程兄的手笔。那就是：

秋雨梧桐成绝唱，
春风桃李有余哀！

浦江清先生著
《中国文学史讲义（宋元部分）》读后

先师浦江清先生授课讲义《中国文学史讲义（宋元部分）》，已经师妹浦汉明女史及彭书麟先生整理，由天津古籍出版社于2007年1月出版。老学生如我，为之欢喜赞叹。

浦先生于1954年在北大首次开"中国文学史"第三段即宋元明清一段（大致到1840年以前为止）的课程，为期一年。此后，1956、1957年毕业的两个班同学也听过。还有哪个班听过，我就不知道了。浦先生旋即谢世。我有幸听过首次开的课，并和程毅中学长并列第一学期的课代表（当时我们班七十余人，分成两个小班），也就刚好是"宋元"那一段的课代表。第二学期，我退出，由将要成为我爱人的李鼎霞继任，程大学长带着她，但我还是时刻关心课代表的事的。后来，我写过一篇回忆浦先生的文章，那里面说过的,这里就不再提。我在这里讲这些,只是说明有过这么一段因缘。

浦先生非常敬业,不断地修改自己的讲稿。汉明师妹等纂辑的,大致是根据起码三次授课的多篇讲稿,连缀而成。这就比我们当年首次听课抄的笔记要丰富和准确得多。她们付出的劳动也大得多。这里面兴许有她们再创造的成分,但估计极少。我常常为老学生未能给老师尽力而惭愧,又一想,我们没有掌握第一手材料的条件,师妹是最佳人选。说一句拟不于伦的话,可谓中郎有女也。

论开课,中国文学史第三段在解放前的大学里单独开设过的较少。一年制的中国文学史课程,能讲到唐宋的也不多。单独开设的词、曲、小说等专门化课程倒是有之。解放后,学习苏联,课程精密化、定型化,往往把文学史分成古代和近现代两大块来讲,出书也是这样出法,而且常组织集体编写。专讲"宋元"一段的,少见。成书者也不多。20世纪80年代后有所改观。可是,50年代由极有水平的专家编写的断代文学史,特别是宋元一段的,稀如星凤。浦先生此书的可贵之处,窃以为正好在于是那一阶段的一家之言。浦先生的学术,当时已经处于成熟期,有许多独到见解。50年代初,"犹忆开国全盛时",浦先生学习马列主义十分用心,并注意将之融化进自己的学术思想和讲义之中。当时政治运动尚不明显,学术界尚未受到太大的干扰。浦先生独立思考所得在讲义中触处可见。我想,我们抱着这样的见解去阅读这部讲义,定能如入宝山,满载而归。

我在毕业后辗转于多种工作之间,越学越杂,离中国文学史越来越远,有负师门培育。加以浦先生的学术博大精深,游夏何敢赞一辞。今日我仍能留于北大,每次途经第一教室楼先生授课旧地,辄有"岂无三宿恋,聊与一身归"之想。此次阅读此书,极有重温旧梦之感。读后感慨良多,只可择其要者,谨书如上。

          2007年3月14日,星期三。紫霄园

游泽承（国恩）先生
《中国文学史讲义》读后

前几年，有人说，天津古籍出版社经营欠佳，濒临严冬局面。正当风雪交加之际，天津市出版局慧眼识人，毅然起用与我是老朋友的刘文君女史，让她担任社长、书记、总编辑，集大权于一身。果收起死回生之奇效。而今此社日上蒸蒸，在古籍社中令人刮目相看，使我惊叹不已。可见，事在人为。我送她一副楹联，联语文为：

刘氏掌权成武帝；
作家知己有文君。

据我远观，她的选题规划很好，首先着眼学术性，其次为可读性与收藏性，再次则是取人之不取与不知，而不以市场的一时成败定方针。也就是说，以学术为本，不以利润为先。这是一条阳关大道。只要走正了，却是不愁名利双收的呢！

《〈名师讲义〉丛书》就是她的杀手锏之一。构建这一套书，想必动了不少脑筋。敦请季希逋（羡林）先生作"总序"，绝对高招！到处找稿源，南舣北驾，既劳心，复劳力，也够忙活一大阵子的。至于讲求优美装帧、大方版式，已使这一套书摇身一变而成一种既可阅读又可珍藏的稀见品种。犹记20世纪三四十年代，商务印书馆出版过一套40种"中国文化史丛书"，那是很有些抗战时期抢救文化的意蕴的，出版商是爱国的，商务印书馆经过1932年"一·二八"淞沪抗战中大火的损失，对日寇恨透了。抗战中出版这种书，为义不为利。可是，来稿五花八门，文言、白话的全有；长短不一，长的必须编成两册，短的薄得只能勉强装订成一小本。质量当然不一致，一销售就看出来了，郑振铎先生的《中国俗文学史》，1938年由长沙商务印书馆初版，在50年代初成为奇货可居之物，即其明证也。持以与《〈名师讲义〉丛书》相比较，有同有异。笔者不敢有所轩轾，但从出版角度看，似乎都可总结一些经验教训。留待研究比较出版史的专家仔细评量可也。

刘社长直接统率的办公室主任赵娜女史，绝非池中之物。她对社里的事，可谓全身心地投入，多方设法。即以先师游先生这部"中国文学史讲义"而言，她是费尽心思啦！她自己化名"吴萧"，在《古籍新书报》第42期（2006年2月28日出版）头版刊登专稿《一代宗师薪火传——评游国恩〈中国文学史讲义〉》，给予此书高度评价。然后驰函下走，曰："要写大师的学生回忆当年授课的文章，要求文笔生动，有细节（即大师讲课的剪影），可读性强，既谈老师又评讲义。字数两千。"这可罢了我了！查先师的这批讲义撰写于1929到1932年之间，当时听课的学生散在四方，现年多在95岁以上，且多已作古。上哪儿找去？为此询问了许多人，都说难办。

退而求其次，虽然缺少那时的讲义，可是还有西南联大时期的学生呢？我能想到的也都在85岁以上，大部分逝世了，剩下的也老态龙钟，经鼓动奉劝也都说动不了笔啦！复员后的沙滩老北大的呢？据业师吴小如先生说，1947年秋末，游先生方自江西老家赶回，匆匆上文学史课，中间游行罢课多次，1948年初夏匆匆结束，其间重点跳跃式选讲重要内容，刚讲到南北朝即结束。此课笔记，经"文革"而无存。吴先生说，让赵娜找白化文想辙去！

我能想出什么辙来！想想解放初的沙滩北大。据1949年以第二志愿（第一志愿为中文系）入北大哲学系的萧豹岑学长在1950年我入系时（当时萧哥方转入中文系二年级）对我说，1949年，游先生开中国文学史课。据老学生传授说，当时北大考试采用百分制,游先生看卷子异常严格,差一点就扣一分,不及格的要补考。所以,萧哥和中文系一年级的优等生柴鹏飞暗中较劲,猛抄死背笔记。考试前,萧哥蹲在民主广场一侧,备酒一壶,背诵笔记至得意时,便抿上一口,大有以《汉书》下酒之意焉。最后,两人均得100分。我想,这可能是先师最后一两次使用自编一年制通史型讲义授课。可惜讲义无存。萧哥久逝,笔记料已不存。柴鹏飞于1952年合校前调去学习东欧语文,听说后来在驻外使馆工作,不知他的笔记尚存否?

院系调整后,在北大燕园,中文系本科中国文学史分四段讲授。游先生主讲先秦两汉这一段,使用自编讲稿。当然,这就与通史型有别了。我有幸于1952年秋至1953年夏听课一年,是为游先生首次开此种课。同学中笔记较勤者颇多,不知经过"文革",是否尚有存留。我和山荆所记,本来就略存大意,现已不存。后来,游先生主编教育部部颁《中国文学史》教科书,那是成于众手的。我听课的综合印象是,游先生是一位待学生十分和蔼但仪表威严的老师。他老人家那时不过五十二三岁,给人的印象却是一位蔼然仁者与老者。他穿毛式四兜中山装,冬棉夏单,均采灰色基调,略分深浅而已。领口永远扣着,可见是定制的,非常合身。

我虽腆颜自称是游先生的学生,可是当学生的时候自觉尚未具备"及门"的资格。先生与我熟悉起来,乃是1975至1978年间的事。彼时,游先生住在燕东园34号,我住在成府书铺胡同甲2号,居止接近。沈玉成和金开诚分别从下放地点回来,他们都是先生的老助教,就带我去晋谒。老师看我尚能尊师,又能倾听师训,颇为高兴。"文革"末期,老师找不着几个陪着聊点学术而又不去瞎汇报的,偏巧我是个"杂学",能顺着老师的思路,似懂非懂地搭上几句。我又不在中文系,与他们不搭钩。老师有点喜欢我了,有时还让我到北大图书馆去借书。山荆是北大图书馆文科阅览室的管理员,我收近水楼台之便。老师最讲规矩,每次借书,都让我

北大中文系林庚、王力、吴小如三先生（前排自左向右）与众同事合影

拿着他的借书证。我说不必，用山荆和我这两个老学生的证就行。他说，要按规章制度办，你说我是你的老师，老师就要处处给学生作样子。这话对我触动极大，后来我面对自己的学生，就时时想到要作出样子来。

　　不久，发生了两件又令我触动极大的"小事"。"文革"后不久，我还有带学生下乡的任务。一次，老师有一阵子没见我来晋谒，竟然由二师姊（游宝谅女史）陪着，手持"鸠杖"，走到书铺胡同舍下来。偏偏山荆和我都外出了，家属说明情况。待我归来，一听大惊，赶紧趋谒。老师也没说什么。过几天，老师忽然说："你还没有动过我的筷子呢？"意思是要传我和山荆到游府吃饭。我又大惊，忙去问沈玉成，他当时是个在北京没家的人，常在老师府上蹭饭的。据他说，老师从来只招待关系亲密的"入室"弟子。每次请客，必有一只炖鸡上桌。他会来作陪的。我想，这是老师看出那时我家太穷了，想给我们打打牙祭。可我基本吃素，吃饭时又有许多毛病

（如至今不会正确使用筷子），不敢当老师的盛宴，因此，谦谢不遑，没敢赴宴。自经此二事后，感觉师生关系近了几层。后来，我还给老师办过几次叫出租汽车去中医研究院接耿鉴庭老大夫来游府出诊的事。老师总认为耽误我的工夫，时露歉意。殊不知我已经数十年没坐过小汽车，坐着坐着飘飘然呢。老师早患胸胁之疾，1978年6月22日夜，突生"气胸"，送北医三院急救。据说，急诊室住院医师经验不足，未能紧急施行外科处理即引流胸膜腔排气解压，而是留待上午主任医师上班决定。及至23日凌晨，先生即已不治。距生于1899年4月17日，先生享年80岁。

化文不肖，未能传先生学术于万一。面对先师遗稿，游夏何敢赞一辞！建议读者必须阅读此书《后记》，知父莫若女。下走读后的感觉是：要言不烦，尽得要领，乃是阅读此书的一把钥匙。然而，我总得说几句吧。我想说的是以下两点：

一点是，解放前虽然出版了不少中国文学史的通史型与断代史型著作，可是，翻开陈玉堂同志的《中国文学史书目提要》（1986年，黄山书社）往下数，至今还戳得住的，当数专史。如王国维先生《宋元戏曲史》、鲁迅先生《中国小说史略》、郑振铎先生《中国俗文学史》，均称巨擘，堪称所属学科的研究起点站，后学还得由这里从头学起。通史呢？鼎鼎大名的有郑振铎先生巨著《插图本中国文学史》，可是，材料多，观点是那一时期的。解放前出版的著作，大多犯此种毛病。解放后，几部"国定本"性质的大著作一出，很能显示我们泱泱大国的学术水平。羯鼓声高，一时难以出现百花齐放的局面。于此可见，写一部通史真的很不容易。好在解放前在这个领域内禁忌不大，个人写通史，可以放手按自己的见解写，容易写出特色来。如我读大学之初的1949年，为考转学，对照细读朱维之先生的《中国文艺思潮史略》、林静希（庚）先生的《中国文学史》（此书发行量不大，北方难得）、刘大杰先生的《中国文学发展史》，以及前述郑振铎先生的大部头。体味他们不断在表述

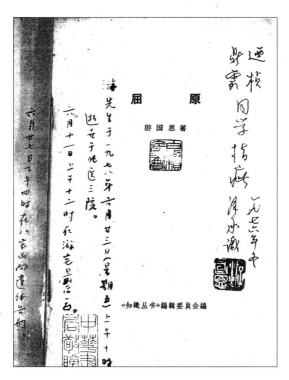

书扉页右边手写字是游国恩先生题字，左边则为作者所记游国恩先生逝世前后事

中提出的各自的许多观点，真有逢源之乐。后来，"国定本"和"苏式"教学大纲出笼，虽然几十年中有新的本子出现，但有如广播体操换过几套，只是排列组合的变异。我自愧"国定本"出现后就没有再看看解放前的各种专史。听游宝谅师姊说，游先生这部讲义出版前，曾请曹道衡大学长审读过，他当然也是头一次阅读，感觉非常惊讶与敬佩，说，现在学术界一些争论的问题，在游先生的讲义里早已讲明白了。我听后想，这也许就是出版这批名师讲义的初衷。但是，这需要有一定水平的人踏下心来，用多种材料对照，仔细阅读。初学者用此种方法去阅读，亦不失为一种提高之道也。

游先生这两部讲义只到"南北朝"为止。我怀疑，先生可能从未把讲义写到唐代以后。因为，解放前在大学里讲中国文学史，大概哪位老师也没有讲完过。也是据吴小如老师说，在清华大学中文系听朱佩弦（自清）先生讲此课，朱先生是最认真的，也只到"元曲"。戏曲小说非游先生所长，就是写出来，恐怕也没有前面的那样精彩。我们正不必为此而感到遗憾也。解放后的"苏式"大纲及集体作业，却是一以贯之，从先秦一直写到当代，包罗万象，亦自有其优点也。

　　下走奉命作文，继"吴鼎"而更加无奈。既惭不能摹写先师音容笑貌，又不能对老师的遗著有何补苴发扬。而且，这篇文章本不该由我来作的，现在竟然让下走承乏，这是怎么回事呢！环顾左右，不无"孤城落日"之感焉！

　　　　　　　　2006年3月18日，星期六。紫霄园

对一次考试答案的忏悔
——回忆魏天行（建功）先生

魏天行（建功）先生（1901.11.17－1980.2.18）是我国现代著名语言学家，抗战胜利后新中国成立前到台湾领导推广国语运动，新中国成立后担任过北京大学副校长，主持过北大中文系古典文献专业的创建，在学术界名气很大。我与魏先生缘分极浅，只在1951年秋冬之际听过半年课，后来就只有远远致敬了。魏先生逝世后我还教过他的孙女魏萍（小名魏小三）。与师门的香火因缘，不过如是而已。

且说，1951年初秋，魏先生为北大中文系新入学的一年级学生开"中国语文概论"这门课。原定开一年，后因抗美援朝和"三反"、"五反"运动等事，第二学期停课。不过，考试却是考啦！

魏先生讲课向来有天马行空之势。那一学期又正赶上他拔牙再镶牙，可他坚持上课，那苏北口音的普通话就更难听懂啦。同学们刚由中学上来，缺乏大学听课经验，笔记记不下来，意见很大。提上去，系主任杨慧修（晦）先生大约是为尊重魏先生起见，不予反映。我就奋勇去找魏先生。先生倒是虚怀若谷，反倒问我怎么办才好。我大胆建议采用开中药铺的办法，分条分项地讲，不怕繁琐。老师从谏如流，立即采纳，迅速应用。变乱潜流立即止息。然而，"糟粕所传非粹美，丹青难写是精神"矣！实际上，让只善于开专门化课程与指导研究生的大学者讲基础课，据我的经验，从来不是上策也。

我那时已经有一年多的大学学习经验，后来总结成自觉颇为得力见效的几条，是：

一、除了入门外语等课以外，大学的课程均应以自学为主。多读课外书，特别是指定参考书和相关书籍，学会使用最方便使用的大型图书馆，学会使用各有各的用处的多种工具书，一生得益。

二、老师在课堂上讲的，大部分已经写在他的著作和讲义之中。要注意听他在课堂内外的一阵阵"神哨"，那才是别处听不来的思想火花的迸发呢。上老师家坐沙发听闲扯最能得益，当然，要具备逐步积累起来的登堂入室资格才行。

三、抄笔记，摘要便可。多听少记。听课，最好采取听名角唱戏的欣赏态度。当然，前提得是名角、真唱。

四、老师的著作要浏览，有的要细读。对老师的学术历史要心中有数。这样，一方面能知道应该跟老师学什么，甚至于知道应该怎样学；另一方面，也借此尽可能地了解在老师面前应该避忌什么与提起什么。

且说，那时我已经在自发地采用以上方法，后来逐步形成自觉。就说这一回吧，由于平日不复习，待到考试前一晚，只好临时抱佛脚啦。我特地从学校宿舍逃回家，以便开夜车。念笔记念到半夜，看到最后一大段，似乎分八条，草草而过。这时，翻翻新借来的老师的名著《古音系研究》，把前面的看了一些，知道老师是很有个人见解的。又抄起报纸，看的是对当时在解放军中大力推行的"祁建华速成识字法"的长篇介绍，很有兴趣，一直看完了，精疲力竭，一枕黑甜。

第二天考试，题目只有两道：一道是对仅列出白文的某名家一段文章进行标点，分数占20%；另一道就是那分八条的内容了，分数占 80%。

我苦思冥想，八条勉强想出四条。看来无法及格。好在自小学阶段起早已身经百战，于是贼起飞智，决定背水一战。就用这四条为引线，先来个前言，说是我最近研究了"祁建华速成识字法"，发现祁氏乃是自发地采用了老师的语言学理论。如果祁君和我一样，也跟老师学了理论，其成就当不止此。以下分条举例说明。我故意多举例，将时间拉长。拖到下课，四条刚答完。赶紧写上一笔：时间已到而题目只答了一半，得分绝不萦怀，其余的内容尚容赴老师府上继续当面汇报云云。

我想，这样一来，及格是保住啦。但是，这套小把戏只可欺君子而骗不了高人。老师要是看出来，一翻车，就许给个不及格。再一查标点原文，我的标点和原作相合处不到一半。心想："这回完了！"心中惴惴。这时两位同班好友问我，我说，八成是不及格了。

不料，分数公布，下走忝居榜首，93 分！连我都懵啦！比下一位多好几分呢。那两位学长认为我说谎都出了圈，都不爱理我了。细一想，何以能这样，盖老北大学风向来如此，看重创造性，我那一套幼稚生硬的理论联系实际的办法，在刚从旧社会中过来的老师看来，多少有点新鲜的感觉。老师的水平固然极高，但解放后学习马列主义、毛泽东思想几乎与我同步。这些，都使得这次冒险侥幸成功。通过这次考试，我加深了对北大学风着重创造的认识；但是，我更为内疚，觉得对不起老师，愚弄了老师，老师哪会不明白，他是以博大的胸怀宽容了我。从此，远远地看见老师就有点歉然，再不敢登门求教啦。我吁请老师在天之灵，希望能够宽容我，容许我对这次考试答卷作出迟到的忏悔。

魏先生于 1980 年初春入北医三院动手术，我听说不过是前列腺问题，认为小事一桩，动不动两可，不以为意。周燕孙（祖谟）老师去探病，我因有课，也没有扈从。听先期抵达的吴小如先生说，周先生一进病房，就行九十度鞠躬礼，说："老师，学生来晚了。"

在场者莫不肃然起敬。我立即警觉到,事情不像我原来所想的那么简单,有了一种不祥之感。

魏先生逝世,追悼会上悬挂的挽联很多。有一副,是魏先生的一位老友送的,联语为:

三千界桃李芬芳,讲席即今多花雨;
五十年风云变幻,老友毕竟是书生!

周太初先生很喜欢"毕竟是书生",以之作为自己的一部著作的书名,后来还刻了一枚闲章。有意思的是,按常规,挽联原本是不装裱、不久存的,应在追悼会后焚化。但是,魏家竟然把这副联裱起来,送到"北大文库"存放。遇有纪念魏先生的活动,就取出来悬挂。此联之生命力大矣!

王了一（力）老师应《文史知识》之邀参与的三次春节评联活动

1954年暑期，王了一（力）老师奉调，率中山大学语言学系全体学生和部分教师，携家北上，加入北京大学中文系。秋季始业后，即在北大开设"汉语史"课，为期一年。笔者时在中文系四年级，必修此课。作为班长，笔者还曾会同课代表张叔景学长，在学期之始，到王老师暂住的朗润园平房去，谒见王老师和师母，前后几次。印象最深的，是王老师的友人为祝贺王老师50大寿所送的一整套茶具，上面烧制有贺辞的。别的，全记不得了。此后，在燕园中遇见王老师，就只有远远鞠躬致敬了。笔者与王老师的关系实在很浅。

1982年，袁行霈学长介绍笔者与中央电视台张复华同志结识。那一年的4月28日至5月11日，张同志与我一起到江西湖口石钟山考察，策划编写45分钟的电视剧《苏东坡月夜访石钟》，10月份拍摄。我们结下了相当深厚的友谊。这时，我已经参加开办《文史知识》，与杨牧之、黄克等当时负责主编杂志等老友经常往来。张复华同志在1982年11月对我说，中央电视台的领导想在1983年初办一次联欢晚会。此前举办全国性的春联征联活动，晚会上公布并颁奖。我认为，必须联合几个有能力的单位，共同筹办。我介绍张复华与杨牧之结识了。1982年12月1日，杨牧之就找我研究——当时中华书局主事的是总编辑李侃老前辈，他放手让编辑部去干——最后几方共同商讨，决定由中央电视台"文化生活组"

(组长邹友开同志,台领导出面的则为戴临风老同志),中华书局《文史知识》编辑部,北京市劳动人民文化宫和共青团北京市委文体部(负责人是现任北京市精神文明办主任赵东鸣同志)联合举办"第一届全国迎春征联"。找评委、请顾问,主要由《文史知识》编辑部负责。评委约定为:刘叶秋、俞明岳、陈宏天(这三位现已故)、朱家溍、吴小如、杨牧之、张复华、赵东鸣、程毅中、戴临风和笔者。在北大请顾问,则由杨、张二位与笔者负责。12月13日,笔者通过费振刚学长向王了一和周燕孙(祖谟)两位老师求先容,15日打电话分别请示,均蒙俞允。17日,我们三人就登门晋谒,敲定此事。另外请了一位顾问,是廖沫沙老前辈。三位但备顾问而已,不参加评联的早期具体工作。

此次征联,以新宪法、亚运会、万里长城、文艺名人姓名、首都风光为主题,各出一上联,征求下联。上联是:

治国安邦,万户欢欣迎大法;
亚运会捷报频传,奋战夺魁,中华健儿好身手;
出山海,踞岭催涛,纵观千秋华夏风流史;
碧野田间牛得草;
十里春风,长安两路;

应征作品约18万件。初评由赵、陈两位组织,复评则全体评委参加,1983年1月20—21日在西苑大旅社开评。1月22日拍摄评委会定案电视,并特请启元白(功)、董寿平、黄苗子等位先生书写得奖对联;2月2日在劳动人民文化宫开奖,亦拍摄电视。这两次会,各位顾问与评委全体出席。拍的录像,2月3日在中央电视台新闻节目中一起播放。获奖全联与获奖者名单于2月17日出版的《电视周报》上宣布,《文史知识》等杂志陆续刊登佳联赏析。

第二次全国迎春征联活动,由中央电视台文化生活组、《文史知识》编辑部、共青团北京市委文体部、北大中文系古典文献专

王力先生与众多弟子其乐融融合影
（前排右起，分别是：佘喆、董洪利、王力先生、白化文）

业联合举办。顾问增加三位：启功、茅以升、周振甫三先生，共成六位。评委照旧。初评由古典文献专业学生拣选，由陈宏天和笔者负责。

1983年12月29日，在北大勺园二号楼地下大厅拍摄电视。王老师为中心人物。安排他老人家坐在长沙发正中。助教董洪利（现任北大中文系教授、博士生导师）满脸福相，侍坐于侧。一批女生如张弘泓（现任北大出版社副编审）等各持自己编写的对联，从沙发后俯向王老师，高喊："请您批阅！"王老师四顾大乐，连连拍手，笑道："好，好！很好，很好！都很好，都很好！"这是笔者所见王老师最开心的一次，拍摄效果极佳。1984年1月13日，也为周老师拍摄了审查入选佳联的录像，拙见以为，因缺乏热烈的群众场面，效果较王老师略差。笔者至今感到歉疚。

此次征联继续采取应对形式，五条上联是：

一代英豪，九州生色；

夺铜牌，夺银牌，夺金牌，冲出亚洲争宝座；

海峡难隔同心，共盼江山归一统；

梅柳迎春，万里东风绽桃李；

愿得此身长报国（限集句）；

收到应征稿件17万多件。1984年1月25日评选完毕。25日到王、周两位老师府上，请求终审。26日在首都体育馆拍摄评审情况，所有的顾问、评委全体出席。2月2日的《电视周报》公布佳作与获奖名单。这一天是旧历年初一，当晚的"新年联欢晚会"上插播录像，8日重播。

"第三届全国迎春——长城主题征联"，如其标题所示，乃是有明确主题的征联，征的是全联。其中特设征"集句联"一种，上下联各不得少于两句。以其难度最大，奖品也最好，是自行车一辆。主办者为《文史知识》编辑部、中央电视台"文化生活组"、共青团北京市委文体部，还有新成立的"中国楹联学会"，以及《北京政协报》编辑部。顾问与上届相同。评委则增加了毛智汉、曾保泉、顾平旦（三位现已故）、常江四位。他们是新成立的中国楹联学会的核心人物。该会现在已成为分会林立的声势浩大的大型学会，其发轫之始却是在这一次评联会上。老评委中的刘、朱、吴、程和笔者五位，后来被他们聘为学会顾问，并经常参加他们组织的评联活动，那是后话了。《文史知识》编辑部参与的评联活动，却是到此为止。此次共收到稿件7万余份。

1985年1月21—24日，评委在万寿路中央组织部招待所评联。29日，由笔者向王、周两位老师汇报情况，取得指示。30日，在新侨饭店二楼礼堂发奖，顾问与评委全体出席。2月12日，中央电视台播出颁奖实况。值得注意的一等奖五副佳联中唯一的集句联："水木荣春晖，柳外东风花外雨；江山留胜迹，秦时明月汉时关。"

为中国社会科学院近代史研究所研究员喻松青女史所集,她推走了一辆"26"天津造男车。多年后,我遇见她的爱人,据云:"车丢了。"

　　以上,基本上从《文史知识》编辑部的视角,流水账一般向读者报告了相关情况。当年初评、复评、顾问认可时的师生往复研讨(往往是笔者一人去向王、周两位老师汇报,别处是谁去的,记不得了),特别是颁奖仪式的热烈火炽场面,至今历历在目。当时正值大业中兴时期,也是《文史知识》的创业时期,大家的热情空前高涨。齐心协力,不计报酬,不讲条件,想尽办法。如,当时北京电话不多,北大一个总机,线路有限,分机经常接不上。我给王、周等位老师打电话,得到北大图书馆我爱人李鼎霞工作的学生参考书阅览室去借打。城里来电话或北大校内找我,也得通过我爱人下班回家传达。杨牧之主任等位艰苦奋斗,到北大来骑自行车,一天行程可达百余里。新从北大古典文献专业毕业分到编辑部的胡友鸣,年轻力壮,身高腿长,更得常来。现在一个电话里几句话的事,那时大冬天的顶风冒雪的就得跑一趟。据笔者不完备的记录,杨、黄、胡等位为此事到舍下不下30次,李鼎霞传达电话总在百回以上。没有自行车的,城里城外挤公共汽车,不计其数。读者的热烈支持,从来稿和来信动辄二三十麻袋可见一斑。顾问都坚决支持,有求必应。为了拍"长城"主题,王老师以84岁高龄,还在杨牧之等簇拥下,严寒中登长城,堪称老英雄真好汉。可惜一只秃笔难于描绘,愧对读者矣!

　　笔者曾经担任过周老师的课代表,与周老师十分熟悉,并已发表过纪念文章。这里不再赘述。王老师与笔者之间,过去并不谙熟。王老师都未必叫得出笔者的名字来。通过三年连续评联,可是变得非常地熟悉了。有时也单独去燕南园60号王老师府上"侍坐"。老师和师母看我还算尊师,有时也和笔者拉拉家常。当时流传一个笑话:北大中文系古代汉语教研室在"文革"后恢复活动,大家忽然说起,教研室还没有主任呢!这时,忽然从角落里传来一个浑厚苍老的声音："我不是教研室主任吗？我碍着谁什么了！"一时大众愕然。

笔者与王老师熟悉了，爷儿俩偶然也交流些"文革"前后的学习心得体会。一日，不知怎么，王老师又提起上面那个笑话里的事，大声说出那句名言："我碍着谁什么了！"我一看老师要动真气，忙起立躬身陪笑曰："老师真不愧语言学大师，一句话七个字，四个字是代词。要言不烦，意味深长，耐人寻味。"老师不觉莞尔，从此不再提起这类事了。

近20年时光流逝。当年新加入《文史知识》编辑部的小青年胡友鸣同志，已经执掌中华书局期刊编辑中心的帅印，负责四五个期刊的主编事宜了。当年的顾问俱往矣；评委则有约四分之一左右不在了。王老师百年纪念，北大中文系召开学术研讨会。此际追思老师音容，真有盛会不常之感。偶忆宋人词云："酒徒一半取封侯，独去作江边渔父。"现存的与会者中，一半是很不错了；另一多半大概也挺好的。笔者退休在家，闲暇无事，占个"独"字。少年时读课本中的《长恨歌传》，附有作者陈鸿小传，说"少学为史"，后来才"闲居遂志"。现在开始有点懂了，闲居是写不了正史的，只可写点文史资料，供后来人参考而已。回忆《文史知识》早期的这段历史，我常诵陈毅老元帅的名句："创业艰难百战多！"

周燕孙（祖谟）老师二三事

当代著名语言学家、北京大学中文系教授周燕孙（祖谟）老师，于1995年1月14日凌晨3时10分在北京医院逝世。作为一名老学生，我很悲痛。吴小如老师以我追随周老师多年，指令写些资料，以为纪念。师命不敢辞，惟是每忆师门，黯然凄怆，思绪纷乱。拉杂写来，略存大意而已。

笔者1950年入北大中文系，周老师时年36岁，是系中最年轻的教授，风华正茂。越年，周老师在沙滩北楼二层中文系资料室内开设"工具书使用法"一课，是为解放后本系首次开设，一至四年级均可选学。老师风标卓越，语音清亮，讲解明晰，论述层次井然，辅以手把手的实习教导，深受同学欢迎。某日，授正课毕，尚有余暇，周老师意兴风发，便开示求学门径，大意为，不可光听老师讲解，要自学。自学的主要方法就是钻图书馆。可以多方面浏览，时间长了，自能由博返约。并举出自己读书的一些例子，以为证明。我当时听了，极为钦佩。不料老师话音刚落，便有一位高年级负责同学把老师请了出去。片刻返回，见老师面带愧色，立即检讨说，某同学批评，说是现在已经解放了，不可再引导学生钻图书馆，脱离现实。所以刚才所说全部作废，并愿在此深刻检查云云。我心想老师前面说的不错，从此按老师受批评的话去办，终身受益。后来读到毛主席的一句语录："要自学，靠自己学。"深感与周老师所说不谋而合。

不久，抗美援朝开始，接着就是知识分子第一次大规模"洗澡"。周老师属于历史清楚的青年教师,安排在第一批,有为老教师示范之意。地点仍在系资料室,全系师生代表云集。我缩在屋角小板凳上,可负有记录之重任。周老师检查后,罗莘田(常培)先生以恩师的身分率先发言。其中提到的两件事于今记忆犹新,一件是,周老师于1932年入北大中文系后,颖发秀出。当时中文系分文学、语言文字、古籍校订三组,大二分组,周老师原意入文学组,沈兼士先生面命曰:"北大中文系语言文字组每三年必有健者出。前有魏建功。后有丁声树,继起者其在君乎!"周老师因而感奋,决意入语言文字组,努力攻读,英年即有所树立。另一件是,当时任文学院院长的胡适先生曾多次放出风来,要觅周老师一谈,周老师始终回避。其时,欲登胡氏龙门者极多,惟有周老师胸怀恬淡,云云。三十余年之后,笔者与周老师已建立一种家人父子般的关系,一日,于侍坐时请教此事。周老师说,1932年清华入学考试,陈寅恪先生出了一个上联"孙行者",周老师对以"胡适之"(后来知道同时还有张政烺先生等几位也如此作答)。北大、清华同时录取。周先生以清华学费贵,乃入北大。胡院长听说有这样的学生来了,就放出风来,叫周老师到东厂胡同他家里谈谈。周老师认为,胡先生道德文章为一代宗师,但与自己所学并非同一系统,骤然晋谒,有攀附之嫌,正派的求学

周燕孙(祖谟)先生为白化文珍藏的《目录学发微》初印讲义手写的题跋

者是不可以这样做的。笔者闻之，肃然起敬。

1952年全国高等学校院系调整后，1953年秋季始业时，周老师在北大首开"现代汉语"课，三四年级同堂上课。四年级的课代表是褚斌杰学长（后任北大中文系古代文学教研室教授），三年级的就是笔者。褚大学长临近毕业，事情较多，我就当仁不让地兼任此课的"全权总代表"，常常去见周老师，登堂始于此时。犹忆初到北大中关园280号谒见时，老师殷勤问及我的志愿，意思是愿不愿意从事语言方面的科研工作。我直率地回答说，自己是大舌头，发音不清，在这方面恐怕不会有什么前途，但是，愿意在别的方面跟老师学习。老师听毕微微颔首，不以为忤，此后反觉师生关系近了一层。40年来，除了经历风雨的时刻不敢去连累老师以外，差不多每月总得趋谒一两次，面聆师教，师生之间渐渐地有了一种很深的感情。凡是与学术和文史资料有关的话题，老师天上地下，无所不谈。限于篇幅，举例以见一斑。

一次侍坐时，周老师讲从事学术研究必须做到的两点，一点是，要把该项学术的最基础的几本书一个字一个字地读懂，最好是学着给那几本书作注。老师举自己的研究为例，如在大学三四年级时，就受中央研究院历史语言研究所委托，校勘宋本《广韵》，后来作成《广韵校本》，1937年行世。这是周老师出版的第一部书。这方面的工作，代表性的还有《方言校笺》、《尔雅校笺》等。周老师强调，此种打基础的工作一定要在年轻力壮时加紧干，终身受益。另一点是，要走在时代的前面，做前人没有做过的工作。老师也举自己的研究为例，如，《唐五代韵书集存》和《汉魏晋南北朝韵部演变研究》都是开辟一大片广袤领域的总结性著作，是后来人在这方面从学的起点站。把上述这两点结合起来，周老师对当代某些博士论文和博士后研究方向颇致不满，认为往往"大，空，不能脚踏实地"。周老师在北大的大学毕业论文是《〈篆隶万象名义〉中之原本〈玉篇〉音系》，利用前人没有使用过的资料，进行声韵部

细水流花归别浦

断云含雨入孤邨

化大贤弟雅教

韩翃句 周祖谟书

一九九四年三月于绿萍书屋

周祖谟先生赠作者笔墨

周祖谟先生八十大寿时与作者的合影

类离析,一个音一个音地作,光卡片就写了两万多张。周老师一再教导笔者:写文章,一定要具体,具体,再具体!资料则要求齐备又齐备,真实再真实。至今笔者作文以为明训,虽不能至,然心向往之。

又一次侍坐时,谈到工具书的发展。老师认为,后胜于前,总会推陈出新。笔者以为,拿"索引"来说,到了"字词索引"已达极点,还能有什么新发展?老师说,总会有人想出新点子来的。当时听了,颇不以老师的意见为然。后来,向熹学长的《诗经词典》以及两种《世说新语词典》等索引加词典式的新型书籍出版,才知道老师真是高瞻远瞩，识见非我等所能及。

周老师待人礼貌极为周全，20世纪50年代笔者在校学习时，周老师骑自行车在校内外行驶，遇见学生向老师敬礼，一定下车握手，寒暄几句，这一种做法在当时的北大可说是独一份。笔者曾屡次建议老师不必如此，周老师答以"习惯了"，并教育笔者要养成讲礼节的良好习惯。从此我努力跟老师学各样的礼节礼貌，并竭力使之成为习惯，自觉于转化气质作用极为得力。

不过，周老师断非板起面孔的人，有时和老学生也开开玩笑。笔者与老师通电话，常常以"老师要是没有别的指示，学生就跟您请假了"一句结束，周老师有时就说："请假？我不批准！""那么，学生可就要逃学了。"于是在笑声中结束。此事在老学生中传为笑谈。

限于篇幅，只可走笔至此。最后要订正一件小事：周老师属虎，生于民国三年甲寅，即公元1914年。生日是农历十一月十九日，按公历计算，已是1915年1月4日。解放后，对外以阳历11月19日为生日。北大中文系为周老师庆贺80诞辰，就以阳历为据，在1994年11月开会庆祝。实际上，周老师是在80岁生日过后十天逝世的。此虽小事，后来人欲编辑先生年谱、学谱的人可能不知，故附记于此。

（原载于谢冕、胡的清编《北大遗事》，青岛出版社2001年版）

我最敬爱的水晶般透明的
林静希（庚）先生

　　林静希（庚）先生出身名门。他的尊人林宰平（志钧）老先生原籍福建闽侯（今称福州），是著名的法学家、书法家，曾在北洋政府担任过司法部民事司司长的，古典文学修养极高。1935 年左右，林宰平老先生曾短期在北京大学哲学系教过课。林宰平老先生久居北京，我怀疑，林静希先生除了抗战时期在厦门大学教课以外，就没有长期在故乡一带呆过。我以为，林静希先生是在北京土生土长的，可以认为是北京人。他说的是一口"京片子"。

　　我从学于林先生，只有 1953 年秋季至 1954 年夏季一年。学的是中国文学史（二），即魏晋南北朝隋唐一段。林先生是 1910 年生人，此时四十三四岁，风华正茂。听林先生讲课，如听吟诵新诗。讲着讲着，思想火花就迸现。如，讲曹操的四言诗，"青青子衿，悠悠我心"，只轻描淡写般说："曹操是很懂《诗经》的。"我们就理解啦！要言不烦。林先生板书流利自如，自成一体，程毅中学长后来以"板书飘逸公孙舞"赞之。给林先生新留下的助教是大学长陈贻焮（当学生时名"陈炳焜"，工作后改名），当时他随班听课，不管辅导。林先生只讲史，作品让大家看讲义自学。无人督促。后果很快地在一次期中测验显现了：专测自学作品小题，如：解释"有泪如金波"（杜甫诗《一百五日夜对月》），全班只有钱鸿瑛学长一个人答出"金波"是"月光"，别的也都答对了，100 分！从此，全班自学作品成风。林先生的课，可说是我一生中听过的最好的文学史课。听完最后一节课，钱鸿瑛学长（现已成为南方著称的词学家与词人）回到女生宿舍，悲从中来，躺在床上放声大哭，说："再也听不到林先生的课了！"我想，在当时情况下，反映上去，会给林先生找麻烦的。又一想，林先生是一位水晶般透明的人，并无所求，系领导理解他，料无大碍。不过，帮倒忙的事，最好别干。对自己更没有好处。

毕业后，因种种原因，很少到林先生府上谒见。林先生住燕南园62号，大约从他在抗战后1947年北还，进入燕京大学教书，就住在那里，直至逝世，住了60年，堪称燕南园老住户之一。当时，我们家住在北大东门外书铺胡同甲2号（整个胡同现已全部拆除），从东门出入，碰见林先生的机会极少。及至改革开放，大家的走动多起来。

我的爱人李鼎霞于1951年入燕京大学中文系，是燕大最后一批垫底儿的学生。据她说，燕大中文系当时全系学生，包括研究生与休学的，仅有26人；一年级最多，9人。人少，如一个大家庭，师生关系特别融洽。1975年，我们家搬到蔚秀园19公寓303号；1989年，再搬到承泽园103公寓306号。均自西校门出入。图书馆供大家进出的是南门，正当燕南园之北。老同学，特别是燕大的，返校时常常先来找我们，而且专门找李鼎霞带路，到林先生府上拜谒。李鼎霞是在图书馆坐班的，我是自由人，带着他们去谒见林先生的任务就经常由我来完成了。此后，逢年按节，或趋府或打电话，跟林先生的往来就多了。特别是在每年4月18日前后（也有在"五四"这一天和北大校庆合办的），燕大返校日，成批的人一拨又一拨在林府穿梭，热闹非凡。

林老师诞辰是1910年2月22日。1990年2月，中文系筹备大事庆祝林老师80华诞。我拟就寿联一副：

> 海国高名，盛唐气象；
> 儒林上寿，少年精神。

"盛唐气象""少年精神"，都是林老师写作和课堂讲授时常用的术语。这副联颇费斟酌，记得林老师的嫡系袁行霈学长参与，从一月初就反复研究，总认为老师不太喜欢"儒林"二字，也没有敢去汇报请示。寿联要送去裱，当时似乎尚未发明"快裱"，一般裱工为一个月。时间紧迫，也就那样了。为了郑重其事，电话联系能联系上的18位同班，共同署名，程毅中学长书写；程毅中自己另送寿诗一首：

> 诗史高峰说盛唐，课堂纵论意飞扬。
> 板书飘逸公孙舞，讲义巍峨夫子墙。
> 孟德永怀千里志，东坡犹喜少年狂。
> 先生健笔长如旧，满座春风晋寿觞。

一并由程毅中的长公子程有庆在北京图书馆馆内找古籍修复高手装裱。2月17日，有庆送来，中文系负责会务的孙静学长到舍下取走。我松了一口气，就等着2月21日即寿日前一日，下午在临湖轩开大会"煖寿"啦。听说祝寿大蛋糕由对吃食颇有讲究与爱好的中文系职员任秀玲女史预订，我们翘首以待。

风云突变，2月21日上午7时，孙静学长来电云，林师母王希庆教授（植物学家，对荷花极有研究）病危，正在校医院住院部二层东头单人病房中抢救。祝寿会停止。赶紧电话通知我班18位同学，然后跑到校医院，方知师母早已在6时10分逝世，享年79岁。

上午与下午，我赴林府两次。头一次是和我班同学傅璇琮等一起，在中文系集合出发；二趟是陪燕京大学高班周绍昌等位，由舍下开拔。均在灵堂鞠躬如仪，师妹接待，老师悲痛逾恒，在内室休息。

祝寿之事不能算完。于是，借4月16日燕大返校日之机，仍

我最敬爱的水晶般透明的林静希（庚）先生

1990年4月16日众弟子与林庚先生合影
（由左及右分别为：杨贺松、白化文、林庚先生、阎中英、潘兆明）

由孙静主持，在林府祝寿。大家沥沥拉拉地去。我上午有课，课毕返家，燕大老同学阎中英、周绍昌坐等。于是前往。中文系葛晓音带了相机，这时发现室内太暗，没有照好。后来，我又去补拍了几张，也不太行。从而体会到，林府室内太暗，特别是客厅光线最暗，不能兼充书房，面积虽大而用途小。倒是院子不比屋子面积小。老人居住此处，不甚相宜。难为老师住了60年！

2000年2月22日，是林老师90华诞的正日子。中文系在勺园七号楼二层多功能厅隆重开会，少长咸集，我班到者十余人。此次，又是由程毅中学长写作并书写寿诗：

新正重登夫子堂，先生不老健而康。
春秋九十勤挥笔，桃李三千竞出墙。

> 仁者寿高金石固，诗人望远海天长。
> 期颐待到齐头日，再聚同门进一觞。

署名的有七人，为燕大同班五人和"女婿"二人，计：程毅中、阎中英、王稚莹、董宜芳和张炼强、李鼎霞和我。写成的条幅当时没有裱，只是送到会场张贴。会后送去裱，6月16日，才由程毅中、李鼎霞和我送到林府，荣幸地和老师合影数帧，采光也不理想。

2005年4月21日，趁燕大返校日之便，北大中文系又在勺园七号楼二层多功能厅召开"林庚先生九秩晋五华诞祝寿会"。老师身体已显虚弱，坐了片刻打道回府。大家在袁行霈学长主持下，按毕业年限前后，陆续登台发言祝寿。到了我，已近尾声。

这次，我们仍由程毅中学长执笔并书写，献长诗一首：

> 诗歌中心在燕园，诗国高潮当溯源。
> 静希先生执教鞭，及门弟子逾三千。
> 今日登堂会寿筵，少长咸集数十班。
> 诗才诗识执一偏，各得一体不求全。
> 法门广大纳百川，英才辈出若比肩。
> 愿得后生青胜蓝，少年精神代代传。
> 先生微笑乐陶然，鸠杖蒲轮地行仙。
> 百岁大寿在眼前，登堂再拜期五年。

署名者程毅中、阎中英、李鼎霞和我。会后第三天，即4月24日，李鼎霞和我移居颐和山庄，路途远，从此再没有谒见林老师了。

2006年国庆节，我还向林府打电话问候，老师亲自接的电话。这也是老师晚年的一贯作法，只要能接，一定要接电话的。我每次打电话，总是对保姆说，只需她代为叱名问安便可。可是保姆从来说不行，老师说了，有事没事也得亲自接。这次，我听老师底气挺足，料无大事。不料，10月5日接中文系张鸣同志电话，说：4日上午，

2000年6月16日三弟子与林庚先生合影
（由左及右分别是：程维中、林庚先生、李鼎霞、白化文）

老师正颇有兴致地跟保姆聊天，忽然，眼看着就不行了。赶紧送校医院急救。晚上19时许逝世。我认为乃无疾而终，喜丧。10月12日上午10时在八宝山公墓第一告别厅举行告别式，来集者近千人。

李鼎霞与我送挽联一副：

晚节澹如林处士；少年高致李谪仙。

吴组缃先生晚年二三事

1952年秋季，院系调整后，我们在燕园上课。我在中文系读二年级。我们听了一年"中国现代文学"课，吴组缃先生讲授，主要为小说选讲。听说我们二年级学的是"中国现代文学（二）"，一年级学的是（一）即散文、诗歌等，都是吴组缃先生亲授。不过，我从未听过（一），也不知这个（一）是不是真正开过。我们这个（二）的课，语文专业（亦即我们的专业）与编辑专业（即原来的燕京大学新闻系）一起学，上大课，地点最后定在办公楼（燕大称"贝公楼"）礼堂。我因解放后没怎么听过中学语文课（解放前全是讲古代诗文），入中文系后初次听现代文学作品分析课，感觉十分新鲜，对吴先生佩服得五体投地。课代表是程毅中学长。第一学期考试，我们全班只有程大学长一人得5分，编辑专业倒是有三两位得5分的。我得4分。

学生们爱成群搭伙地到老师家里去，特别爱上吴老师家去。一因吴老师能海阔天空地开聊，其中多有精辟分析，能学到许多课外知识。二因吴师母对学生特别亲，常常取出许多花生、糖果来给大家吃。三因吴先生家客厅宽大，坐得下起码十几个人。因而，我们班常常以小组为单元地晋谒。1953年春天，春节过后，后来成为我爱人的李鼎霞所属的小组去给吴老师拜年，我虽不是这个小组的，可是会照相，挎着相机跟去，在老师家门口给照了一张相。据现在掌握的情况，除毕业照外，这是我们班上的人跟吴老师唯一的合影了。

我们班上的人，跟吴老师最熟悉的，应该是程毅中学长。他是吴先生的老研究生。我和吴先生，可以说关系极浅，毕业后很少登门。只记得1985年，老师和师母身体都极差的情况下，有人（极可能是程毅中或吴小如先生）带着我到老师府上探病。看见一位青年妇女在房中出出进进，张罗一切。老师把她叫过来，给我们介绍，说："这是我的义女，等于亲女儿，叫潘井媛。"其实，在我们这些学生们之中，早已流传一件老师与师母的盛德之事，就是，潘井媛十岁的时候，无家可归，到处流浪，一天早上，饿晕在老师门前。两位老人家收容了她，供养她到初中毕业，看她颇堪造就，还想供她上大学。可是这孩子有心胸，不愿意老花养父母的钱，初中一毕业就偷偷地考上学徒工，当了工人。后来还支援内蒙去了。老师一直慨叹此事，认为她资质不错，应该深造。这次，我终于见到了她本人，不敢怠慢，赶紧躬身高喊："师妹，师妹！"不一刻，一杯香茶，连同笑盈盈的她，到了我的面前。

及至1991年夏季，中国俗文学学会由中国社会科学院文学研究所转至北大中文系挂靠，吴先生担任会长，我被选派担任此会的"学术委员会主任"（与程毅中学长共同并列担任，实为掌权的副会长王文宝学长任命），有时得到吴先生府上汇报，这才与吴先生熟悉起来。但吴先生此时体质已经很差，学会的会议他基本上不参加，只是听汇报，说说意见而已。其实，学会的事，几句话就说完，剩下的时间，就是听老师开谈《红楼梦》。

吴先生那时还指导几位研究生，有后来知名学术界的张国风。据我侧面观察，老师的指导极为细致，十分费力。可是，对大家说的，全是《红楼梦》，而且集中于对宝玉、黛玉爱情之分析。一说起来，就像水电站开闸，没完。旁人几乎没有插话之余地。说着说着，连吃午饭都忘了。这时，师母早已仙逝，家中冷冷清清，凉锅冷灶，老师忘了吃饭，可徒弟们是真饿。那时节，北大的几处食堂、饭馆全都过午不候。急得我都找不着北了。我是糖尿病患者，弄不好

吴组缃先生与众弟子在家中合影
（由左及右分别是：袁行霈、白化文、吴组缃先生、李厚基、韩海明）

会低血糖的。

过后，回过头来一想，老师真是太可怜了。他太寂寞了，找不着知音，好不容易逮住几个能听说话的了，抓住不放啊！可是，老师为什么总谈《红楼梦》，学生以为，这是"文革"后遗症。老师怕说别的，说不定将来会有逢蒙射后羿之事呢。我现在觉得，这样想，可能有点求之过深了。

就在1991到1993年之间，我系肖东发教授主持一门以实践为主的"口述历史"课，叫我引导到吴老师府上，听老师口述历史。请来的陪同嘉宾有程毅中和沈天佑学长。沈天佑是吴老师主讲的中文系"中国小说史"课程的接班人。我把他们二人和肖东发、管录音的工作人员等几位送到老师府上，安排完毕，就告辞。第二次，就归他们自己干了。听说，程毅中还保留有当时的录音带。

吴老师担任会长不到三年，1994年1月11日，以心肺综合性衰竭逝世。王文宝学长派我等通知、团聚北大中文系以外的老少会员，从各处齐集八宝山，参加追悼会。我尽可能地完成了任务。会员差不多到齐了。我以为，老师的人格、成就是感召大家的原动力。

　　李鼎霞和我送挽联一副，联语是：

　　　　　护持翰苑栽桃李；
　　　　　酬应人间用雪芹。

琐忆吕德申先生

我在 1950 年入北大中文系。我有尽可能地谒见系里各位老师的结习，总想着亲近老师，求得教导。可惜，不久家父逝世，休学一年去理丧。1951 年，重返系里，并且在班上做工作，就能实现这个愿望了。北大红楼地上四层，地下一层。当时，地下一层由各个学生团体等使用，如北大摄影学会、京剧学会等学会就全在那里，各占一个房间。地上一二层，大部分作教室用；也有一些办公机构，如校医室就设在西头。三四层，似乎是教师宿舍，大部分供单身教师居住，也有一对夫妇居住的。当时在图书馆专修科当讲师的王利器先生占一间。吕德申老师占靠东头面南的一大间。我因工作去那儿谒见吕老师，但见四壁图书，窗明几净，非常羡慕，想着什么时候自己也能这样，养成聚书和清洁的两种好习惯，那该多好呀！

当时吕老师二十多岁，衣着十分整洁得体而不显奢华，脸上永远带着轻微的笑容。说话声音不高，慢条斯理，话语不多但极有条理。初次印象以至此后 58 年间，我对老师的印象一贯如此，老师的音容笑貌也一直这样，毫无变化。能有如此印象，在我认为是吾辈的老师中属于少见的。

1952 年院系调整，北大调到燕园，三校中文系合并，我们上二年级时同学多出一倍，约七十余人。二年级的"写作实习（二）"即学习写小说，课程分成三个小班，每班二十多人。章廷谦、郭良夫、吕德申（按年资排列）三位老师分别执教。可是，老师教一段可能就换班教。我这个小班，三位老师全教过。我爱人李鼎霞那个小班就没有听过吕老师的课。至今,我的想法仍然是:学生没有生活体验,根本写不出小说来。老师费了很大力气,白费!教这门课,三位老师均非所长,也真难为老师的了。

吕老师的特长在文论,包括古代文论,我毕业早,一直没有听上,实为莫大损失。毕业后,我的工作颇为多样化,就是和吕老师的学术领域搭不上钩。只可说一句师生缘分太浅吧。不过,吕老师和我还是很熟悉的,爷儿俩在校园里见面机会也是有的。每次见,都聊上几句。特别是吕老师患足疾后,借着问安,话就更多起来了。可惜,总是说不到业务上去。真真遗憾!

我们1951级留在北大的,现在只剩下中文系退休的田瑞娟、图书馆退休的我爱人李鼎霞,以及信息管理系退休的我。她们俩没有听过吕老师的课。只有我还算是旧人了。吕老师逝世,我很悲痛。老师们像有批注的孤本宋版书,在善本部里,不容易看到,但是若能亲近一次就有一次新收获。北大的老师中,健在者还有现已调入历史系的吴小如老师。从中文系说,吕老师是我在中文系学习时的最后一位老师了,此后,中文系再也没有我从学过的老师了。只有叹息。

吕老师逝世,李鼎霞和我敬献挽联一副:

　　　　　德业文章应不朽;
　　　　　师生授受自难忘。

沉痛悼念褚斌杰学长

北京大学中文系教授褚斌杰同志，不幸于 11 月 1 日 18 时 49 分逝世。距生于 1933 年，享年 73 岁。

褚斌杰大学长于 1951 年自山东转学，进入原燕京大学中文系二年级。1952 年院系调整，他进入北京大学中文系三年级，而我因种种原因，在中文系只读到二年级。我们熟识起来，是因为在 1953 年秋至 1954 年夏那一学年，两个年级一起听周燕孙（祖谟）先生的"现代汉语（二）"课程。当时我被派担任我班课代表，褚大学长担任他们班的课代表。当时他们班已是四年级，接近毕业，业务繁忙。他就与我情商，让我总管。课代表本无大事可作，不过上传下达，我也就乐得兼管，但遇事当然总是向他汇报，我们合作异常愉快。至今，我和他们班的诸位大学长之间关系一般较淡，有的人到现在还不认识。唯一的经常合作者，只有褚大学长而已。

褚斌杰教授是海内外知名的中国文学史研究专家，教起我来，绰绰有余。我对于他的学术，只有赞叹。至于评议，自有中文系群贤在，在下不敢赞一辞。我与褚斌杰学长的交情，却是实实在在的，厚实墩墩的，非同一般。谨书交往始末之迹，以抒予哀。

我献给他的挽联是：

> 常被优容，佐君答辩廿余次；
> 每怀感激，示我前程一指禅。

上联说的是，这十几年，蒙褚大学长不弃，遇事总是想着我。

即以博士生答辩而言，他和费振刚学长的学生答辩，差不多都传我参加。每次都以胜利通过结束。其实，我是答辩委员中最不负责的，对于论文，自诩"学习孙权"，"观其大略"。比起李景华等位学长的字斟句酌，相差甚远。可是，褚、费两位学长不我遐弃，老是以宽怀大度包容我。我还不太傻，明白这是让着我呢！今后，这样的优容恐怕不会再有了。

褚大学长自调回北大中文系古代文学教研室任教，除去开几次通史型的"中国文学史"（至鸦片战争前为止）以外，主要开断代的第一段中国文学史及有关的专书，特别是楚辞等课。他所带的研究生，论文题目也属于这一段之内。我觉得，他极有雄心壮志，想和费振刚学长一起，指挥诸多研究生，把这一段的资料梳理清楚。所以，论文题目环绕着这个大目标，一环扣一环，逐步推进。例如，有关楚辞的研究，是断代分给研究生的，像"宋代的楚辞学研究""清代的楚辞学研究"等，积累起来就是一部大型的第一段文学史研究论文与资料集。窃以为，此种指导方法极好，比"散射"强百倍，值得效法。他和费振刚学长一起，经过十几年，到2005年，几乎达到这一目标了。如天假以年，能够完成此一大业，那可是够理想的。所惜褚、费二公相继退休，不知他们的接班人是否体会到老师的缜密安排与苦心培育，去接着完成呢。

下联中包含的事情和意思可就与中华书局关系密切了。且说，1954年秋季，褚大学长毕业后即留系，作古代文学教研室助教。1958年"反右"后，中华书局需要补充一批新生力量，于是，中文系把时为研究生的程毅中学长，作助教的褚大学长和傅璇琮、沈玉成，后来还有李思敬学长等位，陆续调到中华来。我因和程毅中学长关系特殊，时常出入中华，慢慢地和褚大学长又经常往来。褚大学长还和沈玉成一起，到时居东城区地安门东大街18号的舍下来，吃过几次便饭。那时，他们两位都是光杆儿，我的爱人李鼎霞又是原燕京大学1951级的关门弟子，和褚大学长有过一年的上下班同学之谊(那时的燕京大学中文系全系学生不过二十来人,因而前后班很熟),我们俩应该请请他们的。

不久,褚大学长和黄筠学长结婚了。我们听了很高兴。我们至今非常佩服黄筠学长。她虽然也是北大中文系出身,但比褚大学长低好多班,到中华以后才相识。她忠于爱情,能够识英杰于未遇之时,真乃有胆有识,仅就此点而论,亦不愧女中之英杰也。

我总觉得,上述几位从中文系到中华以后,潜心编辑业务的,首推程毅中学长,他算是把先贤徐调孚先生的编辑业务精髓学到了。其他几位,于学术上各有建树,有的还极有成就,但在编纂工作方面,有的用高屋建瓴法,有的采取玩票式,均不十二分上心。褚大学长在中华那十几年,处于不受重用阶段,也就难怪他了。

且说,1975年,邓公重新执政,知识界有复苏气象。中华群贤忽发奇想,要编一套包括中国古代文史哲诸多选题的"小丛书",每本十万字上下。拟就选题,立即召开会议。会议在王府井大街36号原中华书局二层东侧会议室(后来此室曾为文学编辑室使用)

褚斌杰和作者在答辩会上,摄于1996年6月13日

举行，下走应召与会。主持人即是褚大学长。我以为，这又是一次知识分子对早春天气的误判，故而缩在远离主持人的会场一角，一言不发。到会者约二十余人，应者寥寥。及至快要散会，褚大学长有点急了，远远地用手一指，说："老白，《敦煌俗文学》这本书归你写了！"我也没说什么。会后不久，中华催问稿件，我才知道他们是认真的了。

后来我想，褚大学长并不知道我学过敦煌俗文学。我在大学时代，确实和程毅中学长一起，以郑振铎先生的《中国俗文学史》为读本，慢慢地在学习摸索。后来，程大学长不断钻研，写出了很受学术界重视的论文。我则旧业抛荒，早已拾不起来了。这次，八成是他们两位在会前协商，给我派上这个差使的。后来，这个选题我始终没有写出来，愧对褚大学长。但是，我从此以学习敦煌俗文学为突破口，慢慢地挤进学术界，却是幸亏这金子般的一指禅！

褚大学长有着山东大汉的直爽性格，可说胸无城府，不温不火，与人极好相处。我本以为他会长寿。他爱写些新诗，我还想，我比他痴长几岁，他会给我写一首新诗体的悼词呢。没想到，却是我来送他了。呜呼！哀哉！

2006 年 11 月 4 日，星期六。紫霄园

再一瓣心香

侍坐登堂琐记

此是深潭照水犀

——学习《皓首学术随笔·吴小如卷》

吴小如老师几次在文章里称我为"门人白化文",足证"师生之分早定,中外之人尽知"。

在北大中文系1951级全体老学生中,我的确是最早亲炙吴老师的。犹记1950年春,在天津六里台和平湖畔,孟志孙老师客厅中,不期而遇,我得以初次谒见吴老师。当时吴老师先在,我是未经先期禀报(当时电话不普及),撞进来禀告班上的工作的。孟老师见我一到,就对我盛赞吴老师出身专治文献的名门世家,青年有为,文史兼擅,而且是名震京津沪的新起京剧剧评家。当时在座的,似乎只有两位老师和我。孟老师滔滔不绝地大约讲了一刻钟,我静静地听着,吴老师也没有说什么。我听出来,孟老师有此后让我多多向吴老师请教的意思,就赶紧说要拜门。吴老师虽然略表谦虚,但并未拒绝。可见,师生之分早定,绝非虚言,乃是板上钉钉的了。

及至到了北大,真正听吴老师的课,那是1954年的事了。从此,师生关系逐渐密切。征象之一是,老师的著作,几乎每一部都赏赐与我。我当然敬谨拜读,受益非浅。"文革"后同在北大,更得时时请益。只是近两年我搬家,住得远了,仅可在电话中请安。中心不免歉然与产生失落感。可是受客观制约,也是没有办法的事了。

这次恭读老师的又一部选集《皓首学术随笔·吴小如卷》,几十年来受教的景况如在目前。时时向友人言及。中华书局书友闻知,

吴小如先生与众弟子合影,摄于承泽园吴先生家阳台
(由左向右分别是:王稚莹、吴小如先生、李鼎霞、白化文)

嘱就此作读后感一篇。因而整理思路,略述要点,如下。

  吴老师的确是现当代中国文史界文武昆乱不挡的全才。特别是在中国文学史方面,自20世纪50年代起,从先秦到鲁迅,所有各阶段的课全开过,均有述作,都出成果。我最新拿到的这部书,编者限于对传统学术认识的局限,未能全面展示吴老师的完整的学术研究领域。即以元明清三代戏曲研究而言,众所周知,吴老师寝馈其中70余年,不仅案头,场上亦多年与内行老宿切磋,红氍毹上第一手经验丰富。出其余绪发为文章,读者奉为圭臬。这一点,在海内外现存老一代中文系系统学者中,鲜有比肩者。管见以为,北大中文古代文学系统今日弱点之一,在于中国文学史第三段,别的综合性大学亦多如是。若早能悟及,请吴老师多多培养接班人,今日弟子当遍及全国,岂不壮观!其实,东隅已逝桑榆非晚,趁着

此是深潭照水犀——学习《皓首学术随笔·吴小如卷》

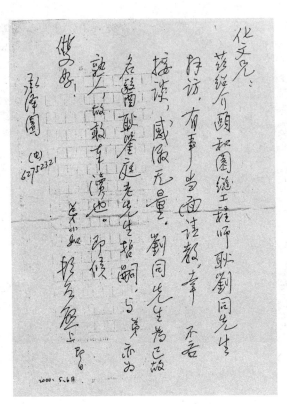

吴小如先生信笺手稿

老先生体健神清之际,给招一个特别博士班来,如陆颖明(宗达)老师20世纪60年代在北师大中文系开"古汉语班"之例(班长是王宁女史,其中同学现在多为古汉语界骨干),培养一批人,还来得及呢!

我从老师学习而没有学到的一点,是老师通贯一生的韧性战斗精神。老师一贯特立独行,坚持个人见解。在燕京大学中文系开"鲁迅研究"等课程时,正值解放初,学生好独立思考,往往在课堂内外与老师争辩不休。我爱人李鼎霞就躬逢其盛,不过她是胆子小的女生,不曾加入。男生则常常意气用事,和老师闹得甚至面红耳赤。这时,"和事老"林左田(焘)老师就会出现,为双方解围，最后，以"哈哈"结束，因而得外号曰"林哈哈"。

可是，吴老师后来因此吃的亏不少。特别是在"文革"初期，红卫兵贴大字报，吴老师也出大字报还击，结果可想而知矣。不过，老师一仍旧贯，至今不改，坚持独立思考的韧性战斗精神至今坚韧不磨。门人如我，则以为，施之于业务研究是极可宝贵的，如此书中实例极多，触处皆是，不烦列举。这是晚辈后学最应学习的。

学术界"不求甚解"的浮躁风气是吴老师最看不惯的，一有发现，立即起而纠正。有时点名，有时暗中点名而明眼人一看便知。有的人又怕又恨，给老师戴上一顶"学林警察"（一说为"学林宪兵"，以其有贬义，老师的门人如我者不予承认）的高帽。其实，老师是为他们好，希望人们进步。我对于老师此种精神与作法是佩服到家啦！只是胆小怕事不敢学罢了。此次编选此书，据老师所写"前言"，则张鸣学长和檀作文博士出力甚大。我总怀疑，他们为爱护老师，把原来指名道姓之处全给抹了。如沈玉成和我的一次争辩即是。却也无伤。老师的许多指疵之处虽然有针对性，更是带普遍性的。"此是深潭照水犀！"

2006年12月27日，星期三。紫霄园

仰望季希逋（羡林）先生

季希逋（羡林）先生虽然自己推掉三顶帽子，不愿意戴上"国学大师"等顶戴，但据"门生"如我者看来，他是"大师"，是"国宝"，起码是"北大的瑰宝"（原副校长何芳川在一次祝寿会上所封，见于报章），却是无疑。

我亲近季先生甚晚。大约在1985年乌鲁木齐敦煌吐鲁番学会议之时，我才有和老先生搭上话的机会。季先生是一位"即之也温""与人为善"的长者，我们爷儿俩很快熟悉起来。季先生的话很少，可是很愿意听我神聊式的多方面的汇报。季先生又是学风、文风、日常作风都极为缜密与平和的人，我以为，这与他老人家的中国农民精耕细作习惯与宽厚和平性格，以及在德国所受到的严格语言科学学术训练都有极大关系。

我自觉，季先生有点欣赏我了。证据是，1985年、1990年两次提职称，老先生均应我所请，为我写了推荐书。同时写推荐书的，还有周太初先生，还有校外的顾起潜（廷龙）先生。从此，我以"门人"的身份侍应三位先生，以及正式参加提职称会议写鉴定的宿季庚（白）先生。但因没有从学过，不敢说是几位先生的弟子。

大体上，从1991年起，我每年都给季先生祝寿，主要方式是献上寿联。

1991年献给先生80大寿的寿联是：

岱岳华颠，名高九译；
宗师鹤寿，会集群贤。

为了给季先生庆寿,北大东方学系同时召开"东方文化国际学术研讨会"。季先生是山东人,此联就从山东本地风光和祝寿学术会议这两方面下笔。岱岳是泰山,位于山东,是世界名山。"华巅"双关雪里高山和名人年高德劭。季先生深通东西方多种语言文字,蜚声国际,"九译"原意是多次辗转翻译,后来也作殊方远国的统称。"宗师"原意是指受人尊重堪为师表的人,《汉书·艺文志》:"宗师仲尼",特指孔子。孔子是山东人,教师的师表。鹤寿特指老年人如仙鹤那样长寿,也是模糊概念。王羲之《兰亭集序》:"群贤毕至,少长咸集。"用来指这次学术研讨会。上下联首字嵌"岱宗",是对五岳中位居山东的泰山的尊称。下走的毛笔字根本写不上来(这一点希望读到的读者注意,别再找我写毛笔字了,谢谢!),这次由程毅中学长代书。附告:中华书局出版的书,相当多的书名题签为程大学长所写。

　　1996年丙子,季先生85岁大寿,东方学研究院大事庆祝,主持人王邦维教授,是季先生在北大的接班人,与我熟悉。我作出寿联一副:

　　　　鲁殿灵光在;
　　　　梵天寿量高。

季羡林先生写给作者的信笺

作者与季羡林先生合影，1999年冬

鲁灵光殿是西汉鲁恭王刘余在山东曲阜建筑的宫殿。据东汉王延寿的《鲁灵光殿赋》中说，经历沧桑之后，西汉的包括皇宫各大宫殿在内的建筑全毁坏了，只有此殿巍然独存。后来常常用来比喻硕果仅存的极为宝贵的人或物。这里用来比喻季先生是"国宝"级人物，应该好好保护的。"梵天"是梵文意译，全称"大梵天"，是一位等级最高的佛教护法天神，他与他的眷属居住的天界也称为"大梵天"。"寿量"是佛教术语，指寿数的长短。住在梵天之内的梵天神及其眷属，寿数仅次于有无限寿命的佛。季先生是山东人，主要的学术研究领域是梵文，故上下联一点明地域，一点明学术。这副联语蒙王大学长不弃，也给刻在祝寿会议上颁发的硬木镇尺上。

1999年己卯，北大校方主办季先生"米寿"（88岁）庆祝大会，地点在勺园七号楼二层会议厅，极一时之盛。李鼎霞和我献诗一首：

声闻九译弦歌众，寿世文章百卷成。

米寿遥联茶寿乐，燕园一塔一先生。

　　首句的意思是说，季先生为多种东方语言在中国的传播，教学极费心力，弟子众多。第二句指的是《季羡林文集》24大本刚刚出版。"寿世"意为有益于社会。第三句中的"米寿"为88岁，"茶寿"为108岁，均为拆字格，再加上"白寿"是99岁，全是日本人流行的作法。中国人讲究办整寿，过去不兴这个。大约在改革开放后，作为一项舶来品，慢慢地首先在高级知识分子中流行起来。第四句模拟的是清代人樊明征的诗句"长干一塔一诗人"。樊诗由于袁

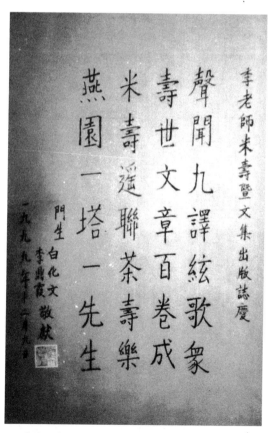

季羡林先生米寿时作者所献寿联，由李鼎霞书写

枚《随园诗话》卷一中引用而颇为人知，我们改换了四个字。燕园的博雅塔高耸于未名湖之侧，是北大标志性建筑。我得知庆寿会较晚，此诗临时由拙荆李鼎霞书写，贴在勺园七号楼二层会议厅靠门口处，为记者所见，将第四句作为标题，在新闻中刊出。

2002年壬午，季先生九十晋三华诞，又献上集句寿联一副：

此即名为无量寿；(《一切秘密最上名义大教王仪轨》)
知公心是后凋松。(黄庭坚《和高仲本喜相见》)

由王邦维书写，署我、李鼎霞、王邦维、冯丹四人名，四人乃两对夫妇。

2004年甲申，8月6日，季先生九旬晋四华诞，又写一联为寿：

北斗专门学；
南极老人星。

署名：王邦维、冯丹、白化文、李鼎霞、沈乃文、葛维钧。由胡海帆书写。交王邦维送交。胡海帆是北大图书馆善本特藏部副主任，金石学家，校内外著称的中年书法家，曾与他的同事汤燕女史共同编纂碑帖等著作多种(有的仅以北大图书馆名义出版)，新著有《中国古代砖刻铭文集》，一出名世。

2005年乙酉，又献寿联一副：

八千岁为春，盛世耆英，薄海仰瞻尊岱岳；
九五福曰寿，和谐社会，大年安养颂先生。

王、冯和白、李两对夫妇署名，胡海帆书写。

2006年丙戌，又献寿联一副：

九译学人咸称天北斗；
五洲弟子同庆鲁东家。

作者与其献给季羡林先生的寿联，2006年于北大英杰交流中心

这次加上葛维钧和解南燕夫妇，署名者共三对夫妇。胡海帆书写。

2007年丁亥，季先生九六华诞，送寿联一副：

    岱岳文星，清时国老；
    上庠人瑞，昭代师仪。

书写人胡海帆，署名者王邦维、冯丹、葛维钧、解南燕、李鼎霞和白化文。

2008年戊子，送寿联一副：

　　　　玉杖扶人瑞；

　　　　莲花溢古香。

　　仍由胡海帆书写，署六人名字，与2007年相同。顺记：这些年送到季先生处的寿联，统由北大图书馆善本特藏部金石组汤燕女史送去装裱并致送，功不可没，谊合附笔，庶不没其劳焉。这次，亦循惯例，由汤燕送到时任季先生秘书的杨锐女史处，并附一封信：

尊敬的杨锐女史：

　　季老师九七华诞寿联送上。如老师齿及，请为解释。

　　"玉杖扶人瑞"，"玉杖"为特指，指的是最高领导送给高龄老人的首部装饰有玉鸠的杖。《资治通鉴·汉明帝永平二年》："三老服都纻大袍，冠进贤，扶玉杖。""人瑞"亦为专名词，指的是道德、年寿均极高，堪为全社会表率者。

　　"莲花溢古香"，"莲花"暗指季老师最近获得了印度政府颁发的莲花勋章。"古香"是一个专名词，特指古代书画散发出的香气。此种香气不完全由于载体，而是承载并传达着由其中内容发出的蕴涵着的美好的讯息。季老师一生研究梵文等古代文献，故以此比喻。

　　专此，向季老师请安，向您全家问好。

　　敬礼！

　　　　　　　　　　　　　　　　白化文　敬上

　　　　　　　　　　　　　　2008年7月3日，星期四

　　以上，主要借着几副祝寿联语串联，略述对季先生的仰望。联语内也能多少透露出时代的脚步声。

　　衷心地希望老师健康长寿。

追随任又之（继愈）先生的一些回忆

一

2009年7月11日晨4时半左右，任又之（继愈）先生在北京医院B-910号病房逝世，凡与先生熟识的人莫不十分悲痛。

任先生字又之，山东省平原县人。诞生于1916年4月15日，得年93岁。先生少年时即才智颖发，特立独行。1934年自北平大学（不是北京大学）附中毕业后，即以优异成绩考入北京大学哲学系。对于先生个人来说，这是个经过深入思考的决定。因为，哲学是出名的难学，在当时，毕业后出路也很窄。任先生的中学国文（今

与任继愈先生在一起

称"语文")老师就是哲学系毕业的;当时已经全国知名的文学家朱自清先生是北大哲学系的老前辈,毕业后也一直教语文、文学课程。前车之鉴并没有动摇任先生终生从事哲学研究的信心与决心。晚年时,先生对我和对许多人都说过,那时选择学哲学,是希望对世界和宇宙的终极性问题"寻根究底"。

1937年七七事变后,任先生随校西迁,并参加了西南联大校史中著名的从湖南步行赴云南的"湘黔滇旅行团"。后来,任先生在许多场合,包括与我的个别谈话中,都表达过:"这次旅行,使自己有机会看到了中国农村的贫困与败落,震动很大。"

我在1950年入北大中文系沙滩校本部读书,曾休学一年,1952年大学院系调整,我开始在燕园读二年级。那时,任先生在哲学系任教,他的夫人冯钟芸先生是中文系的青年讲师(很快就升为副教授,此后大家均多年不升,改革开放后升教授)。冯先生原来是在清华中文系任教的。清华来的同学说,冯先生是学生的慈母。例如,一位华侨同学,因为来自当时反华的国家,生活费用断绝,就常到冯先生家里借钱。冯先生总是如数照给,从不提还帐。有时,只有任先生在家,也不多说少道,照发不误。此种事不仅对个别人,而是只要有人提出要求,认为合理,马上有求必应。其实,当时两位先生家境并不富裕,他们的女儿任远刚几岁,为了照顾孩子兼顾上课,还得请保姆。我因家里那时有钱,就不敢去任先生家,深恐误会是去借钱的。但是,一见两位先生,必然肃立鞠躬。但也就仅此而已。可惜的是,我至今没有上过两位先生一堂课,只能说是"门生"(采用《后汉书》中"门生故吏"的宽泛称呼),连"及门"都算不上。终生遗憾!

二

任先生于1964年受命筹建中国科学院世界宗教研究所(现属

中国社会科学院），离开了北大。1987年，又调任北京图书馆（今中国国家图书馆）馆长，直至2005年，离休后离而不休，除了总持许多国家级项目外，每周一、四上午一准到馆办公。我因系北大信息管理系（即原来称为"图书馆学系"的那个系）人员，与国家图书馆有着千丝万缕的联系，任先生到馆后，我谒见的机会和次数就越来越多了。

拙见以为，从抗战前后直到解放初，也就是20世纪30年代末到40年代末这十几年中，中国文理工医农各科都产生出世界级的人物。任先生是其中很有特点的一位。突出的一个特点是，没有哪一位先生像任先生那样，真正组织和领导了那么多开创性的国家级大项目。姑就记忆所及试举之：

《中华大藏经》106册（以影印"赵城藏"为主体）及其"索引"已经编印完毕，《续藏》正在编纂中。

《中华大典》二十四个典，其中包括百馀分典，预计八亿字，超过《古今图书集成》一亿字的八倍，正在编纂中。

"点校本'二十四史'及《清史稿》修订工程"，正在进行中。

《国家图书馆藏敦煌遗书》，预计影印一百五十册，善本部与出版社拼死拼活地赶，原希望先生在日全部完成，今先生已不及见其蒇事，真让人深深地遗憾！

"再造善本工程"，及由此引发的成立"中国国家古籍保护中心"，开办"古籍修复"等进修班，并评定第一批、第二批"国家珍贵古籍名录"，办特展，发行"图录"。

《中国佛教史》，已出三卷，估计出八卷。

从《宗教辞典》扩充到《宗教大辞典》。

《佛教大辞典》。

《道藏提要》。

解放初在北大时主编的四卷本《中国哲学史》。

《中国文化史知识丛书》，整套一百种，1998年出齐。

还有一些没有想到未曾列出的项目。这些大型项目中，莫不闪耀着任先生的身影。这方面，可以说是前无古人，同辈人亦无人比肩。拙见是，此后很长一个时期，恐怕也后无来者。应该说的是，任先生从不当挂名主编。后来我因种种事务，追随任先生多年，深深感觉到这一点。即以《中华大典》为例，这部大类书发轫于李鹏主政时，进度缓慢，中途停顿。此事原来与任先生没有什么关系。《中华大典》项目重启时，在新闻出版署曾开会讨论，我参加过两次，坚决反对重新启动，认为时移世易，现在已经是"新编大百科"时代，已有汽车、飞机，硬轱辘老式马车无用。

任先生是在温总理主政初期接手此事。一上来，他就抓试点，自己兼任《哲学典》主编，组织了一个精干班子，如钟肇鹏、李申等位，按"儒释道"的主线搭架子，很快地开动。稍后，任先生派人找我，说明编纂《中华大典》之必要性，并要我参加《哲学典》的工作。我面子上磨不过去，只好说，我只念过一门哲学课，是"辩证唯物主义与历史唯物主义"，杨宪邦先生亲授。别的不会。我是图书馆学系的，给编索引吧。老师无奈，凑合着应允。可是，关键词得原编者来划定，大伙儿嫌麻烦，不了了之。后来听说《哲学典》编成。我长长地出了一口气，暗中庆幸得脱此劫。

2006年5月份，任先生忽然打电话来，说："《中华大典·民俗典》由你担任主编。一切编纂人员由你招募，联系出版社由你负责。"毫无思想准备，不啻晴天霹雳！我赶紧说："您知道，我快八十岁了，又有严重的糖尿病、高血压、脑血管隙性梗塞、白内障，手里还有签了约的点校的活计。再说，我连中国民俗学会的会员都不是，我要干这事，他们对您会有想法的。"老师说："我都九十岁了。我的病比你多多了，严重多了。我一只眼睛都看不见了。我还在干。你算年轻人，将来还会担任更多更大的事。别人我不找，就找你！"爷儿俩谈不拢，老师最后撂下一句话："就是你了！"电话挂了。

在"民俗典"编纂工作中，我发现，老师胸有成竹，掌握全局，不断从原则上发出指示。例如,"三百年一修典。盛世修典。要以清朝编纂的《古今图书集成》为蓝本,为出发点。那部书里引的,我们尽可能收入。但一定要与所引原书核对。在此基础上,搜寻他们没有引过的。涸泽而渔,多多益善。清朝人引录了一亿字,我们要辑录八亿字。""尽可能引用最原始的资料。"这时,我提问题:"许多笔记小说,现在能找到的源头也就到《太平广记》。可是,后人据《太平广记》所作的辑本,特别是解放后新推出的点校本,能不能用?"老师说:"优先使用!那是能显示出我们解放后古籍整理成果的!"似此等原则性指示不胜枚举。对我们提出的合理意见,任先生也欣然采纳。如,我建议,我们"典"中涉及自然地理和人文地理的具体问题,应以《嘉庆一统志》为准,自该书所载上溯。老师深表赞同。

三

我在二十多年追随老师办事的过程中,深深感到,老师不折不扣地贯彻了毛主席所说的"领导人的工作,就是出主意,用干部"(大意,未经核查)的工作方法。老师对身边的工作人员,特别是中下层干部,随时随地注意审核与培养。有时,他会似在不经意中搜集相关信息,贮存在头脑里,以备后用。例如,一次闲谈时,他好像随意地提出与一位北大分配来国家图书馆工作的青年同志有关的问题:"听说他的毕业论文是跟你作的?"我说是,并且补充说:"我很后悔,给分低了。他的论文的基本观点整个与我和我的本师周绍良先生的完全相反。我问了周先生,周先生说他的观点是不对的。我回来对他说,你要是这样作,我只能给你四分了(满分五分)。现在想来,他能坚持己见,不曲从导师,是好样的,应该鼓励,甚至可以给五加。"任先生沉吟一小会儿,忽然认真地说:"你当初的考虑欠妥当!"他是很少对我这样严肃地指教的,我立即站起来,恭敬地说："老师教诲得很对。只是错误已经铸成，无法弥补了。真是遗憾！"为了缓和气氛，我又说："我认识他舅舅。他舅舅在石家庄的出版社工作，到我家去过。"这时，任先生头部略往前倾，这是他的习惯性动作，说明想倾听对方的发言。我接着说："点头之交，就去过我家一次，现在走在街上都不认识了。"我看老师有点失望的样子，赶紧把了解到的相关情况说了一遍，并且说："现在看来，这个青年人是个有主见，忠诚老实，业务熟练，肯负责，能干事的人。听说，也很能为别人着想，善于团结人。"老师也没有再说什么。多年后，这位贴近中年的当初的小伙子，已经成长为馆里的领导干部了。

任先生和季羡林先生都是少言寡语的人，可是爱听别人说话。这一点，和晚年的吴组缃、金克木两位先生的口若悬河、不容插嘴适成反比。我与任先生熟识后，他似乎觉得我说话有意思，往往爱听我说点什么。一次在国家图书馆客厅"红厅"开会（例备茶点招待），任先生听我称呼馆里一位二十多岁的高个女同志"薛司长"，就前倾头部，我赶紧说："礼宾司司长。"并补充说，她是善本部的事务总管，办事认真；幼儿园教师出身，工作特别细腻。"您面前的茶点与我的不同，我的是糖尿病人吃的，特供。"老师听罢微微点头。一会儿，又听我管一位面似银盘的中年女同志叫"国务卿"，老师头部又前倾，我说，这位是善本部的大总管，朝鲜族，极为泼辣能干，有独当一面的能力与魄力，"善本部的赖斯"。"有点屈才"，老师作沉吟状。后来我逐步体会到，老师常在各种场合注意研究干部，不是在听我的笑谈。

四

我深深体会到，任先生是一位蕴含极深感情，极富友情而又深藏不露的人。他很能识人，很会交友，一旦建立友谊，几乎终生不渝。而且,给予友人的,往往是在关键时刻,为之解决别人解决不了的问题。并且不求回报,事成后决不张扬,若无其事。他的友人几乎没有一位给予他同样大的帮助的,这种友谊是"一边倒"。试举两例:

一例是,与任先生同在西南联大作研究生的人不多,但个个成才。其中,马学良先生(1913.06.22—1999.04.04)与任先生同为山东人(但一在鲁东,一在鲁西北),私交甚笃。马先生师从罗常培和李方桂先生,学习语言学,特别是比较语言学和中国少数民族语言。西南联大以昆明为根据地,放射性地撒出研究生和个别大学高年级学生,深入云南少数民族地区,开展对少数民族语言,进而对文化的研究。当时参与语言调查的研究生,后来多数成为建国初期中国科学院语言研究所和一些高等学校的研究与教学骨干。教过我的,就有张清常、邢庆兰、高华年等位先生。这几位先生常在闲谈时眉飞色舞地讲述调查中的趣事。罗常培先生《语言与文化》一书中的"附录四:语言学在云南"对此作了概述性质的说明。请有兴趣的读者自行寻览,不赘述。

马先生被派研究彝族(包括"撒尼""黑夷")的语言与文化,大体上在昆明以东的宜良、陆良、以北的禄劝、寻甸一带进行。条件艰苦。有时,马先生就会给好朋友任先生写信,说有点顶不住了。任先生就利用假期,跟着自己雇的驮载各种物品、药品(金鸡纳霜等)和书报等的毛驴,下乡探视。后来,马先生的毕业论文等虽然片断发表了,但全部书稿弃置箧中,多年未加整理。任先生似乎比马先生还着急,与我"闲谈"时常提及此事,说材料难得,若是不印出来,十分可惜。我说,得找机会。前提是马先生自己找人协助整理好。大约任先生把我们的意见转达过去了。有两位马先生的助手朱崇先、范慧娟帮忙,此书稿基本成形,定名《彝文经籍文化辞典》。但还是很难找到出版机会。

北京市新闻出版局时任局长的何卓新、副局长孙向东二位颇有雄心壮志，常为北京市拿不到"国家图书奖"等奖项着急（个别年份还推了平头）。我就向他们推荐此稿，但说明，真正印制起来，可能困难极大。他们说试试看。1996年2月12日，出版局在商务会馆开专家会议，讨论找优秀稿件向国家图书奖攻关等问题。任先生屈尊出席，力挺马先生的稿件。我敲边鼓。会后，出版局派人与我协商，取来原稿，交局直属的京华出版社。该社社长齐莉女史倾全社之力，力争在一年多的时间内出版。印刷厂提出，一个彝文字，得按一幅图描绘并计价。局里说，不算经济账，一定要赶时间。我估计，投入不赀。1998年6月，何卓新升任北京市委宣传部常务副部长，孙向东任正局长，两位对此事抓得更紧，终于在1998年12月出书，印成500部，每部售价680元。即使全部售出，估计也得大大赔钱。我被派作两件事：一件是，将样书送季羡林先生府上，说明成书之艰辛，报告马学良先生身体已经欠佳的事实，顺致任先生的问候。另一件是，写书评一篇，在《北京日报》上发表。马先生于1989年4月辞世，总算目睹大功告成。此书后来获得"国家图书奖"大奖。任先生此后与我每每谈到此事，辄以弘一法师"欣慨交心"一语结束。其实，此事与任先生毫无切身关系，连马先生自己原来都不抱任何奢望了，反而是任先生异常执着，非玉成此事不可。我在家中对山荆说："全世界也就任先生一个人冒这种傻气。"现在回想，任先生不仅仅是为私交，乃是为繁荣祖国文化，促进民族和谐，使"绝学"不坠。我虽然在此事中立下"跳荡功"，思想境界却是极低。老师发踪指示，安排周详，我至多是一条小小的往前冲的"功狗"而已。

另一例是，20世纪30年代末期那一两年，在西南联大求学时，任先生曾经和教导过我的周绍良、李赋宁两位先生，以及朱德熙先生（我在北大中文系读书时，朱先生交换到保加利亚教书，我未曾问学），四人共同租赁一间小屋居住，时间短暂，大约不过一年。任先生笃念故交，有时会显露感情地津津乐道当年"同吃过桥米线"

的事。

周绍良先生卸任中国佛教协会副会长后,专心治学,整理旧稿。为避尘嚣,携一青年男仆,自海淀区塔院晴冬园二号楼101室移居通州区双桥黑庄户双旭花园三排一号,潜心著述。但事与愿违,此时周先生已经显示出患癌症的征候,不断住院,医疗费中的自费部分大量增加。周先生表示,不愿给公家多增加负担。经过多次捐献,家中可以换钱之物,剩下的主要是编纂《唐代墓志汇编》、《唐代墓志汇编续集》时所据拓片,约二千三百余通,想变卖。但是,没有目录。于是,和中国书店负责拍卖事宜的彭震尧经理等位接洽。蒙慨允,拉走代为编目,寻找买主。经历一年多的努力,主要向国内各大图书馆多方接洽,均因无法筹措此种专项巨款而告终。半路杀出程咬金,日本学者气贺泽保规先生愿意为他的学校图书馆收购。他与中国书店议定:以相当于人民币160万元的外汇收购。出口事宜由气贺泽先生自己通过大使馆想办法。中国书店与周先生议定:书店得30万元,周先生得130万元。气贺泽先生立即飞回日本筹款去了,临行时说三天以后回来。当时,我正在北医三院住院。中国书店的人马上打电话告知我。我大吃一惊,认为要是这样办理,影响周先生一生清誉。清季陆氏皕宋楼藏书被日本财阀岩崎氏买走,成为他们建立"静嘉堂文库"的起始与主体,这是中国学人顿足切齿的事。周先生若蹈此覆辙,中国书籍史上将如何评价!我想,能够铁肩担道义,挽回此事的,唯一只有依靠任先生了。马上打电话。任先生听毕,问我,到双旭花园怎么走。我说,一句话说不清,馆里方广锠、程有庆跟我去过,叫他们指导司机走法。第二天,任先生亲率方广锠出发,往返二百里,到周先生家中,老哥儿俩相对唏嘘。周先生说,一切听从任先生安排。方广锠打电话对我说,咱们两百万也买。我说,钱呢?方广锠说,任先生指示,馆里先借支应急。我说,可以派善本部负责采购的程有庆等人立即与彭震尧接洽,老交情了,同时晓以利害。于是立即谈判。中国书店的人深明大义，自愿只收经手费十万元。周先生只要一百万元。又去向周先生报告，先生同意。这样，周先生少收三十万元，中国书店少收二十万元。以一百一十万元成交，支票当即开出。馆里出动汽车，及时将全部拓片拉回。赶在气贺泽回京前办完。我常对程有庆、方广锠等人说："惊心动魄的七十二小时！"

　　国家图书馆金石组的人说："以周先生所藏与本馆拓片目录核对，复本颇多。"任先生又指示，本馆留下不重复的，与缺乏拓片的兄弟馆协商，并上报文化部，瓜分这批文化遗产。任先生从此隐身事后，让副馆长陈力同志率领善本部陈红彦、程有庆等七八位，指定刚出院的我陪同，到双旭花园对周先生进行慰问，并合影留念。此等事，除了任先生，我敢说全世界没有第二个敢担当的和能担当的，在短期间内办得如此干净利落。若从个人利害考虑，任先生一点好处没有，没落埋怨就算不错。难得的还在功成身退，再不张扬此事。"君子爱人以德"，在任先生身上完美体现。

　　以上仅仅从个人闻见，侧面记述。若论任先生的学术与立身荦荦大节，断非门生如我之辈所能饶舌，游夏何敢赞一辞。应编辑部门之请，谨提供两点，供当代与后来知人论世者参考。

　　一点是，随着我国经济、文化水平的不断上升，许多与文献整理有关的国家级大项目提上日程。多年来，担当这类大项目领导的，学术界主要是任先生。

　　拙见以为，中国现当代的大学者中，学问道德文章与任先生相埒者不少，但是，为什么时代只选中了任先生担当多种重任，这是个比较复杂的问题，不是一两句话能说清楚的。单纯埋头搞学术的学者往往缺乏领袖群伦的能力，学术上没有卓越成就的人大家又不服气。环顾国内，也就只有学术上卓有建树、为人冲和恬淡但又极有主见的任先生堪此重任矣。

　　另外一点，则是可以衔接着上一点来说。我观察任先生为学的轨迹，大约先生最早是想研究西方哲学"本体论"那一套，进行

"寻根究底"的。抗战时期，逐步取向中国哲学史范畴。解放初，以研究道家特别是《老子》为切入点。后来，经过毛主席、周总理亲自剀切指示，儒释道兼修，旁及世界几大宗教。改革开放后，逐步开始领导整理与保护我国古典文献的事业。他的事业越做越大，路子也越走越宽。任先生有时与我闲谈，昭示说，不宜把个人钻研的内涵与社会需要割裂，而要跟随国家、社会的大需要，团结多数人一起来做，那样，前景一定光明。要跟大家一起前进。这些话使我豁然开朗。这些年来，任先生不嫌弃我，有工作常常找我参加。就拿《民俗典》的事来说，我说，手头的事已经排到三年后了。老师说："国家任务，先干这个。"我还要推，老师说："就是你了！"说完，电话挂上了。后来，"二十四史"的事，续编《大藏经》的事，把我也列名在内。好在不是主力，跟在后面摇旗呐喊罢了。想起任先生"跟大家一起"的教导，心想，有老师当主心骨撑着呢！大树底下，且先乘凉再说。而今已矣！正当闻鼙鼓而思中原主帅之时，何处更得先生！

五

任先生患癌症多年，但好像满不在乎，一直上班上到最后住院，无视病之浸深，不知老之已至。这几年，他老人家在国家图书馆参加某些会议，如给捐款修复敦煌卷子的人发证书，往往领导人在前面站成一排，我们这些人倒叨陪末座。我看一些位领导人物身高体胖，站一会儿不算回事，任先生也拄着拐杖站在那里，实在不落忍的，就请薛司长搬一把椅子过去。可是老师坚决不坐。老师太要强了。老师累坏了！老师住院时，我探视三次。头一次是坐周绍良先生的女儿、我的师妹周启瑜的车，后两次馆里派车。7月9日下午，馆里程有庆陪我前往，见老师已不省人事，戴着氧气面罩。气喘，胸部起伏甚大。显出十分痛苦的样子。原来有两位女同志

追随任又之（继愈）先生的一些回忆

站在床的两侧,各拉老师一只手。我到后,她俩撤下来。我跪在床前,抚摸老师左手,老师就把右手从胸前移过来,好像希望我握住双手。但是,那样,右手压迫胸部,更不成了,赶紧放手。这就是师生永别。一天半以后,7月11日晨4时半,老师在痛苦挣扎中逝世。有的报道说是"安然辞世",完全失实。如果老师能像季羡林先生那样,始发病时就长期住院,或者能在此际比较安然地辞世。我蓦然想到,老师真像诸葛武侯,硬撑着,"鞠躬尽瘁,死而后已"。

任先生逝世,国家图书馆善本部、北京大学图书馆善本部、国家古籍保护中心三单位合送挽联一副:

秘阁失元老;
弘规荫后生。

任先生是中央文史研究馆馆员,文史馆送的挽联(馆员程毅中撰写,他是程有庆的父亲)是:

论衡三教,传承国学千秋业;
出入百家,守护文明一代宗。

作为追随多年的老门生,我也从个人角度勉力作成挽联一副:

虎观仰音容,辄觉平生亲炙少;
樗材承顾遇,长怀感激负恩多。

2009年7月18日,星期六。紫霄园

又一瓣心香

贞元朝士曾陪侍

王有三（重民）先生四题

王有三（重民）先生百年祭

王有三（重民）先生是国际知名的中国的目录学家、文献学家、敦煌学家和图书馆学家。王先生在解放前任职国立北京图书馆（即今中国国家图书馆），并参与创办北京大学图书馆学系事宜。解放前后任北京图书馆代理馆长，后经人民政府正式任命为该馆副馆长。不久离任，专任北京大学图书馆学系（现称信息管理系）系主任、教授等职。王先生学术成就著称於学术界，毋庸再行觊缕。

王先生生于清光绪二十八年（壬寅）十二月初五，按公元计算，已经是1903年1月3日。殁於1975年4月16日。2003年当王先生诞辰100周年。相关单位北京大学信息管理系、中国国家图书馆善本特藏部、北京大学图书馆、兰州大学敦煌学研究所共同举办"纪念王重民先生诞辰100周年学术研讨会"，于9月17至19日在北京举行。

纪念王先生，《文史知识》理应在刊物中有所表示。笔者主动承乏作文纪念。笔者与王先生关系甚浅，但在《文史知识》编委中算是与王先生有过联系的，又和四个主办单位都熟悉，还是北大信息管理系退休人员，义不容辞。不过我亲炙于大师者没有几次，所知甚少。只能知道多少算多少，略表寸心而已。

笔者亲炙於王先生，已是"文革"后期即1972年《文物》杂志复刊以后约一两年间的事，约在1973到1975年。那时，笔者在该杂志编辑部义务劳动，打杂，看点稿子。笔者是文物方面的幼儿园小朋友（至今亦无进步，尚未入小学），对付着看稿，可还愿意学。有许多问题，就拿着介绍信（时为必须）去找王先生请教。我爱人李鼎霞与王先生很熟，头几次她带着我去朗润园王先生府上。后来熟悉了，也就不用信，随时晋谒。前后也就十几次。王先生还写过一些鉴定性质的材料，全都上交编辑部了。我从王先生身上强烈感受到的，是他对学术的执着的献身精神。

当时在"文革"之中，知识分子特别是王先生处境险恶，我与王先生更没有深交。好在我从不与他议论时局，一见面就单刀直入，提出业务问题请教。但见王先生马上就来了神儿，滔滔不绝，欲罢不能（后来我在金克木先生和晚年的吴组缃老师处也有同样体会），很有把那好似漾出来的学问一股脑儿注入我头脑之中的感觉。

给我印象最深的一次，是在王先生弃世前四五天，大约就是开大会宣布他的"问题"的前一天，接近中午，我要从校内出小东门回家——我家那时住东校门外书铺胡同甲2号——吃饭，在博雅塔下陡坡路边与王先生不期而遇。这时想起看稿时遇到的一位名家谈《老子》想尔注"的问题，涉及与王先生早年发表的意见商榷处颇多，正好向王先生请教。王先生听我汇报那位先生的观点后，兴趣大发，口讲指划，不觉移晷。他是坚决不同意对方的看法的。这使我进一步领会了王先生维护自己的学术的特立独行精神。这大约是王先生最后一次的咨询课了。几天后噩耗传来，吓得胆小鬼的我长期不敢（我不能说高抬自己的"不愿"，以博"黄垆"之类的美名，事实上就是胆子小）从塔下经过。

其实，王先生那时正在受"四人帮"的咨询。"四人帮"的走卒竟然放手让他整理与研究"评法批儒"的书目，并给"上，管，改"的工农兵大学生讲课。看得出，他相当兴奋，很是忙碌。我见他在室内安设一张帆布床，把应用的书籍摆在床上，以便随时取用。当时我以为他屋子里满是书架，一举手之劳，何苦支床？他那时73岁，现在我已是他的"同龄人"，体会到体力不支，爬书架非老年人所宜，

王重民先生与夫人刘修业、儿子王黎敦

开始理解他当时为任务所迫争分夺秒的肉体上的痛苦与精神上的积极性。

后来我领会到,王先生乃是政治上的傻子,学术上的卫道者。老前辈(现在大部分均已成先辈)差不多都有这股劲头,多少不等而已。王先生把这项"政治任务"当成纯学术研究与传道授业解惑,他研究与审定"法家书目提要",首先就否决了一大批"法家"。特别要命的是,江青在天津市"儒法斗争史"报告大会上,随口一说:"又发现了一部李贽的《史纲评要》,准备出版。"可这部书一则早有记录,二则绝大多数专家都认为此书是托名李贽之作。王先生早就持有这种看法,但比较辩证,认为是后人摘取李贽《藏书》改编而成,"故谓为真也可,谓为伪也亦可"。这在后来才发表的《中国善本书提要》104页是有明确反映的。"四人帮"在北大的走狗压王先生作正面鉴定。王先生当时不知为什么，反倒不太辩证了，一口咬定是伪作。气得他们指着王先生说："你说这部书是伪书，对你有什么好处！"导致找茬硬整，以生命殉学术。王先生最后还在书桌上留下一本《李卓吾评传》，以示不屈不挠。

我常从两方面想。一方面，我想这是何苦来，按《提要》104页的老看法，稍微偏向左边一点，也就对付过去啦。要是我，准这么办。政治上反复左右作检讨的有的是，业务上支应一次无伤大雅的。另一方面，从这次百年祭中看到大家对王先生的尊重与怀念，体会到公道自在人心。我才感觉到自己的那种"小我"是如何地卑鄙、龌龊与渺小。我们应该首先学习的，应该是王先生为学术献身的殉道精神。

最后，我必须提到王先生的学术伴侣刘修业先生。刘先生与王先生一起生活、工作、学习四十余年。王先生的学术业绩中，莫不闪耀着刘先生的身影。王先生弃世后，刘先生在困苦中抚孤成立，使之均成为专擅一门业务的有用人材。刘先生整理完毕王先生的大部分著作，并争取发表。王先生的著作中有大量她的成果，但她从不署自己的名字。她甚至亲自到舍下来，讨论有关王先生的敦煌学著作中的事。她还希望我为《冷庐文薮》作序，这是我绝对不敢僭越的，但她异常坚决，无法以理说服。冒天下之大不韪，我还是不自量地作了。在我的心目中，她的形像比王先生还要高大。

2003年7月5日，星期六，承泽园

读王有三（重民）先生的《中国善本书提要》

一

王有三（重民）先生撰写、刘修业先生整理的《中国善本书提要》（以下简称《提要》）及其《补编》，已于1983年、1991年分别由上海古籍出版社、书目文献出版社出版。计收提要七千余篇。

我在北京大学图书馆学系任教时，多有同学问到这两部书。我对他们的建议是，要想了解和理解王先生这两部书的内涵与真髓，只能用"笨"办法，首先仔细阅读傅振伦、杨殿珣（特别重要）、谢国桢诸先生的序，更须仔细阅读并体会刘修业先生几篇跋语的涵义。然后，结合自己的学习与工作，不断地学习与使用这两部书中的相关内容。我自己是这么作的，至今还在作。限于学力与水平，体会当然肤浅。但从个人的线性思维历程观察，却是越来越深。自然，还是远远不够深。为王先生的纪念论文集写论文，写不出来。急迫之下，只可把一些粗浅认识写出来，供青年同志参考与批评罢了。

首先，从内容看，这两部书是是未完成的著作，只是王先生1939到1949年约十年间在美国国会图书馆、中国国家图书馆（时称北京图书馆）、北京大学图书馆整理、阅读善本书所写下的提要中的大部分。除去已经遗失的不计，还有收入《普林斯顿大学葛思德东方图书馆中文善本书志》（屈万里主编，台湾艺文印书馆1974年出版）的，经过屈先生等位校订的约一千篇提要，没有收入王先生此二书。估计刘修业先生的意思，一则那些经别人发表过了；二则经过屈先生等位校订，虽然改动不大，可是原稿不在手中，难于分析与审订。也就只好且自由他去了。这里表现出作为老一辈学者的刘先生的审慎与宽容。拙见是，将来出"再补"本，似可酌量收入。物归原主，不必客气啦。

其次，从内容与编次看，王先生这两部书颇有不同之处。这是阅读时必须注意到的。《提要》的基础和主要部分是《美国国会图书馆藏中国善本书录》的手稿。那是王先生1939－1947年八年间在美国整理阅读善本书记录的主要部分。除去在葛思德图书馆干的活计，其余的大体上全在那里了。这部分约占《提要》篇幅2/3以上。

剩下的，可就是1947—1949年间在北京图书馆和北京大学图书馆阅读留下的一部分记录了。需要说明的是，王先生北京大学图书馆那时所能读到的善本书相当有限。因为，作为北京大学图书馆馆藏善本主力的李木斋（盛铎）藏书，虽于1939年进馆，但因种种缘由，编目缓慢①。此外，王先生只研究到传统的四部书，没怎么涉及到北大馆藏马氏书等稀见小说。解放后院系调整调入北京大学图书馆的燕京大学图书馆善本书那时尚未进馆。王先生当时归属的工作单位是北京图书馆，在北大处于客卿地位，来北大的时间也不多。这些都多少限制了王先生的阅览范围。我们在这两部书中看到，王先生在北大的阅读记录，还是以阅览张允亮先生在1930年左右编成供本馆使用和馆际阅览的《国立北京大学图书馆善本书目》记载的那些书为主。应该说明，抗战前的老北大馆藏四部书善本，是以1902年后"巴陵方氏碧琳琅馆"所藏的一部分善本为主力的。方柳桥（功惠）碧琳琅馆藏书中，原日本佐伯文库（特别多）、曼殊院、尾府、尾张、知止堂等旧藏流入广东而经方氏入藏者颇多。王先生阅读的北大所藏，其中一大部分是这批善本。这一部分善本书，现在已经不大看作北大图书馆中文善本的主力了。料想王先生阅读并作出提要后，未必有人再如此过细地对待过它们。再联想到1937年马氏书进馆，1939年李氏书进馆，1945—1948年间抗战胜利后北大的满壁琳琅，1952年院系调整的丰收，那些善本中的大部分，由于种种外在和本身原因，王先生均未能为之"提要"。抚今追昔，能不慨然。

1947—1949年，王先生主要在北京图书馆工作。近水楼台，得以博览馆内善本。但战乱频仍中生活不安定牵掣精力，还得兼顾北大图书馆学专修科创建事务，伏案时间与条件比起在美国相

---

① 关于北大善本书编目等问题，拙作《〈北京大学图书馆藏古籍善本书目〉读后志感》一文中有简短讨论，文载本书中。

差颇多。王先生竟然又作出几千篇提要，特别是《补编》中绝大部分为在北京图书馆期间所作。就是把节假日和调到北大前的日子完全计算在内，王先生一天连读带写，恐怕也得作三五篇提要。真使晚学万分钦佩先辈的干劲、水平与精力。

二

我们前面述及，《提要》以在美所写为主编成。《补编》则以北京图书馆所藏为主。这是两者的主要区别。必须提请后来人注意的是，王先生回国后撰写提要时，心目中总有在美所写的同书或同类书提要在。或者可以这样揣测：王先生在为国内两馆善本撰写提要时，手边总是放着在美所撰同类提要，以资比较。应该说，对比法，特别是同类中的求异法，是极好的作学问的方法。王先生时时不忘使用此法。我们在阅读《提要》时，一定要深入体会。在阅读《补编》时，更应尽可能与《提要》所载对照。刘修业先生深知王先生之用心，所以顺理成章地大体上按刊印前后顺序，将同样的书安排在一起；如系同一种版本，则往往先排出认为重要的，例如卷帙全备的本子。建议后学一定要理解这一点，阅读这两部书时对照读，自己作学问时学着用，虽不中不远矣。下举二例：

《经世八编类纂》先列北大藏本，并举出八编名目，继而指出此书在清代为禁书，《四库总目》不载。流通本中多有抽去"女真"两卷者。北大藏本独有此二卷，而后列出之"国会"藏本无之。又指出，书贾将"国会"藏本的第一百五十八卷移至抽去的第二百五十八卷处（应为"女真"之下卷所在），真是匪夷所思。王先生读书，真乃心细如发也。

《山堂肆考》先列"国会"藏本，盖以之为万历二十五年原刻本。次列北大藏本，有万历四十七年修订本张幼学序，并进一步说明此本又是崇祯年间再次修版，而可能在清初印刷。一般人考至张序之年，也就不再往下考究了。王先生细读张序并研究参校人题名等,才能得出崭新的正确推论。先辈如此读书,真够晚学学习一辈子的啦。

三

阅读王先生这两部书,笔者的一个突出感觉是,王先生所写的提要,学术性极强。它强烈地表现在给后来人无数的提示,这些提示中的一部分,思路和想法还十分现代化。这些,暗中显示出王先生学贯中西,接受西方科学思想,并自发地(且不说"自觉地")用于自己的科研,因而产生这许多小成果。这会促使后来的有心人顺藤摸瓜。一句提示,几乎就可以让后来人作出一篇小论文。这是王先生所写提要与众不同之处,杰出之处。试以王先生所写的某些提要与《四库提要》或近现代一些名家所写的对读,就可明显地发现这种区别。我们只就王先生所写略加征引来说明,不涉及他人和别的书籍,因为在说明问题时无此必要,并借以免去抑扬之嫌。

《提要》第383页,《朱翼》条,王先生所写提要云:"按是书题为《朱翼》,而实为一普通类书,不过借朱子(化文按:朱熹)为号召耳。卷内采及《水浒传》,《提要》(化文按:《四库提要》)讥其庞杂不伦。而不知明末为我国学术极解放时代,亦为极盛兴时代。当时虽无期刊日报之刊行,此种小类书实具有现代流行之刊物性质。一面征引古人之嘉言懿行,一面汇入当时之新知识、新思想,故虽朝生夕灭,已尽传播文化之责矣。譬如撰书人江旭奇,既载入自己之言论,亦载入自己师友之言论,更尽量载入当时通俗社会内最通行之读物,非以要名,亦非为师友作宣传,乃以适应当时社会一般读书识字者之需要也。《完瓯部·兵器》目内引《水浒传》,盖即《提要》(按:《四库提要》)所讥者,而《志林部·载籍》目下,以《三国》《水浒》与《六经》子史等论齐观,并非有意作怪论,盖正是一般读书人实际需要。……又如丙辰为万历四十四年,是时天主教士译著之书方流行,读书人方在欢迎新说(化文按:恐怕欢迎的主要是科学，如数学、地理等新说），《委赘部·交道》目内引利玛窦《友论》数则，且引冯应京序两则，《志林部》所引尤多，凡引《七克》五条，庞迪我二十条，按语用庞说一条西儒说一条。《七克》刻成于万历四十二年，一年之后，即若是通行，在彼教中人将谓其宗教之受人欢迎，余则以为明末之士习如此，而此类小书，正是期刊之先河也。"

以上引了几乎是这一则提要的全部，这足以说明，不是我们引的多，而是王先生原提要实在是要言不烦，一句就是一句，每句话都能说明问题：1. 为"朱翼"书题解题，说明为何文不对题。化文按，其实，朱注是科举必读书，有如当代教科书中的夹注。为经典中的朱注及朱子其它著作作"疏"，有似当代的考试参考资料。书题是对题的，当时人一看就明白。2. 说明此书具有类似我们现代的"文摘"杂志性质，是一种新兴的书籍类型①。化文补充：这是提供多种"正反"资料，使应试者开拓知识领域，供应试与言谈之用。有如东汉末年的人之利用《论衡》也。3. 提示书中引用《水浒传》等小说。小说研究者当注意并在适当的研究场合引用之。可惜至今知者不多，总因没有读到王先生这篇提要之故。4. 提示书中引用当时新发表的耶稣会士著作不少，并分析其原因。可惜至今利用来研究这方面问题者亦不多。

再如《提要》第653页著录"《朱文肃公集》不分卷"。提要亦要言不烦：1. 列出全书九册每册之简要内容，使读者对此书能有初步的概括的却又能全面的把握。2. 特别指出第八册"自述行略"的起止年代，又指出此书未见著录过，暗示这篇自传系孤本。我的爱人李鼎霞由此受启发，抄出这一册，加以标点注释，以专稿形式全

---

① 包天笑《钏影楼回忆录》（大华出版社［香港］，1971年）中记载，清季《时务报》风行一时，包天笑等也在苏州用木版刊印《励学译编》。《朱翼》当是这一类书籍型刊物的不祧之祖矣。一笑！至少可借以想见《朱翼》是什么样子的书籍。

文发表①。3. 由原书中避讳字推论抄写时代。王先生在提要的最后说："此本'甯''醇'皆避讳，则抄写较晚；因无印记，不知谁氏所抄，为从何本出也。"不作明确结论，乃大学者谨慎矜持之态度，并以为此乃避讳常识之故。笔者代为说明：王先生的意思是，此书乃清季抄本。因此，这部书在北大图书馆颇不受重视，陆续编出的几部善本书目均未登录。如果不是王先生独具只眼，指出其特异之处，则此书只在书目卡片中方能捡出，卡片中缺乏指引性提要，如朱国祯自传这样的独具的宝贵资料无从反映，只能养在深闺啦。

四

向觉明（达）先生和王有三先生是中国敦煌学界第二代的代表，如果他二位能熬过"文革"，那肯定是20世纪80年代初成立的中国敦煌吐鲁番学会的领军人物。第二代的一大特点，也就是他二位的特点，是亲赴英法，目验原卷。王先生还代伯希和为中文卷子编目，后来还主编《敦煌遗书总目索引》。另一个特点是，与我国第一代敦煌学者比较，第二代如陈寅恪、刘半农（复）、许国霖等位先生，都极为重视敦煌俗文学作品，以及民间通俗实用书籍如日用小类书等。向、王两位先生所见者多，爬梳剔抉的重点亦在此。王先生在巴黎编目在先，因欧战避居美国阅览中国善本书并作提要居后。在《提要》中重视为传统的（即美国所存的）民间通俗实用书籍和词曲、蒙童读本等作提要，并与敦煌遗书中类似材料比较，在王先生来说，就是顺理成章的事了。这却在无形中构成王先生《提要》的一大特色，与传统的《四库提要》和与王先生同时代的《藏园群书题记》等形成鲜明对比。至于新旧两种类型提要的成就，自然是双峰并峙二水分流，各有千秋，不宜在此评议。但

---

① 李鼎霞《朱国祯及其"自述行略"》一文，载于《中国典籍与文化论丛》第六辑（中华书局，2000年）。

如前所述，王先生所写的与这方面相关的提要，是如陈寅恪先生指出的"预流"的举措，预示出中国善本书研究和为善本书作提要的一个重要方向。

以下也试举三例：

《新编对相四言》一卷，明司礼监刻本，王先生提要云："'对相'谓为每字或每词出一相，对刻于次行，以便童蒙，如今日'识字图说'。"指出："明初即已有此类课本。数百年前，此类儿童读物已通行，实教育史上所应大书特书者。"笔者近年来读书不多，自张志公先生《传统语文教育教材论——暨蒙学书目和书影》一书后，少见力作。实则如按照王先生的指引，即"中国古代文图对照型读物"便可写出一篇优秀论文甚至专书。王先生并据此书所载算盘列于算子之前的情况，考出刻书时代当嘉靖、万历之间①。此种贯通文理之考证，当代新进人物中具有类似能力者不多。戏说之电视剧中出现唐宋酒肆中顾客以油炸花生仁下酒，店主东拨拉算盘，幼童啃老玉米，自可无讥焉。

《大千生鉴》六卷，系明代人编印。提要云："按是书内容，与后人所编《百岁谱》相同。自始生至百岁，依其事迹，按年编次。……敦煌所出有《读史编年诗》，《崇文总目》卷五载《赵氏编年诗》，皆写之以诗者。清代有丁文策、陈师锡合辑《百岁叙谱》六卷，诸家书目所载尚有数家，皆写之以文者。敦煌本有序云：'编年者，十三代史间，自初生至百岁，赋其诗，以编纪古人百年之迹。'其用意古今皆同。是书每用四字标题，犹存古代小类书遗意，而又均

---

① 北京图书馆出版社1998年影印的明内府彩绘插图本《明解增和千家诗注》，系手写手绘未毕工，仅有前半部（不宜说"仅存"前半，恐怕就没有后半）的本子，可能供太子或小皇帝（嘉靖？）启蒙用。嘉靖前后，明代官府以至内府刻印相关童蒙读物，有自来矣。这部影印本已经成为文化教育系统领导出访送"国礼"的首选，看来，对这类插图本童蒙读物的研究也应跟上，以防洋人提问也。

注出处，尤高丁文策诸家一等。卷六为《续遗》，仍从始生至百余岁编次。明代应尚有此类著作不少，就余所见，现以此本为最早。"拙见以为，这一则提要是王先生《提要》中杰出的代表作之一。至少有如下值得提出的特点：1. 是一篇中国传统的"百岁谱类型诗文类书"源流的简明小考证。上联下挂，从敦煌遗书直说到"后人所编《百岁谱》"，注意：这"后人"一直连贯到近现代。2. 说明此书四字标题存古意之特点，注出处之优点。3. 说明"卷六"为《续遗》及其编录方法，使只凭卡片"六卷"标题而未见此书者知道全书的构成。4. 指出明代应尚有同类著作不少，"现以此本为最早"，为自己留后路，为后人留研究余地。

《云门传》一卷，提要云："今阙一至四叶，无撰人及刊刻年月。以版式观之，为明嘉靖万历间刻本。""是书文体与敦煌所出变文相同。变文多演佛家故事，演道家者余只见《叶法善诗》一卷。此传或为唐宋以来相传旧本，盖明世宗好道，道徒又重演而重刻之，故其体例已不尽与变文相同。敦煌唱词多作七字句，此则多加两字作衬字。又加入《五更转》《渔鼓简》及散套，以变化其文词。《渔鼓简》用三三四句法，敦煌本《十二时》已肇其端，近出《销释真空宝卷》更多用此句法，二书当为同时代产物也。"按，这一则提要从变文议论到宝卷，近年来敦煌俗文学和明清俗曲、宝卷的研究有长足进步，王先生的意见属于早期研究者的一种看法，拙见以为未必准确，有可议之处，但是，作为老一代学者提出的一种思路，总可以议一议罢，但未见有人提到。估计是那几门学术的研究者都没有注意到。可见，"何妨下楼合作"[①]，大家都来读读提要，也不算白费功夫也。

---

① 华君武先生于20世纪60年代画过一幅漫画，题为"何不下楼合作"，讽刺历史学家和历史剧作家互相指责而不合作。

五

中国古代人常借名家以自重，花费大力气著书写文章，偏用大专家名义发表。就今所知，明代书贾为了射利，更把这一招发展到登峰造极。搞善本的，总得下功夫"辨正"之。《提要》中自然三致意焉。可以说，王先生是现代这方面的辨伪大专家。如李贽，那是经常被人冒名顶替的。王先生为了他，很下过一番工夫。看《万形实考》、《三先生合评北西厢》、《枕中十书》、《残唐五代史演义传》等书的提要便知。再举另外的书，如《圆机活法》，指出种种伪托，也是颇见功力的辨正篇章。王先生不能曲学阿世，最后还是栽在李贽伪书上面，身殉学术。我们现在纪念王先生，除了学习他的博大精深的学术，恐怕也应学习他老人家捍卫真理的献身精神罢。

2003年4月22日，星期二。承泽园。

读《伯希和劫经录》

2003年是我国国际知名的敦煌学家王有三（重民）先生一百周年诞辰。北京大学和国家图书馆、兰州大学联合举办纪念活动。

《伯希和劫经录》是王有三（重民）先生的重要目录著作，收在他主编的《敦煌遗书总目索引》之中。国际学术界，特别是国际敦煌学界无人不知，无人不利用，无须再行介绍。

《伯希和劫经录》原稿初成于1934—1939年之间，在巴黎所作，系王先生代伯希和所编的法藏敦煌汉文遗书卷子的"注记目录"。也就是说，是在简目的基础上加上若干注释性质的记录。原编号是法藏原有的，属于"财产账"式的登录号，彼此间并无必然联系。这一点远不如1931年已经公开出版的《敦煌劫余录》，还尽可能地显示出分类或说归类的意图。王先生是代伯希和或说是帮助法国图书馆工作者进一步编目，原卷已经登录上架，形成定局，打乱了重来，原主管者大概不会同意。因此，王先生所作的也就剩下为原卷定名、写注记的工作了。为原卷定名，是说如果原卷无首尾题目，或伯希和尚未为无题卷子定名，就得为之拟定名目。从此录中反映出，伯希和所作的工作不多。因此，说《伯希和劫经录》是王先生所编，必须明确王先生实际上干了哪些工作，有些事情是王先生不能代法国人负责的。有人说，这不是尽人皆知的事吗？唯唯否否，不然，此事从图书馆学的角度来看，十分重要，属于原则性问题。一位目录学家怎能编出财产账式的目录来呢！谁办的事谁负责，王先生绝对不能对编号登录负责。王先生实际上作的，主要是为编好号的目录写注记。笔者拙见，说《伯希和劫经录》是王先生所"编"，并不能给王先生添加光彩。反倒把王先生限于在巴黎的时间和客卿的地位，以致无法贯彻作为一位优秀的中国目录学家的意图的可能设想抹杀了。是客观上不能为也，非主观上不愿为也！

《伯希和劫经录》着录了二千六百九十多号，其中约五分之一没有注记。这些没有注记的文件，其中一部分是只需拟出标题便可揭露内涵的，如 P.3951："墨画马一疋"；P.3969："彩绘佛像"；P.3744："僧月光日兴兄弟析产契三件"。从定名便可初步了解其内涵。进一步按图索骥，那是读者的事了。这里面还有在标题之后以括号注释进一步阐明内容的，如 P.3767："古文尚书卷第九（存无逸篇卅二行）"；P.3817："太子入山修道赞一本（全）"；P.3796："百行章（仅存序文九行）"。

另一部分则是一批残缺的佛经卷子等，大致以两种方式注记：

一种是，说明其大致归类及现存形式。如 P.5030："佛经（碎片一包）"；P.5031："杂类（碎片一包）"；P.4683："两种残佛经（接裱在一起背录西藏文）"。另一种则更加普遍使用，着录方式大致是"'佛经'或'道经'（若干行）"，"残纸（卷背题何种经）"。如 P.4731："残道经（三个上半行）"；P.4856："残佛经（九行末三行上截断裂）"；等等。其中以"残佛经"居多。如 4794—4801, 4838—

4866，差不多全是。这些残佛经和残道经，经过后来几代敦煌学目录学者的努力，已经将大部分原经名找到并标出。如上述4731号，为"老君一百八十戒叙，下接P.4562"；4856号，为"《妙法莲华经》序品"等。特别是经过台湾的黄永武先生和此后的对敦煌卷子和大藏经均极为熟悉的施萍婷女史的仔细搜寻比对，特别在《敦煌遗书总目索引新编》中，将绝大多数原经名标出。现当代敦煌学学者中，个别人认为王先生粗疏，有些常见经典也没有比对出来。这是过于求全责备了。须知王先生当时的时间有限，特别是流水作业，靠法国管理人员提卷子出库入库，能见到一件卷子的时间有限，这是一。佛经中有许多雷同之处，特别是后代译者照录前代译文之处，以及由于原文内容中某部分基本相同，导致汉文译文相同，这些，常常需要核对较长的一段甚至是一卷到几卷经卷，才能有十分把握下结论，这是二。当时王先生手头的参考工具书相当缺乏，这是三。还可就这第三点再解释一下：方便实用的《大正藏》1934年才出齐，与王先生先后到的巴黎。此藏的索引日本原刊本刊行于20世纪60年代，盗印本在我国内地流行已是90年代的事了。我怀疑王先生生前是否见过这套索引，更甭提30年代在巴黎了。这个索引还是重要字词索引（大体上按原书每页随机索出50个字词，带有主观随意性），用来找敦煌卷子中残卷出处相当费力，且不易查出。黄永武《敦煌宝藏》的目录定名，大约是利用了这套索引的，也够难为他的了。待等《大正藏》光盘出现，干起查询来快速便当多了。惜王先生之不及见。不然，以他的学力、能力和干劲，这点问题不搂搜一干的。

王先生的学力与贡献，大多表现在那占原卷子号中五分之四的各卷注记上面了。

这里面有对首尾题记的抄录，如4563号："救疾病经残卷（仅存尾五行）"，可是留存中有最重要的完整的题记，王先生全都抄录下来了。3604号"十二时"，全录带年号日期。书手题名、写卷目的等的尾题，虽后半部分残缺，重要内容均在，照录。4506号黄绢写经两种的题记尾题全录。4503号柳公权书《金刚经》碑拓本、4508号唐太宗书《温泉铭》拓本的各自的题记均全录，这可是敦煌遗书中三种拓片之二啊！还有，重要的卷末题记，如译场列位，校勘与抄写记录，多色笔抄录及其蕴涵的意义（如朱笔标目等），无不列举、照录，表而出之。

有对卷子内容的提示，各种各别，有关哪个学科的都有。意思是提醒后来人注意，便于后人利用。如3650号《籯金》残卷，列出残存篇目。3679号"唵字赞"，说明其写法，朱墨两色写之特点及录出题记等。4500号《佛说斋法清净经》，说明载体等特点："用黄丝线绣于蓝绢上"。

有对背面内容的介绍。这在法文登录中，是用V（Verso：背面）下另作一条附录（注记方式与对正面的注记从同）来解决的。王先生则用注记在卷内的方式处理。后来人大多按法国人的办法办了。

有对可连接的各卷的提示，如提示2707、2543、4884三号《文选》残卷可连接，即是。这方面极见学力与细致工作的学风。

凡此种种，上接《敦煌劫余录》的登录法，但舍弃首尾各录几个字的表明责任的作法，下启此后各种敦煌目录。此后的敦煌目录，可说差不多都是王先生此录的萧规曹随。不过在作法上细致些，特别在着录内容方面更加准确与细腻而已。王先生此录开创示范之功可谓大矣！其衣被敦煌学人，非一代也！

王先生此录虽然粗糙一些，但正如我们前面说过的，他受到时间与馆内规章制度的种种限制，和为人作嫁的苦恼，这是一。更有进者，图书馆目录的基本作法就是如此，这不是在写论文，也不鼓励写较长的提要，不能铺开了干，这是二。王先生很明白这一点，他很聪明，把某些内容记录下来，加上自己的心得体会，写成专文，很快地寄回国内发表，以求得迅速地与广大学者资源共享。其中一部分成为后来出版的《敦煌古籍叙录》的主要内容。这些都应该计入王先生在巴黎编目所得的成绩之内。若徒执《伯希和劫经录》以绳王先生,那就太不公平了。

笔者以为,《伯希和劫经录》最大的贡献,仍在其注记。除了具体的每项注记所蕴涵的信息以外,注记的各种各样的内涵,也对后来的编目者大有启发,向他们指出多种应注记的内容,也就等于指明一大批应注记的途径。后来人虽然自发地按从《敦煌劫余录》到王先生此录的道路在走下去,可还没有自觉地总结,总结出究竟有多少种应该注记的内容,以及在继承王先生等位(包括刘铭恕先生等)成果的基础上,如何将之条例化、格式化。日本学者从20世纪30年代起,就在佛藏与敦煌学专科目录等方面,试图利用分条分项的简便格式进行注记。不论我们将来是否采用他们的方法,他们的经验是可供我们参考的。拙见以为,这正是敦煌学目录的编目工作的当务之急。

当然,仅就《伯希和劫经录》本身而言,由于是筚路蓝缕之作,从当代达到的敦煌学和敦煌学目录水平看,其粗疏自不待言。王先生此录后的后起,如黄永武,如施萍婷,均后来居上,一山更比一山高。这就昭示给我们:敦煌遗书的编目工作,非一人之力一代之功可毕,现在还差得远呢!但是,我敢说,无论是谁,如果处在王先生当年的地位与情况下,都不会比学力与才力超群的王先生作得更好。我希望我国敦煌学界群策群力,在先辈打下的基础上,尽快作好全部敦煌遗书的编目与研究工作。

2003 年 7 月 12 日,星期六,承泽园

《冷庐文薮》序

王有三先生所写的论文目录,备载于《中国目录学史论丛》书后的附录《王重民著述目录》一文中。其中大部分,已收入《敦煌

刘修业先生写给作者希望其为《冷庐文薮》作序的信，时为 1986 年 4 月 29 日

遗书论文集》、《中国目录学史论丛》二书。其余长短篇论文约 40 万字，均收入本书。因王先生自号书斋为"冷庐"，故本书由刘修业先生题名为《冷庐文薮》。至此，王有三先生所撰论文已经大致出齐。

刘修业先生派我为本书作序。长者命，不敢辞。笔者首先想到的是，自己实不足以肩负为本书作序之重任；也就是说，从学业成就上、辈份上以及和王有三先生的师承关系上，笔者都够不上给本书作序的资格；或者说是，不配给本书作者作序。现在竟然轮到由笔者来写，这固然是刘老赏给笔者的极大的面子，是对后学一次有力的提携，可是执笔之际，哪能让人没有"孤城落日"之感呢。

笔者与王先生的关系实在很浅，虽有高山仰止之思，不敢说厕于弟子之列。笔者于 1950 年入北京大学中文系就读，那时，图书馆学专修科由王先生主持，附属于中文系。以此因缘，笔者能远

远地瞻仰王先生，并旁听过几节他老人家讲的课。当时，王先生并不认识笔者。

"文化大革命"后期，1972年起，笔者在《文物》编辑部义务劳动帮忙打杂，因为审稿中的问题，才通过在北京大学图书馆工作而与王先生在60年代初就熟悉起来的笔者爱人李鼎霞引见，到当时住在北京大学朗润园的王先生府上谒见请教，大约不过十次。王先生很热情，虽在"文革"之中，说起学问来滔滔不绝，常常超出笔者请教的具体问题，多方引证，使人有如入"宝山"之感。笔者记忆犹新的是最后一次，即1975年4月12日接近中午的时候，在北京大学未名湖畔博雅塔旁小马路上，与王先生不期而遇。这时忽然想到，正在看的一篇稿件中，有些关于《老子·想尔注》的问题，正好向王先生请教。当即提出，王先生兴致大发，居然在马路边口讲指划，讲了起码一个小时，不觉移晷。当时获益非浅，现在想来，这大约是王先生最后一次学术谘询应答。三天后的4月15日，王先生就受到点名批判，旋即下世。笔者亲炙于王先生不过这样几次。但就在这有限的几次求教中，王先生给了笔者以极为深刻的印象。

这十几年来，已有许多人写过纪念、回忆王先生的文章，全都认为，王先生性情温厚，平易近人，待人接物出于至诚，受到师友学生一致推重。这些，笔者都有同感。更使笔者印象深刻的是：王先生真是一位挚爱学术的胸无城府的伟大学者，在经过反右的挫折后，在"文革"的险恶环境中，只要你真诚地向他请教有关业务的问题，他就滔滔不绝，倾筐倒箧而出，似乎有些迫不及待，想把自己所学所知迅速注入对方脑中的样子。当时还认为王先生是一位近乎天真的老少年，现在想来，像王先生这样视学问如生命，自身与业务近乎合一，诲人不倦的粹然学者，真是太少了。

这十几年来，笔者在与目录学、敦煌学有关的教学岗位上，作些打杂工作，进一步接触到王先生留下的巨额学术遗产，增加了对

王先生的了解。对王先生一生的治学道路和治学方法,也有了一些粗浅的认识:

一是,王先生的学术确实是博大精深,在目录学、版本学、校勘学和敦煌学、史学和索引编纂等方面,王先生都达到了他那个时代所能达到的最高水平。说他是中国近现代目录学和敦煌学的代表人物,绝非过誉;说他是中国现代学术论文索引编纂的奠基人,也是公认的事实。笔者常想,王先生何以能达到如此高的成就?一个简单的答案是:这是聪明与勤奋的合一。笔者又常想:王先生在非学术方面,或许由于书生气太重,知识分子习气太深,显得有时甚至很不聪明;但他在学术问题上确是极为敏感的,或者说,他把自己的聪明才智,完全用到了学术里去了。一个突出的表现是,王先生能够利用给予自己的学术上的机会,开拓新的学术领域。用陈寅恪先生的话说,这就是:"一时代之学术,必有其新材料与新问题。取用此材料以研求问题,则为此时代学术之新潮流。治学之士得预于此潮流者,谓之预流(借用佛教"初果"之名)。"(《敦煌劫余录·序》)借用现在的话说,就是"领导学术新潮流"。王先生青年时期入北京图书馆主持新设的索引组;后来奉派去欧洲,研究敦煌卷子和太平天国文书;二次大战时留居美国,研究海外庋藏的中国善本书,都是目光锐利地抓住了"预流"的机会。

当然,光靠机会与眼光,还不足以在学术上攀登高峰。如笔者所见,解放初,领导分配到优越学术岗位上进行培养的人也不少,几十年下来,碌碌无为者也不乏人。除了客观条件以外,恐怕就是缺乏王先生具有的那种在学术上的"冲天干劲"。即以敦煌学而言,1934年夏,王先生奉派去法国与英国工作,直至1939年欧战开始后撤离。这五年多时间里,大量地接触了伯希和与斯坦因盗去的遗书材料,所得甚丰,从材料搜集等方面奠定了以后研究的基础。这段时期,不但对王先生个人,即便对于国际和我国敦煌学界来说,都可说是一个高潮时期、黄金时代。据笔者粗略计算,在这五年多时间里，连节假日统计在内，不算看其他大量汉文材料如太平天国资料等（起码占去一半工作时间）王先生平均每天得看五六个敦煌卷子，并作详细记录，有的是全部过录。外带帮法国人编目录。而其所得材料，在王先生逝世16年后的今天，尚有未经整理发表者。其工作量之大，收获之丰，实在令人惊叹。

二是，王先生固然聪明，记忆力极强，应付咨询和讲课完全不用参考笔记，对于有关数据如数家珍。但他似乎深深懂得，好记性不如秃笔头，因而"记事者必提其要，纂言者必钩其玄；贪多务得，细大不捐"，随时作学术性札记，而且作得越来越熟练。大部分札记不用修整，就是一篇很好的学术提要。王先生逝世后，刘先生整理遗稿，特别在整理《中国善本书提要》及其续编时，用陆续搜寻到的札记，略加排比就可成书。另一例证是，王先生在巴黎，代伯希和作敦煌中文卷子目录，自己随手作成卡片，其中有大量学术提要式札记。这大批卡片，80年代由刘老捐献给了敦煌研究院。它就是《敦煌遗书总目索引》中《伯希和劫经录》的初稿。笔者曾抽取若干与现行印本比勘，发现改动甚少。这两者都说明王先生这方面的功夫实在到家。搞目录学的人，一定要学会并大量作学术札记，这是王先生对后学的垂范。

三是，王先生治学，最重视对第一手材料之钩稽排比。"导坠绪之茫茫，独旁搜而远绍"。他目光犀利，披览中能随时发现有用的材料："玉札丹砂，赤箭青芝，牛溲马勃，败鼓之皮，俱收并蓄，待用无遗。"例如清代著名目录学家金门诏，《清史稿》无传，王先生通读金氏全集，为之作学术性极强的"别传"。又如《异域琐谈》（又名《西域闻见录》）之作者七十一，亦赖王先生为之小传以传。《正学镠石》一书，康熙刻本题利安当著。王先生在巴黎国家图书馆见一钞本，题"泰西利安当命意，天民尚识己载言"，始知为中西二人合作，并为此作"尚祐卿（后更名尚识己，字天民）传"。此种读书知人、搜秘探微的细致学术工作，看似读书有间，顺手拈来，实则非蓄积极深的有识者莫办。这样的例证,在本书中所见尤多。

最后一点是,解放后,王先生把主要精力投入到北京大学图书馆学系的建设中去,开设了许多新课,培养了一批又一批的新人,这也可看作是王先生在学术领域的新开拓。但笔者觉得,王先生终未能全展其所长。这也许是客观条件使然。即以敦煌学来说,我国第一代敦煌学学者王国维、陈寅恪、罗振玉等先生以后,远赴欧洲进行大量研究工作的学者中,公认成就最高,后来成为学术带头人的,是向觉明(达)先生和王先生。王先生在敦煌学目录方面的贡献,厥功尤伟。但解放后,向先生在敦煌考古方面的传人,不止一二代,至今丝绸之路山洞中活跃着的各路诸侯,多为向门薪火传人。相对来说,王先生在这方面的接班人呢?唉,实在令人感到衷心的遗憾。

笔者在写作这篇序时,感到惭愧和必须提出的是,本书实际上是马蹄疾同志在刘老的指导下编纂成的,其经过略见凡例。马蹄疾同志对本书和王先生的了解,百倍于笔者,由于他过于谦抑,只得由笔者在此表而出之,庶不没其苦心焉。

最后要说的一点感想是:笔者最爱读的一篇文章,是李清照的《金石录·后序》,那是饱含感情为学术伴侣所写的一字一泪感人至深的奇文。严格讲,《金石录》应该说是赵、李伉俪共同写出的著作;赵氏故后,如果没有李氏的卓绝努力,这部书就流传不下来。可是,李清照并没有写下自己的名字。刘老和王先生同治索引学、目录学、敦煌学,王先生的学术著作中,莫不闪耀着刘老的身影。王先生故后十余年间,刘老颁全力整理遗作,直到本书出版,终底于成。其工作量大大超过李氏整理《金石录》,而用心则同,后先辉映,又哪能使读者没有悲欣交集之感。"落日心犹壮",但是,在……中,又哪能使晚学没有辛酸之感呢。

(《冷庐文薮》,王重民著,上海古籍出版社,1992)

学习刘国钧先生有关道教、佛教著作书后

一

1999年,适当我系老系主任、中国图书馆学界老一辈学术泰斗刘国钧先生百年纪念。刘先生的传人张树华大学长极尽努力,辛辛苦苦地复印到刘先生的早期著作中的一部分,即有关佛教、道教的五篇论文,派我学习。我想,我首先应该学习的,是张大学长不忘师门的古道风谊,以及她的敬业乐业精神。

刘先生这五篇论文,有关道教者三篇,佛教者两篇。篇目如下:

一、《两汉时代道教概说》,载于《金陵学报》一卷一期,1931年。

二、《老子神化考略》,载于《金陵学报》四卷二期,1935年。

以上两篇论文,内容有相当关联。还有一篇校勘专著,则是:

三、《〈老子·王弼注〉校记》,载于《图书馆学季刊》八卷一期,1934年。

以下为有关佛教者两篇,均属"经录"性质:

四、《后汉译经录》,载于《金陵学报》一卷二期,1931年。

五、《三国佛典录》,载于《金陵学报》二卷二期,1932年;《图书馆学季刊》七卷一期。

这两篇经录有其连续性，可以看作上下篇。听说尚有《两晋佛典录》等，未见。

我的学习心得，也按道教、佛教两部分分别汇报于下。

二

两篇有关道教的论文，是刘先生三十几岁时的著作，时当盛年，方自美国留学归来，主持金陵大学馆务院务之际，意气风发之时。刘先生在美主修的是图书馆学和哲学，并获得哲学博士，他自然想利用所学的治学方法，从事相关的中国哲学方面的课题研究。这也是胡适之先生开辟的一种治学之道，形成一时风气的。笔者学习刘先生这两篇大作时，开卷的初始感受，就是刘先生很会选题，选当时学术界很少涉及的处女地去开拓。这也是美国学术界，包括自然科学和社会科学界都在频繁使用的方法。从历史的角度来研究道教和老子的问题，在当时的欧美派系的新学者中极为少见；刚刚兴起的马列主义者正在构建自己的意在救国济民的学术框架，无暇及此。这样的冷门，就被独具只眼的刘先生相中了。此种选题法绝非偶然，也不宜单纯地用个人兴趣去解释。只能从治学方法方面探求。笔者以为，学习刘先生这两篇论文，首先得学习先辈的治学眼光与选题方法。当然，时移世易，我们要从当代的学术理论与成就的高度和广度方面去把握。

从总的方面来看刘先生这两篇论文，至少有两点值得我们注意与学习。一点是，刘先生凭借身居图书馆内的优势，尽可能地将当时能搜寻到的资料搜集齐备。另一点是，使用了当时学术界堪称先进的哲学加社会学的研究方法，处理资料，研究问题，并得出相当稳健的研究成果。至今，刘先生文中的许多见解与对史料的解析，如老子的神化过程，道教与谶纬的某种微妙联系等，虽然显得极为平实，却是经得起时代考验的。笔者以为，搜集资料齐备，

学习刘国钧先生有关道教、佛教著作书后　103

与苏联莫洛托夫图书馆学院专家雷塔娅在颐和园听鹂馆饭厅前合影,前排左三为王重民先生,右二为刘国钧先生(1957年)

立论平实而不故作惊人之论,这是我们后学应当向刘先生学习的又一方面。

另一篇校勘论文,是刘先生向古籍整理方面所作的一次尝试。此文同样显示出刘先生选题的聪明。从来,校勘注文者不多。刘先生正是抓住这个空当来作文章的。此外,1923至1926年,商务印书馆刚好影印出版了《道藏》。各大图书馆也就刚刚入藏几年。此前,要想看《道藏》,只有北京和上海等处的白云观才有藏本,不对外,任何非道教学者想看,难上加难。刘先生可说是利用影印本的先驱。在迅速利用刚出现的新资料方面,刘先生也给后学作了示范。有趣的是,三年之后,王重民先生在巴黎整理法藏敦煌遗书时,也对P.2639号《老子》的河上公注注文的重要句段,参照《道藏》本进行了校勘。笔者以为,这显然是受到了刘先生文章的启发。

限于时代限制,刘先生的以上三篇文章,除了不能苛求的没有从马列主义的观点方法来得出新的论断外,在资料和对资料的判断方面也存在某些问题。仅举两点。一点是,他大约仅仅直接或间接见到敦煌遗书中《老子化胡经》的四个卷子中的两个;与之密切相关的《太上灵宝老子化胡妙经》等,他都没有见到。这自然影响了他的立论。另一点是,他受那时学术界流行的说法的影响,认为"老子传本,以河上公注号称最古。其书晚出,未可遽信"。其实,据当代学者倾向于一致的见解,河上公注本在东汉时成型,殆无异议。河上公注本是一部早期的从宗教角度理解和阐发《老子》的著作,与早期的集体著作《太平经》等息息相通。天师道就是建立在这些理论的基础上的。而撰写于三国时期的王弼注则是哲学家的著作,为清谈家奠定理论基础的,道士是不重视王注的。与之相反,不信道教的人,也很不重视河上公注本。刘先生究竟是美国留学生出身,并非道教中人物,对这方面比较陌生,也是难怪的了。

三

中国汉化佛教的译经史,绵亘约一千四五百年。这是世界翻译史上的一大奇迹。结果是,从南北朝开始,编纂中国第一部大丛书《大藏经》——附带说一句,把中国汉字文化中书籍史上丛书的出现定格在南宋的《儒学警悟》,是不正确的。反映出常规的儒家知识分子编纂的种种目录及其相关著作对佛教经典的排斥与无视其存在。也反映出,汉译佛教经典(也包括中国人的论疏)的数量实在庞大,中国传统的四部分类中很难容纳,非得自成一类不可。《大藏经》就是在这样的情况下自立门户的。在为这部大丛书及相关的不入藏佛教书籍分类编目的过程中,"经录"产生。南北朝时期,"经录"有多种编纂方式,隋唐时逐渐形成以皇家御定的《开元释教录》及其前后的同类"经录"为主流。这类经录的特点是,编纂方法与七略四部等迥然不同,大致分成两大部分。第一部分,按朝代编排，以译者及其时代顺序贯串，大体上与我们现代的"著者目录"相当。但对每位译者都简介生平，并尽可能注出一部经的翻译时间、地点等。第二部分，再按经律论三藏三大类，以下细分到二至四级类目，大体上与我们现代的"分类目录"相当。但对"伪经"（中国人自造假托佛说的经）与抄出别行的佛经等以类似于提要的方式作出交代。这都是"经录"有别于传统的外典目录之处，也显示出"经录"著录的优点与特色。木刻本大藏经出现后，自有自己的目录，但已经成为附属于大丛书的目次型简目。各个时代的优秀经录常常保存在大藏经之中，但从宋代至清季这一时期，已经成为稽查译经史等用途的参考性目录，很少有人去特地研究了。

清朝末年，一方面，西方和日本等地区与国家开始应用新的资本主义社会的社会科学方法来研究佛教，并从而在使用中改造经录。另一方面，中国的学者也开始注意这方面的研究。北京的清华研究院导师梁启超先生开研究经录的风气，他的近二十篇有关佛教的论文，特别是其中的《佛家经录在中国目录学之位置》一文，启发了一些后起的目录学研究者，典型的如出身清华研究院的姚名达先生的《中国目录学史》，特辟"宗教目录篇"，并以"经录"为研究的主要内容，形成该书的一大特色。南京的"支那内学院"，与刘先生当时工作的金陵大学近在咫尺，他们对佛学进行的深入研究，刘先生自然知道。国外，日本的《大正新修大藏经》刚刚在20年代中出齐，其中《昭和法宝总目录》三大厚册，囊括了中国和日本的绝大部分经录和大藏经目录。其中的《大正新修大藏经勘同目录》，采用了日本学者创造的对每部经典进行分条分项著录的方法，按七项进行著录。刘先生是一位极为注意并积极引进国外新方法的学者，这一点在他身上表现得很突出。他晚年在"文化大革命"的逆境中，还不忘积极介绍"马尔克款式"，就是另一个生动的例证。在30年代那样的学术环境中，他充分发挥个人的能动性，编写出两篇新形式的经录来，看来就是在他的个人学术研究史上必然会出现的探索了。

刘先生在他的论文中坦诚地说明，他的"经录"根据四种材料编成。照我们看，这是一种新旧结合的尝试。用的是古老的经录那种按著者目录编排并附加译者生平介绍的格式，具体著录时则采用《大正新修大藏经勘同目录》分条分项的方法，只不过根据中国学术界的实际需要，简化为五项罢了。这种方法当然是学来的，特别是从日本学者刚刚采用的方法那里现趸现卖的，但是，此种把中国老经录和日式分项著录方式列在一起的方法，却是刘先生的创造。

就在刘先生这两篇论文发表后不久，1933至1936年，日本的《佛书解说大辞典》12册相继出版，后来还出了"补编"和另册《佛教经典总论》。辞典的分项著录的正文中，进一步把项目分列到九项。在《佛教经典总论》中，把中国古代经录中"著者目录"对译者生平的介绍发挥得更加淋漓尽致。要是老跟着人家后面走，因人成事，终非了局。笔者以为，刘先生在佛教经录方面进行的探索遽然停止，未尝不是他聪明睿智的又一表现。

1999.08.27. 承泽园

想念阴少曾（法鲁）先生

一

我调回北大工作以后，除了原来上课教导过我的十几位老师以外，逐渐和季希逋（羡林）、周太初（一良）、宿季庚（白）等位先生，当然更有阴少曾（法鲁）先生，有过接触。这就产生了称谓问题。教过我的，一律称为老师，自称学生，不成问题。但我不敢说是上述这几位先生的弟子，因为没有听过课。我还怕有的先生的嫡系弟子耻笑，说，你念过梵文么，学过中古史么，干过考古么？妄称"学生"！可是，我终究是晚辈，是后学，称呼上颇费斟酌。一天，在周太初先生府上侍坐，趁机把这个问题说开了。我说，《后汉书》中常讲"门生故吏"，周家可比袁安家族，我就算您的"门生"。再说，清朝科举，中式者对座师、房师也称"门生"。您在提职称时荐举过我，准此，我可称门生。后来我对季、宿等位先生和阴先生，也用这个称呼了。几位先生看我诚恳，并不反感。小结：我凑合着算是阴先生的门生。

阴先生与我同出身于北大中文系，他可是老一辈的了。他所在的那一班，1937年七七事变前刚读完二年级，全班25人，后来在学术界崭露头角的有阴先生和周定一、俞敏、柳存仁、傅懋绩、逯钦立、陈士林等位先生，百分比在30%左右，应该说是很"得士"的一个班了。1936年毕业班12人，学术界就出息了周燕孙（祖谟）先生一位。1937年有吴晓铃先生。可见那时候毕业容易，一生中出人头地甚难。故而沈兼士先生有"北大中文系每三年必有健者出"

的感叹。窃以为,这句话当从另一面来理解。附言:沈先生单指语言组而言。解放后一大段时间内,组织分配,飘茵落溷立判,很难翻身,那是另一码事了。

抗战开始,阴先生这个班到了西南联大,上三年级。间关险阻,到达昆明的是少数。1939 年毕业时,北大九人(仅为在京时的 36%),清华四人,后来在学术界有名望的七八位,占 55% 以上。在联大九年九个班中,也是最得人的了。

阴先生大学毕业后即入北大研究院文科研究所深造。是为西南联大时期的头一班。这一班更是人才济济。大略地说,中国文学部有阴先生和逯钦立(1943 年方毕业)。1941 年与阴先生同时毕业的,有语学部的马学良、周法高,史学部有杨志玖、王明,哲学部有任继愈等位先生。这一年可说成品率百分之百。单从研究生服务社会(特别是学术界)的无废品成功率来说,我认为,后来的北大文科从没有达到这样的水平。当然,这是精兵政策的结果,与当代的大批培养不可同日而语。但是,当时的研究所集中了北大、清华的全国最优秀的导师,又有抗战时期昂扬向上的气氛,自由宽松的学术环境,才造就了这么一大批人材。"汉之得人,于斯为盛"矣!

我们也应该看出,和培养飞行员实行淘汰制一样,从 30% 到 55%,再到 100%,阴先生经历的奋斗过程艰辛异常。后来我与阴先生闲谈中着意指出这一点,阴先生含笑不语,我想是默认了。

阴先生的研究生毕业论文题目是《词与唐宋大曲的关系》。即使到了现在,这门学术也得算是一门"绝学",敢碰的人极少。后来此种学术成为阴先生一生研究的重点。阴先生研究生毕业后即任西南联大文学院中国文学系唯一的"研究助教",而不是单纯的"助教"(当时的助教有十余人),可见他的地位特殊。我想,这是因为他会的这一套别人不会,系里也不安排这样的课,给谁当助教也不行,于是只好自行研究了。我也曾就此事向阴先生阐明自己的想法,先生亦含笑不语。世尊无言,即是默许罢。

想念阴少曾(法鲁)先生

二

待我 1950 年入沙滩北大时，博物馆专修科已经成立。首任科主任是韩寿萱先生。韩先生是老北大中文系 1930 年毕业生，当时在校内老中青三代教师中属于中年偏老的一辈人。阴先生当时已是讲师，由中文系调过来，实际上负责科里的常务工作。据我观察，阴先生一辈子常干此种差使，即实际负责一个部门的日常事务工作，上面有个岁数大的顶头上司。这种工作不好作，即使不忍辱，也要负重，难免心理不平衡。换了当代青年，早就甩手不干了。可是，阴先生似乎毫不计较，似乎毫无觉察，永远少言寡语地踏踏实实地去干。这种对工作的认真态度，和平与文明、忍让的道德情操，所谓"不忮不求者，贤达之用心"，我在阴先生身上着实看到了。

阴先生一生中，对自己的成绩，往往低调处理，从不宣扬。试举一例：《中华大藏经》的主要影印底本是《赵城金藏》，有关八路军保护此藏的经过，叠见报章揭载，不赘述。此藏现存约五千余卷，由国家图书馆善本特藏部典藏。此藏版本情况比较复杂，其中有大量弘法寺补雕本。以其非此处应涉及之内容，亦不赘述。要说的是，1959 年，阴先生参加西藏文物调查（当时阴先生不属北大，北大参加的有宿季庚先生），在西藏奔波山重曲河北岸的萨迦北寺，他个人首先发现了残存五百余卷的另一部《金藏》，此藏是元宪宗蒙哥六年（1256 年）张从禄及妻子王氏出资印造，舍入当时燕京的大宝积寺的，何时入藏萨迦寺，著录与流散情况等均不明。如果不是经阴先生翻阅发现，可能至今无人知晓。《萨迦寺本金藏》与《赵城金藏》同属弘法寺补雕本，一部分可补《赵城金藏》之缺者亦影印入《中华大藏经》。阴先生首先发现之功甚伟。可他从不张扬此事。我单独侍坐时几次谈到，阴先生亦唯微笑而已，不置一词。

这就要说到我与阴先生熟悉起来的事了。20 世纪 80 年代初，我还很穷，家中只有一台小型放音机，不能同时过录。因此，需要

阴法鲁先生与白化文、李鼎霞伉俪合影,1989年4月于中关园

转录中国古典音乐磁带时,往往麻烦阴先生,他有很好的录放设备。他对于我来找麻烦,不但不厌弃,反而有点空谷足音之感,十分欢迎,乐此不疲。他把自己的一些当时难得的带子,也都主动为我转录了。我怕太麻烦先生,常常问先生某些外卖的带子何处能买到,然后自己去买。一天,阴先生告诉我,王府井的音像书店里新到一盘唐五代宋词的带子,我就进城去买,在此店就是找不到。问梳辫子的店员,她说绝对没有,并对我的爱好和进一步找一找的要求有点不屑一顾的样子。败兴而归后,对阴先生一汇报。先生说:"肯定有,她们不知道的。"过几天,阴先生打电话叫我去他府上一趟,到后一看,那盘带买来啦!附有发票,就是那家店。阴先生说:"我到那儿,也没说话,从柜里给掏出来了。"我说:"您何必亲自走一趟呢?告诉我,我再去一次不就行了吗!真让人不落忍的。"阴先生说:"知道你找不着。"

想念阴少曾(法鲁)先生

记得季希逋先生说过，老年人总有些寂寞的感觉。又有一位北大数学系的先辈先生说过，数学家的苦闷没法说，对老婆都没法说。阴先生的学术领域之中，绝学之类的成分颇多。他平时上课讲的大约也不是那些。他是研究中国古典音乐的，这就足以说明，他是个极有修养的人，但又是极有感情的人呐。他的寂寞和苦闷跟谁说去？憋急了，也就跟契诃夫小说中那个孤寂的马夫那样，夜间把话都跟马说了。他晚年一个人在家的时候，有时就打电话叫我去聊一聊。我想，我去的就是那马的角色吧。实际上，总是阴先生在讲他的学术，我似懂非懂地听。我比马强点儿，有时也顺着阴先生说的，谈点个人感受，前面已经写到一点儿，那些就是我的有代表性的议论了。我颇以能为老先生的晚年解闷儿而自慰。

阴先生离休后，常在好天气时，于清晨六点钟前后到圆明园去遛早儿。我国申请2000年办奥运失败后不几天，我在圆明园碰见阴先生。我说："您看看，第一次办奥运，这帮洋人就如此欺负我们，生生给拦住了！"又高又瘦的阴先生俯身向着我，缓慢地说："他们拦不住我们的，我们不但要办第一次，还要办第二次！"我听罢眼前一片光明，如坐光风霁月之中，顿感矜平躁释。阴先生高瞻远瞩，又时时处处在教育人呐。

我想念阴先生。

2003年8月1日，星期五，承泽园

更一瓣心香

立雪周门记

普及佛法的大名家周叔迦先生

周叔迦先生（1899—1970年），原名明夔，以字行，又字志和，笔名有云音、演济等，室名最上云音室。原籍安徽省东至县，长期生活在北京市与天津市。1918年在上海同济大学工科肄业。此后，在青岛起始研究佛学，遍读汉文经、律、论，旁及其他文种经书，并受菩萨戒为居士。1930年后，在北京、天津一带地区以弘法为务。据我闻知，在解放前主要作了以下工作：

一是，在当时的北平图书馆（即今中国国家图书馆前身）义务劳动，全面查考将出版的《敦煌劫余录》，考出其中有差误的、未著录出原名称的和"俟考"的共50多种。对于此项工作，王重民先生在《敦煌遗书总目索引·后记》中曾给予极高的评价。周先生还曾为北平图书馆早期馆藏的西夏文等佛经残卷等的书名（经名）辨识与著录作了许多工作，这些在当时都是开创性的业绩。

二是，大体上从1930年起，历任北京大学、清华大学、中国大学、辅仁大学、中法大学、民国大学等校教职，讲授"中国佛教史"、"佛教文选"、"因名学"、"唯识学"、"成实论"等课程。值得注意的是，周先生无论是在图书馆工作，还是在大学授课，均以"布施"为宗旨。既不接受专任聘书，也不要讲课费，纯粹义务劳动。这样，既对学生进行了"法施"，又对学校作了"财施"，"布施"的两面都有了。当时的北京大学只对专任教师发"教授"、"讲师"两种聘书（个别的理科新归国博士发专任"副教授"聘书，极少），周先生既不接受专任邀请，又不要讲课费，格于成例，只可发"兼任讲师聘书",但是,每年的"教职员名录"和"年鉴"中,周先生的履历、照片照登不误,以示借重。其他各校就没有这种规定,一概聘为教授,但也并非专任,这是周先生提出的特殊要求,一贯如此的,并非学校作梗。深恐后世的人不明此理,反以为周先生不够专任资格,特别是不够北大专任教授资格,故不嫌辞费,说明史实如上。

三是,在寺院中领导弘法工作,重点有二:一为组织并亲自编纂各种佛学书刊;二为培养僧材,并导致后来创办"中国佛教学院",自任副院长。这也是倒赔家财的大大的"布施"。

抗战胜利后以至解放前这一阶段,周先生积极要求进步,参加中国民主同盟,并在自己领导的佛教学院内陈列进

周叔迦先生坐像

步书刊,如《论联合政府》、《大众哲学》、《晋察冀日报》、《解放》、《文萃》等,开放供群众阅览。一时观者云集。周先生还经常在各种书刊上发表抨击反动政府的言论,爱国反蒋,伸张正义,极受各大学师生注意与欢迎。

解放后,周先生出任中国佛教协会副会长兼秘书长,组织创立中国佛学院并任副院长兼教务长,积极协助赵朴初先生,作了许多日常事务教务工作,特别是实际主持了《房山石经》的拓印(共拓七份)。印制成书的事,则在改革开放后由先生的哲嗣周绍良先生继续完成。党和人民也给予周叔迦先生极大的信任与荣誉。周先生曾担任第三届全国人民代表大会代表,中国尼泊尔友好协会副会长。1956年被印度摩诃菩提会推举为终身会员。

周先生研究佛学有自己的显著特色。兹举出其中的两点：

一点是，周先生研究佛典，以广泛地精研读透原典为主。几乎对读过的大部分经典都在读透后写有提要。这就使得他的学习基础异常宽厚，并能融会贯通，能以通俗的语言文字向初学转达。

又一点是，周先生结合在大学和寺院中的教学实践，着意使初入门者既能清楚地理解佛典的内涵，又能了解寺院的实际。他深深地懂得，研究佛教而不深入寺院，就如雾里看花，终隔一层。因此，他把自己长期生活于寺院中的观察与研究所得，尽可能地用浅显的文字写下来，供初学者学习，让群众知道寺院里有什么及其蕴含的真义。

综合以上两点，周先生在近代佛学大师中，堪称独一无二的"佛教科普大家"。他写的文章中，有一大部分是为初学指路的。笔者就是通过周先生这些著作的指引，并在寺院中不断观摩体会，才初步地步入佛教殿堂的。20世纪80年代以来，随着旅游事业的大发展，介绍佛寺、佛像等等的图书如雨后春笋，拙作数种也羼杂其中。照我看，大体上都是从周先生大著脱化而成，也不过是周先生的徒子徒孙罢了。

时移世易，周先生的"佛教科普"已成经典。读者众多。此次中华书局又将先生的这方面的相关著作结集出版，可见社会上读者群还有迫切需求。我十分赞成此事，并为此一合集的以崭新面貌面世而欢喜赞叹。责任编辑命我写一引言，以师门所自，不敢辞。爰述读后感如上。

2005年9月19日，星期一，紫霄园

周太初（一良）先生三题

一封送迟的信件
——为纪念周一良先生而作

周太初（一良）先生于2001年10月23日凌晨约3至5时之间在熟睡中辞世。作为老门生，笔者十分悲痛。特别遗憾的是，10月20日上午，太初先生和启锐师弟曾致电舍下，询问陈曦钟学长的住址与电话号码。笔者趁此向老师请示，希望在几天内送一封信到老师府上。商定就在23日上8时左右送到，并面陈一切。可是，当我按时抵达时，老师已于约四小时前长逝。

送的是本师周绍良先生派我转交的信件，附带让我就其内容作口头补充。

缘起是，9月29日下午太初先生赐电，叫我到他府上，赐赠新作《郊叟曝言》（新世纪出版社2001年9月初版）。30日上午前往。除赐赠我一册外，还派我带给绍良先生、程毅中与王邦维两位学长，以及湛如法师各一册。当天下午，我就到北大人民医院，将赠与绍良先生的那一册面呈。

《郊叟曝言》99页有一条小注：

> 绍良是我四叔祖的长孙、叔迦三叔的长子。四叔祖因孙男来得太晚，特别宝贝。旧社会怕小儿夭折，常给小孩起一些鄙俗可笑的小名，如绍良就叫"小耗子"。因为我父亲有三个儿子，男丁兴旺，所以让绍良排在我父亲名下，作为第

四子，而我家的老四变成老五。绍良和我们一样，称弢翁为爹爹，而称自己的父亲为爸爸。

绍良先生读后，在我下一次探视时与我谈到此事。我们商定，待绍良先生病愈出院后，写一封信给太初先生，由我送去并作口头补充。此信在10月13日写成，但寄到舍下已经是18日。我还要复制留底，到23日晨8时送达时，太初先生已不及见了。

节引绍良先生原函如下：

"……关于我的小名一事：此事原委，老兄或有不详悉者，特奉左右：

咱们家中有一老例，即取小名事，最早是学海公对梅泉伯结婚期望甚殷，希望早日得一男孩，以博堂上七叶衍庆之欢。既而果副所望，期年即获一麟——即震良兄。当时即命名"果孙"，即"果然是一孙"之意。从此梅泉伯房全以"孙"字起小名。如煦良名"江孙"，因悫慎公时在两江任，以署中花园名"煦园"而正式取名煦良。其后，大姐一直到老七、老八，都以"孙"字为小名，惜已忘记，但仲衡房后来并未照此例。老四房则因当时"果孙"之名乃悫慎公所取，遂亦照例，亦用"孙"字为小名。如志辅伯房之"带孙"，志俊伯房之"会孙、偕孙、瀛孙、藻孙"等，我们这一房之"Hao孙、熹孙、茂孙、康孙"等。

我的"Hao孙"，正字是"皓孙"。因1917年悫慎公八十岁，徐世昌仿商山四皓例，也选四人为四皓，悫慎公适在选中。遂取为小名。后来被人叫作"Hao子"，继又加一"小"字，遂被歪打。但从来未见诸文字。老兄记于书中，实第一次也。其事原委如此，并无鄙俗可笑含意。

下面，笔者将周府世系，就太初先生与绍良先生信件中提到的，

略作说明:

悫慎公即周馥(1837—1921年),字玉山,光绪三十年(1904年)秋至三十二年(1906年)夏任两江总督。民国年间逝世后,溥仪"赐谥"为"悫慎",家族中习用为一种尊称。

周学海(1856—1906年)字澂之,悫慎公长子,中医学家。编纂有《周氏医学丛书》,光绪十七年(1891年)刻成初集,二十二年(1896年)至宣统三年(1911年)三集刻成。1936年,其弟周学熙又影印一次。

周达(1878—1939年),字梅泉,又字美权,号今觉,周学海的长子。著名的数学家和集邮家(当时号称中国集邮大王)。

周逵(1890—1968年),字仲衡,周学海次子。留美习医学外科,获医学博士学位。

周震良(1903—1981年),字伯鼎,周达的长子。电机工程教授。

周煦良(1905—1984年),著名的外语教授,翻译家。

周暹(1891—1984年),字叔弢,后以字行,周学海第三子。生前任全国政协副主席。其化私为公的捐献大批国宝级藏书等事迹,《文史知识》等多种书刊上曾有专文报道。周太初先生为叔弢老先生长子。

所谓"老四房",指的是周学海之弟周学熙(1866—1947年)一房。周氏字缉之,曾两任民国财政总长。著名的民族实业家。周绍良先生的亲祖父。太初先生与绍良先生是同曾祖的叔伯兄弟。

周明泰(1896—1994年),字志辅,以字行,周学熙长子,著名京剧研究专家。

周明焯(1898—1990年),字志俊,以字行,周学熙次子,实业家。

周绍良先生所说的"我们这一房",指的是绍良先生的父亲周明夔(1899—1970年)一房,周老先生字叔迦,以字行,周学熙第三子,著名的佛学家,生前任中国佛教协会副主席。绍良先生为叔迦老先生长子,1917年生。有两妹。一位妹夫是戴蕃豫先生,著名的佛学家和魏晋南北朝史专家,曾执教南开大学历史系。51年前,我负笈南开时,聆听过戴先生关于"中国的塔"的专题讲演,旁征博引,天花乱坠,佩服之至。

䌷缕道来,个人感受主要有两条:一条是,当事人的口述和笔录记录十分重要。两位周先生关系如此密切,还有记忆不清需要纠正之处,就是一例。当前,抢救老先生记忆中的文史资料,还是一项重大任务。不仅各级政协要做,在做,其他书刊也应大力介入。另一条是,周氏家族是中国近现代史上一个著名的大家族,名人辈出。笔者仅就文稿中提到人物作简介,遗漏者极多。即以太初先生而言,兄弟姊妹十人,加上绍良先生算十一位,九位是著名学者。即使单从家族教育角度作一番历史的考察,也能对我们当代教育起一些参考和启发的作用罢。

从圆珍述及"俗讲"的两段文字说起

——纪念周太初(一良)先生

"俗讲"是"化俗讲经"的通行简称。汉代儒生师生讲经极为通行,讲的是儒家经典。通常在老师讲解经书时,有高足弟子一位朗诵经文,并率先提问,此人称为"都讲"。大约从南北朝时期开始,佛教抄袭变化了儒家讲经的一套程序,也在讲经时,由法师主讲,都讲唱读佛经经文,如此一段一段地讲读下去。这就是佛教的讲经。讲经一般用于僧人内部及文化水平高的信士学习之时。南北朝时的主讲者,也有由精通佛学的帝王贵族充任的,那是模仿维摩诘说法的特例。

僧人在正规讲经的基础上,演化出一种针对世俗人等的通俗化的讲经,这就是唐代流行的"俗讲"了。自敦煌遗书重现于世,其中的一些俗讲底本随之显现,研究者渐多,成绩不小。向觉明

（达）、孙子书（楷第）、周绍良等位先生都有筚路蓝缕之功。经过爬梳剔抉，相关的资料已经搜集得差不多。在此基础上开展研究，其成果是，首先把俗讲和变文明确地区别开来，其次是尽可能地把根据现有资料能推论并解决的问题给解决得差不多了。再次是，一些研究者相当明确地指出，根据现有资料和我们的研究能力，有哪些问题还没有解决，或者说尚无解决的可能。

笔者在编写《〈入唐求法巡礼行记〉校注》一书的过程中，时时请教周太初（一良）先生，先生审阅原稿，并在此后随时指示。此书出版后，先生还指导下一步的学习方向。后来，先生写成的文章中，有两篇文章直接和我侍坐时"声闻"到的教导有关：《评〈入唐求法巡礼行记校注〉》、《入唐僧圆珍与唐朝史料》，两文在刊物上发表后，均收载于《周一良集》第四卷之内。正在笔者继续于先生教导下为圆珍的《行历抄》作注时，先生溘然逝去。回想当时的教导，只能努力作好手头的事情，勉报师恩而已。

日本入唐八家之一的智证大师圆珍，在其《佛说观普贤菩萨行法经文句合记》卷上（《智证大师全集》中卷第 402 页）讲到有关正规讲经（即下面引文中的"僧讲"）和"俗讲"有别的情况，非常清楚：

> 凡讲堂者，未审西天样图；若唐国堂，无有前户，不置佛像，亦无坛场及以床座。寻其用者，为年三月俗讲经；为修废地、堂塔，劝人觅物，以充修饰。……讲了闭之以荆棘等，若无讲时不开之。言"讲"者，唐土两讲：一、俗讲，即年三月就缘修之。只会男女，劝之输物充造寺资。故言"俗讲"。僧不集也。云云。二、僧讲，安居月传法讲是。不集俗人类也。若集之，僧被官责。上来两寺事皆申所司，可经奏外申州也，一月为期。蒙判行之。若不然者，寺被官责。云云。本国（按，指日本）往年于讲堂不置像，或不竖户，此似唐样。今爱安

佛，乖旧迹也。又无俗讲，古今空闲耳。讲堂时，正北置佛像。讲师座高阁，在佛东，向于读师座。读师座短陕（化文按，《说文·阜部》："陕，隘也"通"狭"），在西南角，或推在佛前。故檀越请开题时，北座言"大众至心合掌听"，南座唱经题。

  所引此段十分重要。它明确表述出：一、僧讲与俗讲的内涵（"传法讲"与"会男女劝之输物"）、开讲时间、听众等不同；二、此两类"寺事"都需"奏"和"申所司"批准才能办；三、开俗讲之地是"讲堂"，平时不置佛像，不安门户；四、开俗讲时，讲师和读师的座位式样、高矮，请开题，唱经题等，都简略述明。将此段引文再与向觉明（达）先生《唐代俗讲考》和孙楷第先生《唐代俗讲轨范与其本之体裁》两文对读，俗讲的体式已经讲得很清楚，相关资料在此三文中也表述和搜集得差不多了。请读者参阅，我们在此不再赘述。只是补充几点：一点是，周绍良先生曾经在《唐代变文及其它》（收在《敦煌变文刍议》一书中，台湾新文丰出版公司1992年出版）一文中，引用P2305号卷子，即《敦煌变文集》中拟题为"无常经讲经文"的，其中有"且乞时时过讲院"一句，证明"至于俗讲的处所当然是在寺庙中，实则也有一个专用名词……是名为'讲院'的"。化文按：唐代寺院中常分作许多个"院"，有墙垣围绕，墙上自有大门。这些屡见记载，道宣《关中创立戒坛图经》附图所绘也很清楚。日本始建于唐代的寺院也是这种格局。因而，讲院中建讲堂，在院中堂内开讲，就是很明确的事了。两种记载可以互相补充。另一点是，俗讲针对的是俗人，经过圆珍这一明确，也更清楚了。因此可以用来与一些材料对证，下面，即以常引用的一些唐诗为例来说明：

  俗讲的相关材料，在唐诗诗句中常被引用的大致有：

  韩愈的《华山女》诗（《全唐诗》三四一卷），是描述道教女冠开讲俗讲的，可以和圆仁的《入唐求法巡礼行记》中也有道教开讲

的记载互证,圆珍在其《大日经疏抄》中也记载有:

> 大唐有道士法师俗讲,其处有听者三十计(按:可能是"许"字之误)。法师礼称云:"南无不可思议功德!"俗人嘲云:"'南无'不可听闻!"仆从等所见也。
>
> （《智证大师全集》中卷681页）

这是一则道家俗讲的直接记录,为圆珍的随从亲眼所见。

姚合的《赠常州院僧》:"仍闻开讲日,湖上少渔船。"(《全唐诗》四九八卷)及《听僧云端讲经》:"远近持斋来谛听,酒坊鱼市尽无人。"(《全唐诗》五零二卷)。描述的是世俗人等听俗讲的盛况,并透露出,至少一部分信士听讲前必须持斋。

李洞的《题新安国寺》:"开讲宫娃听"(《全唐诗》七二一卷);又,《赠入内供奉僧》:"内殿谈经惬帝怀,……因逢夏日西明讲,不觉宫人拔凤钗。"(《全唐诗》七二三卷)再有贯休的《蜀王入大慈寺听讲(天复三年作)》:"祇缘支遁谈经妙,所以许询都讲来。……百千民拥听经座,……"(《全唐诗》八三五卷)都反映了群众听俗讲的盛况。但是,"内殿谈经"可未必是听俗讲,也可能是六朝以降的常规讲经。必须注意:俗讲是化俗讲经,正规的讲经则是僧人内部的事,大约最多只可以包括一些"维摩诘"类型的高级居士。俗讲的"讲经文"中,骈体文句占极大比例,带有显然的自常规讲经蜕化痕迹,和变文卷子中的口语化大不相同。此点,也是分辨两者的着眼点。当然,二者统属讲唱一类,是没有问题的。

笔者在唐人传奇小说《南柯太守传》中,还读到如下一段文字:

> [淳于梦结婚之日,一群女郎来"闹洞房"]争以淳于郎为戏弄。风态妖丽,言词巧艳。生莫能对。复有一女谓生曰:"昨上巳日,吾从灵芝夫人过禅智寺,於天竺院观右延舞'婆罗门'。吾与诸女坐北牖石榻上,时君少年,亦解骑来看。君独强来亲洽,言调笑谑。吾与穷(化文按:疑当作"琼")英

妹结绛巾,挂于竹枝上,君独不忆念之乎?又,七月十六日,吾于孝感寺悟上真子,听契玄法师讲《观音经》。吾于讲下捨金凤钗两只,上真子捨水犀合子一枚。时君亦讲筵中,于师处请钗合视之,赏叹再三,嗟异良久,顾余辈曰:'人之与物,皆非世间所有!'或问吾氏,或访吾里,吾亦不答。情意恋恋,瞩盼不捨。君岂不思念之乎?"

这一段,写恶少与阔小姐在寺院的游乐场合调情,十分生动。值得注意的是,历历如绘地写到"俗讲"时"输物"的情况:"于讲下"(恐怕大致相当于我们所说的"课堂下",即讲经间隙)"拔凤钗"。而且一人输钗,一人捨合,钗合相配。这使我们想起了白居易《长恨歌》中的"钿合金钗"配套。"讲筵中",则是当堂展示,以广招徕。笔者找到这一段,想着拿给周先生鉴定,以博一笑。一来二去,总没成。真是遗憾呐,遗憾!

附带谈一下,《敦煌变文集》中有一些明显地可算作俗讲类型的片断,尚可研究一番。例如,卷四中的斯4480、斯4128、斯4633、斯3096等号,均缺乏前述变文和俗讲的各自的特点。叙述故事,前后呈电影镜头剪接跳越式。鄙见是,此类可能是僧人听俗讲,甚至是听正规讲经时的笔记。但没有直接确证,猜测而已。

以上所录圆珍提供的俗讲资料,特别是第一条,据周一良先生告知,汤用彤先生在其《康复札记·何谓俗讲》(载于《汤用彤学术论文集》)一文中推荐过。接下来就是周一良先生引用了。笔者近年来读书不多,仅见在周先生之后,陆永峰君《敦煌变文研究》一书中引用过,此书系巴蜀书社2000年出版。

附带说一件有意思的事:中国戏剧的起源,包括它的起源时间,它的起源是否由于外来影响等问题,聚讼纷纭,莫衷一是。敦煌研究院研究员,笔者的畏友李正宇老哥,曾在《敦煌研究》总第十期上发表《晚唐敦煌本释迦因缘剧本试探》一文,论证斯2440号所录"释迦因缘"文体特殊。笔者体会是：其中的"队仗白说"，似乎像是群众演员的合唱或"合白"；"大王吟"、"夫人吟"、"老相吟"、"阿斯陀仙启大王"等，似乎像是主角和配角的吟唱与道白。还有一些字句像舞台提示。再参以义净《南海寄归内法传》中第三十二节"赞咏之礼"内相关记载，以及季羡林先生对吐火罗文《弥勒会见记》的译释，笔者以为，说不定中国戏剧的起源，和类似俗讲的那些文体很有关系呢！

谨以这一份不成样子的学习笔记，先行奉献在周一良先生灵前，作为初步的纪念和悼念。

周太初（一良）先生购买《北洋画报》

周一良先生在此书扉页以左手题辞：

"一九九九年十一月，由白化文先生指引，购得书店库存最后一套，价三千元。对一介书生，不得谓非豪举。画报陆续刊邓懿相片十六七张，最早者一九二九年，时十六岁。距今七十载矣！在画报所收人物中，，即使我长寿至今之仅存硕果，亦为寥寥可数者也。

一良左手记"

周先生盖有收藏印鉴四：左上为"一良左手"，左下为"周一良所藏书"；右上为"惟壬子吾以降"，右下为"人固不可以无年"。

此页左下角另盖有"赵克风藏"印鉴一，赵氏当是原藏者。

周先生已经点出：白化文是他购买《北洋画报》的中介人。我总得说点什么吧。

认识周先生的夫人邓懿教授，我的爱人李鼎霞比我早得多。时在1957年，李鼎霞从桂林语文专修学校调回北京大学。桂林的那所学校是专门招收越南的学生、从事汉语教学的学校。1957年

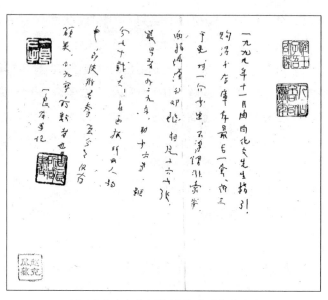

周一良先生在《北洋画报》扉页上的题辞

撤销,教学人员重新分配。李鼎霞分到北大的"外国留学生专修班"(习惯简称"外留班"),学习汉语的有十几国的学生。北大外留班的业务主管就是邓懿先生。邓先生是老前辈,抗战时期在美国就教过美国军人和大学生等。1950年在清华大学成立"外留班",邓先生是创始人之一。院系调整时,全班移入北大。邓懿先生对教学人员管理严格,经常听课并及时提意见。李鼎霞向来讲课没有废话,邓先生挺欣赏她的,只是说:"有的词语带东北口音。"那可是至今也改不了的呀!

1958至1959年之际,反右整改之时,邓先生和李鼎霞前后调离。邓先生到英语系,给中国学生上公共英语课去了。李鼎霞分到图书馆。两个人从此都没有再动。他们两位倒是都没有戴帽子,可是在凝固的空气中谁也不敢理谁喽。待等20世纪80年代拨乱反正之时,我与周先生有了联系,李鼎霞才和邓先生恢复往来。但是,已经没有业务上和其他方面的共同语言了。

周一良先生与作者的合影，
2001年7月于蓝旗营

据我多年侍坐观察，周、邓两位先生堪称模范夫妻，相敬如宾。听说就红过一次脸：临近解放之时，周先生从清华大学进城办事，邓先生怕他出事，要求中午以前一定回来。可是，那时瞬息万变，行路极难。待等周先生到家，已是晚间了。邓先生连急带气，竟然扇了周先生一下。仅此一回而已。吴组缃先生夫妻、林庚先生夫妻，亦莫不如此。我从而觇见各位先生的人格。

1999年10月1日，邓先生摔伤，当即入北医三院治疗。不料病越治越多而且越重，那是后话。这年10月初刚入院时，周先生还有点乐观，对我说，邓先生年轻时还登台演剧呢。我说，在《北洋画报》上见过照片，不止一张。这几年书目文献出版社影印的《北洋画报》编有索引，一查便得。我还说，北大图书馆的一套是旧版，不带索引。高校古委会图书室有一套新版带索引的，还是我帮他们买来的呢。可是借不出来，只能去那里看。

周先生马上叫我替他也去买一套，而且有点迫不及待的样子。当时我强烈地感受到，此举洋溢着伉俪情深之意味。我不敢怠慢，赶紧给中国书店副总经理吴凤祥先生打电话。吴先生又让主事的王洪先生帮忙，找了几天，才在隆福寺的中国书店找到唯一尚存的一部，要价三千元，一口价。周先生说："要！"11月8日上午9时许，隆福寺店经理陈瑞林先生和司机范师傅开车先到舍下，拉上我，到时居朗润园的周先生府上，当时钱货两清。此书为书目文献出版社（现称国家图书馆出版社）1985年影印本，正文32册，索引1册，共33册。

听说，此书2008年已经易手，价7000元，经中国书店中关村店售出。当然，卖主所得不到此数。店里的薛胜祥、王宪东二君也是我的熟人。还是周先生逝世后，我介绍他们与周宅认识的呢。

希望它的新主子珍惜它吧。谨志鸿爪，不胜今昔之感也。

周绍良先生六题

深切悼念周绍良先生

学界耆宿周绍良先生,于 2005 年 8 月 21 日(农历乙酉年七月十七日)21 时半,在北京市人民医院逝世。距生年 1917 年 4 月 23 日(农历丁巳年三月三日,上巳),享年 89 岁(已过 88 岁米寿)。周先生是我的本师。更为重要的是,周先生是国家文物鉴定委员会委员,文物研究界老一代专家。为此与《中国文物报》编辑部同人协议,一致认为,应由我作文纪念。

周先生逝世后,我勉力作成挽联一副,文为:

卅载熏陶,才获片羽只鳞,小子敢云门下长?
等身著述,遍及外书内典,先生不愧大师名!

联语成于悲痛之中,内容平淡,格调不高,格律平仄不调,难入方家之目;但是,敢云实录:上联述先生与我的关系,下联述先生的学术。联语难免概略,为文将下联略加拓展,如下:

先从总的方面述先生之学术:

1997 年 4 月 9 日(农历三月初三,丁丑年上巳)是周先生 80 整寿。同仁等先期二年准备,编纂《周绍良先生欣开九帙庆寿文集》,以为先生寿。《文集》由中华书局承接出版业务,责任编辑是时任历史编辑室主任的张忱石学长。此书于周先生 80 华诞之日推出,寿筵上分发,并在书店出售。拙作《秋浦周先生八十寿序》载于卷首,其中概略论及周先生的学术,有云:

>先生学术，文史通淹；究其大者，厥有多端：曰红学，曰佛学；曰敦煌学，曰唐史学；曰石经之学，曰文物之学；曰小说之学，曰宝卷之学；曰唐人传奇之学，曰古代墓志之学。无不尽决旧藩，独标新帜；结预流之果，成综释之篇。……名山藏厚，足以垂芬；夫子墙高，尚容仰赞。

拙作以骈体行文，略略顾及形式上的配比，不遑作逻辑上内涵与外延之包容上的探讨。更有进者，尚不足以概括先生学术领域之全部，特别是不能概括先生的文物研究。1993年第6期《文物天地》杂志曾刊载拙作《周绍良先生与文物研究》，以之对照十多年来先生在学术上的新成就，大大地不足，需要大力补充。惟今日尚非撰作长文之时，现仅就该文所列各项内容，或多或少补充如下：

周先生有关文物研究的一大特点，首先在于结合文物中的有关文字，进行梳理、录文、校释；其次是，在此基础上发表自己的有独到见解的专门性论文。其中较早地显露出成绩为国内外称道的，是先生的敦煌学研究，特别是其中的敦煌俗文学研究。

《敦煌变文汇录》是周先生所编的世界上第一部变文类（敦煌俗文学中说唱故事类）原始资料录文校释汇集。1954年出版，1955年出增订本，共收36篇。现在国际敦煌学界通用的此类资料汇集是《敦煌变文集》，由向达、王重民、启功、周一良等位先生根据王庆菽先生从法、英等国拍摄带回的胶卷、照片整理，写定为78篇。内容较《敦煌变文汇录》多一倍以上，这是周绍良先生局限于当时国内所有而无法企及的。但是，后一部书的编集动机、方法等，很明显地受到前一部书的影响。难得的是，周绍良先生十分谦抱，甘愿为此书作责任编辑。当时的编辑人员是不许署名的，更没有稿费。从而见出周先生为学术而不计名利的高尚风格。后来，王庆菽先生常说她自己是责任编辑。实际上，王先生是从东北借调来人民文学出版社，以便就近编纂此书的编者，因为，材料基本上都是她的，便于集中讨论。她是列名的编者。出版社派出的责任编辑却是周绍良先生。实际上，周先生比起六位编者中的某几位，论研究敦煌俗文学的功底与专注，以及综合学力，有过之而无不及。格于当时出版社管理与其他原因，只能尽力匡编者之不逮，甘当无名英雄而已。

大体上，周先生从20世纪40年代中开始涉足敦煌学领域，前后约六十年。主编了《敦煌变文论文录》、《敦煌变文集补编》、《敦煌文学作品选》、《敦煌变文讲经文因缘辑校》等书，主编大型丛书《英藏敦煌文献》15大卷，《敦煌文献分类辑校丛刊》等。所作有关论文，较早的收集于1992年出版的《〈敦煌文学刍议〉及其它》一书中。晚年的相关论文尚待辑录。

周先生秉承家学，对佛教典籍特有研究。担任中国佛教协会副会长兼秘书长期间，主持出版《房山石经》辽金部分23大册。对辽金刻经采用《契丹藏》提出独特见解。周先生有关佛教研究的著述尚待结集。周先生对宝卷收藏甚富，多已捐献。所作论文散见，均富于创见。亦有待收拾成集。

周先生是研究拓片的大名家。编集的代表作为《唐代墓志汇编》、《唐代墓志汇编续集》。此二书影响深远，当代续编《全唐文》者多家，主要取资于此。有副主编赵超同志在，下走不再饶舌，希望他能够作文纪念。

周先生是现当代研究"墨"的老一代硕果仅存的大名家，20世纪90年代以来有专书数种行世。晚年又作一次总结性结集，交哲嗣周启晋师弟等，闻将择选出版社出版。

周先生是知名的《红楼梦》研究专家，以收集、著录、分析相关资料蜚声国际。除已出版的资料书数种外，有关著述亦有待收集成书。周先生在研究小说时，以余力肆于小说戏曲中的插图研究。所惜晚岁精力不足，通过下走，令中国国家图书馆善本特藏部程有庆同志就先生所藏董理，成果已交中国书店出版社出版。

周绍良先生六题 | **131**

周绍良先生与作者合影，1999年10月于晴东园

刊载周先生大部分学术著作的《周绍良文集》，在北京古籍出版社出版。周先生亲自参与编纂的我的太老师周叔迦老先生的"全集"，已交中华书局出版，责任编辑为冯宝志学长。先生哲嗣周启晋师弟所编《绍良书话》等书，亦已交中华书局，据闻责任编辑为李森女史。一俟准备工作完毕，即行付印。如各项出版事务均能在最近付诸实现，则先生于莲池东望之际，当无点憾矣！

周先生对我的教导，始于1975年春季。当时没有日记，具体日期已经忘记。时先生方自湖北咸宁"五七"干校归来，被迫家居。关于先生与我的关系，我先后写出相关文字数篇，自觉重要且较新的，后来分别辑入拙作《承泽副墨》（2002年，东南大学出版社），《汉化佛教与佛寺》（2003年，北京出版社），《人海栖迟》（2005年，北京燕山出版社）诸书中，均请有兴趣的读者赐阅，不赘述。其中提到我与周先生的关系，有点像导师与博士后那样，并非授课，而是在客厅、沙龙等场合畅谈学术。我还有时伺候老师外出，参加一

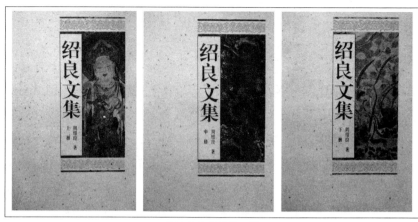

周绍良文集书封一览

些学术活动,旁及登山涉水进行学术性游览,有时在老师授意下代草一些文件而已。自觉比听课受益多得多。曾听陆颖明(宗达)老师在闲谈中说过,他在北大读研究生时,导师黄季刚(侃)先生已经到了中央大学(即今南京大学之文科部分)授课,那时北大管理较为宽松,陆先生就长年驻扎在南京,师生常常一起高谈学术;并时常结伴到南京郊区一带旅游聚餐,归后分韵赋诗;陆先生还不断借抄黄先生的手稿。听后极为羡慕。后来我陪侍周先生,除了没有分韵赋诗,别的均依稀似之。大约到周先生为止的老一代学者,都是这样带研究生级别学生的。只可惜我不够学者的料,从学于周先生30年,仅获片羽只鳞,先生广阔的学术领域,我都无缘涉猎。只可自叹一句"驽钝辜真赏"而已。

有关从游情况,容待将来慢慢写出,或可供后世研究文史资料者抉择。时贤中不乏出入先生堂室者,希望各举所知,并对拙作不吝匡正。

2005年9月3日,星期六,紫霄园

中国俗文学研究的两位先驱者
——周绍良先生和关德栋先生

周绍良先生与关德栋先生于 2005 年先后逝世,是中国俗文学研究界的巨大损失,也可说是中国俗文学学会的巨大损失。关先生是本会顾问,一直坚定不移地支持本会的工作。周先生虽然不是本会会员,但是也一直关怀与支持本会的工作。甚至于在吴组缃会长逝世后,有人提出礼请周先生继任。后来,因为本会挂靠在北大,而周先生不是北大的人,所以才改为聘请吴小如先生当会长了。

周先生是周叔迦老先生之子,幼承家学;关先生是周叔迦老先生的入室弟子。周先生是我的本师,关先生是我的师叔。老二位的俗文学研究都始于 20 世纪 30 年代末 40 年代初,都是从当时认为是新兴学科的敦煌俗文学开始的,而且最早都集中在"变文"研究方面,堪称那时的双璧。今略述两位先生的俗文学特别是变文研究的成绩,以纾哀痛之情。

周先生涉足敦煌学领域,前后约六十年。主编了《敦煌变文论文录》、《敦煌变文集补编》、《敦煌文学作品选》、《敦煌变文讲经文因缘辑校》等书,主编大型丛书《英藏敦煌文献》15 大卷,《敦煌文献分类辑校丛刊》等。所作有关论文,较早的收集于 1992 年出版的《〈敦煌文学刍议〉及其它》一书中。晚年的相关论文正在辑录出版中。

周先生有关敦煌学研究的一大特点,首先在于结合敦煌遗书中的有关文字,进行梳理、录文、校释;其次是,在此基础上发表自己的有独到见解的专门性论文。其中较早地显露出成绩,且为国内外称道的,是其中的敦煌俗文学研究。

《敦煌变文汇录》是周先生所编的世界上第一部变文类(敦煌俗文学中说唱故事类)原始资料录文校释汇集。1954 年出版,共收 36 篇。其中汇集校点说唱佛教经典故事的"唱经文"、缘起、押座文等24篇,说唱历史故事、民间传说等材料12篇。对每篇均有简要说明与考订。此书前有《叙》,对敦煌俗文学中的这批材料的源流体制等提出许多异于并超出前人的见解。在后来的50多年中,这些见解又经过磨砺萃取,形成周先生独自的一整套对敦煌俗文学的学术构思,并影响了几代人的敦煌俗文学研究。书末附《敦煌所出变文现存目录》,也是当时国内能见到的此种材料的最完备的目录。1955年,此书出增订本,增收两篇,同时增订了《现存目录》。此书乃开山之作,现在已经很难找到它了,一些晚学恐怕已经不知道有过这本书了。呕宜将此书的贡献表而出之,以不没其筚路蓝缕之功焉。

现在国际敦煌学界通用的敦煌俗文学类资料总集性质的汇集本是《敦煌变文集》,由向达、王重民、启功、周一良等位先生根据王庆菽先生从法、英等国拍摄带回的胶卷、照片整理,写定为78篇。

平心而论,《敦煌变文集》之所以能够开编,全靠王庆菽先生苦心孤诣,从英法两国连抄写带拍照,搞回来两百多篇广义性质的"变文"底本材料(后来使用在书中的是187篇)。编集中的拣选、校读,则向达、王重民两位先生因为也看过一些英法和北京的原卷,发言自然具有权威性。其他几位,如周一良、启功先生,则以校勘见长。曾毅公先生是富于原卷和从国外拍摄来的数据的国家图书馆派来的。这些位先生之中,真正坐在人民文学出版社的编辑部内天天干活的,只有王庆菽先生是专职,周绍良先生正在同时编辑几本稿子,但周先生是此书的责任编辑,却是确切无疑的事。这是我的大学同班韩海明在30年后对我说的,那时,她大学刚毕业,分配在社内,由周绍良先生带着。她编辑的第一本书是影印日本藏宋本《世说新语》。她当时与周先生坐对面桌,王先生的办公桌则在另一房间,不过时常过来,与周先生讨论编辑《敦煌变文集》的事。有一次,周先生带来一些炒花生,和韩海明一起吃。那时,花生已经是稀罕物了。周先生是不吃独食的,有点什么,都拿出来大家吃。

周绍良先生六题 | 135

这次，王先生来晚了，没有赶上。她看见花生壳，就说："这个周绍良，有花生给韩海明吃，不给我吃！绝对不行！"并要求下次给她一人带一些来。韩海明给我讲过几次这件事，认为王先生如孩子一般。我想，这也从侧面反映出当时人际关系的融洽。

周先生对敦煌遗书研究的重大贡献，表现之一，是撰写发表了一些有分量的论文，它们产生过决定性影响。重要者有以下诸篇：

《谈唐代民间文学》，副标题是"读《中国文学史》中'变文'节书后"，有一定的针对性。论述的是敦煌俗文学中说唱故事类材料的分类问题，却是远超乎一般"书后'范围的。此文最早发表于《新建设》杂志1963年第1期，后迭经转载。文中对从20世纪20年代起始研究敦煌俗文学以来被笼统地定格在"变文"这一术语之内的情况彻底发覆，对敦煌俗文学作品提出明确的、细致的分类主张，显示出乃是多年以来潜心研究的独到见解，足以启发学人深省。可以说，此文奠定了敦煌俗文学文体学和文体分类学的基础。其实，文中并没有将周先生对敦煌俗文学分类的见解全盘托出，只是带有较多地举例性质，提出一些文体及其特点来，以期进一步讨论。文章发表不久，即有署名"挚谊"的同志专文批评（我至今不知"挚谊"是哪一位，甚盼知者赐告），其中有两点值得提请当代读者注意。

一点是，把周先生对敦煌俗文学作品分类的多所举例，看成是统括式见解。实际上，周先生只是举例指出他区分出的几种敦煌俗文学作品的特点，那几种作品只是敦煌俗文学作品中的有明显特点的代表罢了。可能周先生行文中没有说清楚，说不定至今尚有后学误解为全部。在此特代为再度说明。

另一点至关紧要。挚谊同志认为，敦煌遗书中的带有文学性质的作品，能否戴上"民间文学"的桂冠，很值得探讨。他的论点，很明显地受到前苏联传来的"民间文学"理论框框的影响。那时动辄上纲上线，了不得的！周先生对此十分警惕，从此改用郑振铎先生在20世纪30年代撰述《中国俗文学史》前后的提法，以阶级性模糊的"敦煌俗文学"来称呼这批作品了。下走一秉师传,不敢走进"民间文学"旗下,也是为少惹事起见。不得已也。

周先生在编辑《敦煌变文集》时,对其中一些卷子的定名或是否应该收入此书有自己的想法。例如,对郑振铎先生定名为《身喂饿虎经变文》的一个卷子,周先生早就产生了疑问,但因未见过原卷,不敢提出意见。直到担任责任编辑时,见到原卷照片,从头到尾一比对,发现它就是《金光明最胜王经·舍身品》,纠正了几位编者的盲从。再如,认为《佛说阿弥陀经讲经文》的定名不妥,应改为《说三皈五戒文》,《太子成道经》应改为《本师释迦牟尼求菩提缘》,都是有理有据的提法。

特别应该提出的是,周先生在担任责任编辑前后,细读敦煌卷子,发现多种混杂在有自名的押座文或"讲经文"(迄今不知其自名)之中的,不知其自名的"散座文",或称"解座文"、"解讲文"。这些代拟的名称都是先生所定。下走因其为韵文,故暂名之为"解讲辞",曾面质于先生。先生不以为忤,认为"各说各的"可也。但是,发现存在这种新文体,并将其自别的文种中剥离出来,却是先生对敦煌俗文学研究的一大贡献。先生并据而自卷子中找出,俗讲开讲之处特称"讲院"。这也是一个新发现。后来,下走在周太初(一良)先生指导下,研究日本入唐求法僧人圆珍的事迹,发现圆珍根据入唐所见,特称俗讲的讲院为"讲堂"。尝以之就正于先生,亦蒙嘉许。

周先生一生治各种学问均狂胪文献。即以研究敦煌俗文学而言,当1975年下走从学于先生之后,一再提示我要搜求新资料,即解放后的相关资料。"文革"后已极为难得的解放前资料,周先生则早已搜集齐备。后来将二者合在一起,编成《敦煌变文论文录》,1982年在上海古籍出版社出版。众所周知,搜集解放前的资料,比起找寻解放后的资料,其难易程度相差极大,可说是一九开。周先生为使我熟悉当时能找到的几乎全部中文数据,藉以较快速地了解斯学门户,并通过出版此书,携带我初步进入敦煌学殿堂,也

周绍良先生六题

就是通过这一举措把我介绍给学界前辈,简直是把老本全搭上了。先生还放手让我写此书的前言,在书中采纳我的《什么是变文》一文。没有先生如斯的提拔荐举,就不会有今日的我!

周先生研究敦煌学,由于各方面的便利,得以获得一些第一手数据。《悉达太子修道因缘》的完整写本藏于日本龙谷大学图书馆,是他们于20世纪初从敦煌劫掠的。一次,我看一个日文资料,提到这个卷子,他们似乎还不曾过录整理。赶紧报告周先生。先生与日本佛教界有联系,写信向他们要来复印件,据以校订。周先生在发表时加有"跋",首次指出"讲经"与"说法"之不同,"讲经文"与"说因缘"之区别。这是周先生对敦煌俗文学研究的又一个新的贡献。现在一些这方面的研究者停止在校录原文的层面上。我们应该学习周先生,有所发现有所发明才是。当然,这关乎"才、学、识",非一蹴可几,不是人人能办到的事。

《补敦煌曲子词》一文,首次发表了周先生过录校订的13首曲子词。这是继王重民等位先生之后约30年,斯学研究发表新作最多、最有分量的一批辑佚新收获。原卷的收藏者是周先生的伯父周季木先生,后归周叔弢先生,解放后捐赠给天津市艺术博物馆。

周先生在20世纪80年代末至90年代初写出一批很有独到见解的论文,大多结集在《敦煌文学刍议及其它》一书中,1992年交由台北新文丰出版公司出版。现重点介绍其中两篇。

《唐代变文及其它》一文,系应《文史知识》编辑部出"敦煌学专号"的需要而作,连载于该刊1985年12期至1986年1期。此文深入浅出地将周先生自己40年(按当时计算)研究的成果概括写出,几乎所有的创见都包括在内。需要说明的是,周先生当时在佛教协会公务繁忙,因而将稿件交下走贯串。这也是老师带学生的一种方法。原稿完全是老师的,除了《水浒》中鲁智深桃花村说因缘一条是我加上的,全是老师几种旧稿的串联。学问是老师的,不是我的。有人认为有我的文风,盖以此也。

1987年6月,国际敦煌吐鲁番学学术会议在香港召开。周先生应邀参加,宣读了《敦煌文学概论》一文,约三万余字。后经增补,改名为《敦煌文学刍议》。此文对敦煌文学作品的涵括、分类、归属等问题,提出了极为精确的独到见解。对敦煌文学各个部分的内容,也都进行了探讨。其涉及面之深广,为前人所未经。此文是周先生最重要的敦煌学论文之一。

　　现在我认为应该说明的是,这篇文章原系周先生不止一篇的手稿,有些杂乱。先生当时工作繁忙,交我与山荆李鼎霞整理。两次整理稿全是这样编集成的。我们只作了文字上的连缀与梳理,这是学生应当做的,也是一次很好的学习机会。但是,内容则完全是老师固有的,我加入的极少。在整理过程中,我产生了疑问。即,根据我解放后在大学学习"文艺学"等课程时所学,"文学分类学"从历史上看,有二分法、三分法、四分法三种。按我国古代分类,基本上把文学作品分成韵文与散文两大类。其中,散文作品中带有非文学(至少是非纯文学)体裁的特点者甚多。如陆机《文赋》中所列,"碑、诔、铭、箴、颂、论、奏、说"等类,写得有文采的,尚可列入文学作品之林,但这些体裁本身就难于算是文学体裁了。"五四"以来,接受了国外的各种文学理论,倾向于从纯文学的观点来区分文学体裁。先后有:三分法,即按照文学表情达意塑造形象的不同方式,将之分为三大类:叙事类、抒情类、戏剧类。叙事类中主要包括小说、寓言、神话、童话等主要是散文的作品,以及叙事诗(叙事韵文)。抒情类包括抒情诗和抒情散文。戏剧类则主要指供演出的各种戏剧脚本。四分法,则与中国近现代文学作品的各种体裁较为适合,它分为诗歌、小说、散文、戏曲四大类。这两种分类法都带有明显的"纯文学"倾向。我与山荆都是北大中文系出身,整理周先生的文稿时,产生两大疑问:一是,"敦煌文学"是个什么概念?"中国文学"有鲜明自身的特色,有自己独特的传统,"敦煌文学"就不好说了,敦煌遗书中的许多作品是不是从外地传入的，还很费考证呢。但这个问题比较容易解决，把内涵限制在"敦煌遗书（或说"敦煌卷子"）中特有的（有许多是敦煌遗书出现以前已经失传的）文学作品"之内，表示它是混杂着地域、时间（时代）、载体等概念的作品便了。它虽然含混些，还可以勉强自圆其说。二是，周先生划定圈入的许多体裁的作品，大多带有"应用文"性质，这种体裁本身能否阑入文学体裁之内，很成问题。"吾爱吾师"，我曾就这两大问题与周先生多次交换意见。后来，老师发现"孺子不可教也"，在这方面不再让我参与了。我指的是，此后主要依据周先生的指导思想，由许多同志参加，先后编集的《敦煌文学》（甘肃人民出版社，1989年）、《敦煌文学概论》（甘肃人民出版社，1993年）等书。周先生很能体谅我，不让我作违背本心的事，都没有使用我。我对老师的爱护与苦心一直抱有深深的感激之情。爷儿俩不但没有生分，感情反倒更加深厚了一层。老师逝世后，我又深入思考了这两个问题，特别是敦煌文学的内涵与外延。我想，周先生大约是参考萧统《文选》以来的传统分类法，根据敦煌遗书中有点文学性质的材料的情况，企图把它们一塌刮子网罗收容进来。如果我们先有限制性地把"敦煌文学"的概念开示明白，再把从传统意义上基本上根据原定名及其文学性质来划定敦煌文学体裁的意思说明白，说不定是一次对"五四"以来纯文学性分类法（即三分和四分法）的革命行动呢！

20世纪80年代，周先生指导我和山荆编集了两本书。一本是《敦煌语言文学研究》。这是1986年在酒泉召开的中国敦煌吐鲁番学会语言文学分会第二次年会的论文集，内收在会上宣读的论文20余篇。周先生主持了那次会议，并亲自为这本书作序（张锡厚同志秉承先生意旨起草）。书的操作者是我和山荆，以及我的学生杨宝玉。笔者在书中发表两篇文章，一篇是《变文与榜题》，以经过整理重新排序的"京洪字62号"录文为证，说明二者之间存在某种关联。此文谬承周先生嘉许，在序言中加以肯定。后来，周先生在主编《英藏敦煌文献（非佛教部分）》中，为佚名卷子定题时，又找到几篇同类型的。据此，应该说周先生是这一类型文献的主要肯定者，而不是如下走之仅仅发现一件。

另一本书是《敦煌变文集补编》。周先生主编，遥控。我与李鼎霞、杨宝玉负编辑之责。此书1989年由北京大学出版社出版，实际上，出版社仅仅无偿给了一个书号。当时外挂在北大图书馆的一个小印刷厂（并无正规印刷设备）义务代为印制。从录文到下厂亲自监印，一切工作都是三个人作的。李鼎霞抄录全部录文，厥功尤伟。这埋伏下她1990年突发乳腺癌住院开刀的根子，也潜伏着我1990年流鼻血不止住院半个月的根子（由此查出系高血压、糖尿病引起）。周先生在百忙中审阅了全部录文稿。周先生还指导我，校录出《赞僧功德经》并作解说。周先生认为，此文虽名为"经"，实为"伪经"，而且是一篇雏形的俗文学作品。未来的研究者倘能顺着周先生的思路去细心阅读某些佛经，可能会有新的收获。似应说一句：我的师伯苏晋仁先生提出意见，认为此卷可能是《赞僧功德经》的另一种版本，至少不是一篇"讲经文"。我经过思考，倾向于赞成苏先生的意见。

更应补充说明的是，《敦煌变文集补编》只是周先生想要领导和指导我与李鼎霞、杨宝玉编纂的"敦煌变文集新编"的一小部分。照片经过我和杨宝玉等在北京图书馆、北大图书馆几年间加印，基本凑齐。李鼎霞和我大病，杨宝玉毕业，没能完成此项重大任务。最后，把照片等先后交给邓文宽同志等位，转交周先生，先生率领张涌泉、黄征两位同志，最终编成《敦煌变文讲经文因缘辑校》一书，1998年由江苏古籍出版社出版。此书自策划至出书前后20年，在我手中耽误10年。延误之罪，完全在我。老师也从来不说什么，待我依然如故。老师的和平与文明、宽厚的性情与道德情操，在老一辈中为我所仅见。

包括《敦煌变文讲经文因缘辑校》一书在内的《敦煌文献分

类录校丛刊》是周先生担任主编的一套丛书，20世纪90年代在江苏古籍出版社出版，委员中兼任秘书的是邓文宽同志，他作了许多实际工作。《英藏敦煌文献（非佛教部分）》是周先生亲自领导并担任主编的又一套大型丛书。杨宝玉作了许多实际工作。我因未参与这两件事，说不出子午卯酉。建议邓文宽和杨宝玉两位同志多写点如文史数据类型的回忆，供后人参考。这两套大丛书，是20世纪90年代老师费了极大心力的，下走以为，中国敦煌文献学界20世纪末的主要成就应属此两大丛书。

周先生晚年还自力完成《敦煌写本〈坛经〉原本》的辑校写定。他散见的有关稿件，已经北京出版社编订成《周绍良文集》出版。其中包括先生所写的接近全部的敦煌学论文。

综观周先生的敦煌学研究，窃以为，贡献最大的方面有二，一是敦煌俗文学研究。至今，在敦煌俗文学的分类方面，无不折中于夫子。二是主编了两套大丛书。

2005年6月20日，接到陈泳超同志电话，这才得知关德栋先生逝世的消息，已在他逝世四十多天以后了。我迅速地以电话禀告本师周绍良先生。当时，周先生已缠绵病榻，嘱我代撰唁诗一首，在山东大学文学院与中国俗文学学会联合发起，于6月22日在北大中文系会议室召开的追悼会上宣读。我照办了。现将唁诗过录于下：

唁德栋

法源精舍岁时迁，
水月光风赖广传。
变文初探皆青鬓，
省忆前尘一潸然。

病榻得唁，心思瞀乱。姑以己意告知门人白化文君，嘱其连缀。工拙所不计，聊表两代交谊云耳。

乙酉仲夏　周绍良

现将诗中含意略加解释。

此诗前两句,概述周叔迦老先生与关先生的师生关系。关先生在抗战时期就学并毕业于沦陷区的沙滩北大中文系。他可是依附于当时在北京法源寺办佛教学院的周叔迦先生。先后拜门的,还有苏晋仁先生。周叔迦先生是我的本师周绍良先生的父亲,算是我的太老师。苏晋仁先生(1915.2.15—2002.4.16)比周绍良先生(1917.4.23—2005.8.21)岁数大,因此我认作师伯;关先生(1920.7.17—2005.4.28)则是师叔。在20世纪40年代中期,周叔迦老先生在僧人中有"活菩萨"之誉。那么,这二位似乎是菩萨的左右侍从,有如二善才了。从师传上说,我们的关系很是紧密。

"水月光阁"是周叔迦老先生从事著述之处,乃是一个"室名"。关先生受教于周老先生并襄助著述之处则在法源寺。周老先生有关敦煌学特别是敦煌俗文学方面的学术,分别传授给周绍良先生和关先生。关先生1944年夏季从沙滩的北大中文系毕业,可是1942年就发表以"变文"为中心的有关敦煌俗文学的文章了。他最初发表的两篇这方面的文章都刊载在与周老先生有关的佛教杂志上,可见渊源有自。不过自解放初关先生兴趣转移,周绍良先生在敦煌俗文学方面的研究则迎头赶上,逐渐蔚为大国,超乎关先生之上矣。当年师友切磋之乐,老年丧友之痛,具见上引唁诗后两句中。

关先生的"讣告"中,把他定位为"我国著名的俗文学、敦煌学和满学专家",这是非常准确与正确的。我想补充一下,他是解放初或者说是解放前后涌现出来的新一代这三方面学术的专家。他的这三方面的学术,全都萌芽并初步绽放于20世纪40年代中后期,放异彩于解放初。满学,我一窍不通。姑且就俗文学、敦煌学这两方面述说自己向师叔学习的一点体会吧。

关先生的俗文学研究,贯彻他的一生。我以为,其特点有三:一是,发人所未发,大体上每发表一篇文章,就展示出一些独到见解。例如，对"散花"内容的探讨，对蒲松龄撰写并推广"聊斋俚曲"的认识，都是。二是，到一个地方，就钻研那个地区的俗文学，例如，对福建、山东等地俗文学的研究，都是就地取材，到什么山上唱什么歌。因此，与一般俗文学家之专注于一地的作法大不相同，从而使自己的俗文学研究显露出内容广泛，基础宽厚。这在迄今为止的中国俗文学家中是少见的。三是注意研究与公布活的新的俗文学材料，而不汲汲于钻故纸堆。这本是研究俗文学的康庄大道，可是要花大力气，而且还不容易被受学界习惯势力影响的人承认，于是，有许多人就抄小道、取快捷方式，翻书去了。关先生经常从积累、钻研、公布原始材料入手，这是聪明人采用的"笨"方法，是我们应当好好学习的。

关先生的敦煌学研究，大体上限于"变文"的范围，而且昙花一现，从20世纪40年代初到50年代初，不过十年光景。为什么会这样？拙见是，当时国内外公布的敦煌俗文学原始材料有限，在我国，这批材料集中于北京，特别是集中于当时的北京图书馆和几位专家手中。周绍良先生编纂的《敦煌变文汇录》，1953年才出第一版。集大成的《敦煌变文集》，1957年刚编成。估计其中大批材料关先生那时都没有见到，关先生在40年代末南游，失去在京进一步接触敦煌卷子及其照片的机会。他如果在京的话，也许能够参加《敦煌变文集》的编集工作，那样的话，他的学术道路兴许是另一种走法了。附带说一下，据拙见，关先生研究的敦煌学，大体上应定义在"敦煌俗文学中的说唱故事类"范畴之内，也得算是"中国俗文学研究"中的一部分呢！他虽然没有在这方面继续有所述作，可是，与他关系密切的美国宾夕法尼亚大学梅维恒（Mair. Victor H.）教授却是于此大有成就，骎骎乎青出于蓝焉！

关先生多专多能。单就掌握多种文字而言，除了汉文以外，他的满文、日文、英文、德文、梵文、巴利文等都颇具水平。学术上也基础雄厚，文史方面可称十八般兵器样样拿的起来，包括佛学。

可是，给人的印象是，他的一生始终在学术界没有受到应有的关注与重视，及至盖棺论定，大伙儿才蓦然感到颇有点遗憾了，所谓"千古文章未尽才"者是也。为什么会这样？拙见以为，当从主客观两方面来观察与议论一番。

从主观角度看，关先生是极为聪明的人。他在读大学时代便已出人头地，小有名气。他曾经口述一些读大学时写文章的窍门来教导我，我觉得，其核心就是挑选别人不会写的学术处女地去开垦。他曾经对我自豪地说，当时沙滩北大中文系（非西南联大中文系）的专任老师，没有人能批改他的小论文。这大概就是指有关"变文"的文章了。他在学术上以"偏锋"取胜。可是，待到服务社会之时，小径终归不如大道。他当然也能教"中国文学史"之类的大路课，但终究挤不动那些以此为专业的人哪！再加上关先生带有关云长的某些习气，"善待卒伍而骄于士大夫"，益发不容于人矣。再说，解放以来运动不止，动辄得咎，二十多年之间关先生几乎封笔。据下走的经验，笔下不宜久停，养成惰性，再动笔就手脑一起发滞，拉不开栓、想不起来什么来了。

联系到客观上来看，更是如此。解放以来，即以一般的大学中文系而论，"俗文学"、"敦煌学"（特别是敦煌俗文学）属于偏而又偏的课，根本排不上号。"民间文学"属于"苏式"，带有明显的"阶级性"，更非关先生所长。所以，他只能被投闲置散矣。我看，山东省和山东大学，包括山东大学文学院，对关先生够不错的，把晚年的关先生当成一尊佛，供起来。关先生是聪明人，明白"敌国外患"会起作用，故而两次出国，楚材晋用。及至改革开放进一步深入，与国际接轨，许多人知道了关先生研究的学问都是"国际显学"，这才重新发现并重视起关先生的价值，于垂暮之年重新起用。时不我待，廉颇老矣！咳！"圣时不用征南将，虚老京华一少年！"

我与关先生的接触，都是在中国俗文学学会开会的时候。关先生很重视学会，几乎每会必到。这大约也反映出，当时学会重视关先生超乎它处。他对于王文宝学长、程毅中学长和我,都是极为亲切与照顾的。而今已矣!"千古文章未尽才",已被引用千百次,不想还得引用它。

我怀念关先生。

2005 年 11 月 5 日,星期六。紫霄园

唐人传奇研究的新的里程碑
——读《唐传奇笺证》

本师周绍良先生新著《唐传奇笺证》,已经在 2000 年 5 月份由人民文学出版社出版了。化文从师近 30 年,目睹撰稿过程的后半,自觉比初读此书的读者对成书经过及内容了解得早了一步。希望借此机会,提出个人的心得体会,与大家交流,供读者参考。

据笔者所知,周先生开始学习有关唐传奇内容的文献,大约始于 70 多年以前。周家是安徽东至(古称秋浦)大族,十分注重家庭教育。周先生这一代("良"字辈)的子弟们,大半先在家塾个别从师,然后才逐步转入中学甚至大学的。家中对师资遴选极为注重。除了启蒙师以外,周先生先后在家中个别从谢刚主(国桢)、陈援庵(垣)两位大师问学,也经常向与他的尊人周叔迦先生时相过从的刘半农(复)先生请教。所学遍及中国古典文献四部,兼及以外的自唐代而下的俗文学,而以唐代文献为核心。这样的学术架构,形成周先生 70 多年学术研究的基本内涵。笔者在《秋浦周先生八十寿序》一文中试图介绍周先生的学术成就时,说:"先生学术,文史通淹。究其大者,厥有多端:曰红学,曰佛学,曰敦煌学,曰唐史学,曰石经之学,曰文物之学;曰小说之学,曰宝卷之学;曰唐人传奇之学,曰古代墓志之学。无不尽决旧藩,独标新帜。结预流之果,成综释之篇。"《唐传奇笺证》一书,实为以上多种学术的

综合运用,所谓"文史通淹"者,此书乃是一本最好的证明书也。

因此,书中常发人之所未发,时多胜解。属于大处着眼者,如经常结合当时社会实际以说明传奇的时代背景,使人理解社会存在决定传奇作者写作所反映的现实,以史证文。例如,《〈洞庭灵姻传〉笺证》中,说明当时藩镇割据的时代现实,是《柳毅传》产生的背景:"各地藩镇相当凶悍,各据一方,大有老龙王各统一水之气概。而相互兼并却也有像传中所说杀伤六十万、损稼八百里之概。同时他们又彼此俱属姻戚。"此前又引两《唐书》和《国史补》中所记义阳公主和驸马反目,播为乐曲之事。笔者读后顿觉恍然大悟,豁然开朗,似乎理解了李朝威受到了何种启发。

此书中,在微观里作文章之处举不胜举,极见功力。试举数例,如:举证说明"膏唇"为唐代男子美容之一法。引敦煌卷子《百行章》,说明"士有百行"的确切内涵。说明"家生"即"家生子",是世代为奴婢者的子孙,与世代的主人均有人身从属关系。钩稽出《异闻集》篇名达40篇,考证出《古镜记》的作者实为王勔而非误题之王度,以及白行简之任"监察御史"大约是"节度掌书记监察御史"的简称,等等。这些,都是以史证文的优秀实例。

老先生立论谨慎,看到的问题,有的仅仅揭而出之,存而不论。例如,如何解释"缦胡",为什么要"抽簪"去"扣扉""扣户",都提出问题而留待解决。我们应该学习这种不强作解人的虚心精神。

此书定能一出名世,为唐传奇研究树立一座新的里程碑。

《绍良书话》后记

本师周绍良先生逝世后,哲嗣启晋师弟为老师整理编集遗文,有《绍良书话》之作。中华书局慨允出版,责任编辑李森女史费了许多心力。作为一名先生的老学生,我十分感慨、感动。启晋师弟偕夫人赵立红女史亲临寒舍，交下复印的全书目次，并几篇作品样张，供我参考，派我写一篇读后记。这是义不容辞的事。爰勉力作一初稿，以供审核，如下：

老师逝后，我写成挽联一副，文为：

卅载熏陶，才获片羽只鳞，小子敢云门下长；
等身著述，遍及外书内典，先生不愧大师名！

我觉得，阐述一下此联内涵，就足以说明写作这篇"前言"的困难和我的心情了。

我追随老师，始于1975年前后，当时目的明确，就是为了学习敦煌变文。这在我写的几篇回忆中都有清楚的说明。老师尽心竭力，把我引进了敦煌学的殿堂。我为此终生铭感。老师交代给我的一些任务，我只完成了一部分。这是我始终感到十分惭愧和对不起老师的奖掖与提携的。就连我自己拜师时的单一目标，即中华书局给的任务，写一本《敦煌俗文学》小册子，至今也没有完成。为什么？我三十多年来逐渐体会到，我的精力与才能实在有限，同时完成几项工作是办不了的。当时，我在北大的教学与科研工作是正差，而且面临提升副教授、教授的两次冲刺。敦煌学的研究只能间歇性地进行，一曝十寒，三天打鱼两天晒网。及至我退休了，敦煌学界早已欣欣向荣，后起之秀早已超过我了。无奈，只可在完成一些项目后，向老师说明情况，退出第一线。这是我最感到对不起老师栽培的地方，也是我的终生遗憾之处。后来，特别在老师迁居双旭花园之后，我虽已退休，可是距离太远，只能在需要我办事的时候，借国家图书馆、中华书局、金申同志或周启锐师弟的车，隔三差五地走一趟。所作以事务性的和文书性质的工作为多。我一向避免参与各个老师的家庭与经济事务，以为如此才可维持长期稳定的师生关系。因此，绍良老师的家庭组织，我一直到先生逝世后才初步有点了解。和师弟师妹，也是在老师逝后熟悉起来的。

老师的学术博大精深，但是，如上所述，我亲炙过的领域甚少。这次一看此书目次，大吃一惊，原来其中的一大部分我都没有很好地阅读过，甚至有的我完全不知道。这就更使我感到，我作的挽联的内涵，其深度与广度，连我撰写时自己都没有料到。只有更加遗憾：老师在世时我跟从学习得太不够了。只有在此书和老师其他著作新版出版后，再行补习吧！

我对此书的唯一意见是，老师的相关著作，特别是单篇文章，可能不止目次中反映出的那么些。希望师弟再接再厉，继续搜寻，定有意外收获。

还有，据我所知，老师家中原来积存明清以来各种各样的通俗小说等类书籍甚多，后来半送半让给天津市图书馆。这批材料，解放前不当一回事的，许多大型图书馆和大学图书馆都不收此类书籍，如北京大学图书馆，解放前就不收藏武侠小说，北京图书馆所收也不多。只有通俗图书馆如现在的首都图书馆才大量收藏与借阅。解放后，特别是经过"文革"，此种书籍稀如星凤矣。北方的图书馆的收藏，除了首都图书馆，我看就属天津市图书馆这批周家旧藏了。天津市图书馆编有目录，但知者甚少，我建议附印在咱们编的这本书的后面，对于俗文学研究者与各方面人士会很有用。试举一例：著名的长篇武侠小说（北方评书体裁）《三侠剑》，原来编写到胜英逝世（病中被秦尤扼喉），黄三太报仇，镖打秦尤，义释崔通，刀劈柳遇春，才算告一段落。20世纪80年代后出的新印本都止到收复台湾的前半部分，没有完。我看就是因为没有找到全本之故。多年前，老师和我在闲谈中说到，《三侠剑》于20世纪30年代初在天津出版时，周宅陆续买全了。但不知现存天津市图书馆的《三侠剑》是否还是整套。

2007年3月31日，星期六。紫霄园

周绍良先生是世界上第一部变文类（敦煌俗文学中说唱故事类）原始录文校释汇集《敦煌变文汇录》的编者。此书1954年出版，1955年即再版，可见当时学术界需要之殷切。但当时英、法、俄、日等国所藏均未公开面世，我国学者仅靠北京图书馆已编并允许阅览之一部分原卷，以及向觉明（达）、王有三（重民）等位先生自海外拍回之照片（大部分收藏在北京图书馆），还有若干录文，进行校录与研究。周先生所据即此。当时以业余之有限时间，一人独力完成，实属不易。特别是对录入的每篇均作出简要的说明与考订，具见功力。书前有《叙》，对这批材料的体制、源流等提出许多异于并超出前人的见解，影响深远，爰及50多年后的当代，余波尚传。

现在国际敦煌学界通用的此类资料汇集是《敦煌变文集》，由向达、王重民、启功、周一良等位先生根据王庆菽先生从法、英等国拍摄带回的胶卷、照片整理，写定为78篇。内容较《敦煌变文汇录》多一倍以上，这是周绍良先生局限于当时国内所有而无法企及的。但是，后一部书的编集动机、方法等，很明显地受到前一部书的影响。难得的是，周绍良先生十分谦挹，甘愿为此书作责任编辑。当时的编辑人员是不许署名的，更没有稿费。从而见出周先生为学术而而不计名利的高尚风格。后来，王庆菽先生常说她自己是责任编辑。实际上，王先生是从东北借调来人民文学出版社，以便就近编纂此书的编者，因为，材料基本上都是她的，便于集中讨论。她是列名的编者。出版社派出的责任编辑却是周绍良先生。

大体上，周先生从20世纪40年代中开始涉足敦煌学领域，前后约60年。主编了《敦煌变文论文录》、《敦煌变文集补编》、《敦煌文学作品选》、《敦煌变文讲经文因缘辑校》等书，主编大型丛书《英藏敦煌文献》十五大卷，《敦煌文献分类辑校丛刊》等。所作有关论文，较早的收集于1992年出版的《〈敦煌文学刍议〉及其它》一书中。晚年的相关论文尚待辑录。

平心而论，当时周先生在敦煌学方面的造诣，超过编纂《敦煌变文集》中的某几位，后来更成为国际敦煌学界的重镇。周先生对《敦煌变文集》的录文，也是不甚满意的。后来，周先生在自己保留的一部《敦煌变文集》上，作有大量的文字改动。化文从学于先生时，先生常取此书为底本之一部分，向化文作示范，说明继续校勘之必要性，展示一部分成果。今周启晋师弟取以见示，有如对故人之感焉。爰作此读后感，以志师门因缘，并发扬周先生之潜德尔。颐和退士白化文谨志。

2007年，丁亥年，端午节，志于紫霄园

《唐才子传笺证》前言

这是一篇"前言"，即放在此书正文之前，为解释此书的来由而作的短文。必须说明，这是"前言"，不是"序"，我是周先生的学生，不够作序的资格。而且，序文要阐释书中的内涵，我没有看过原稿，更无法作序。可是，我的师妹周启瑜女史非得叫我写写此书的外围相关情况，只好尽自己之所知，勉强写罢。

先师周先生的学术，博大精深而又广袤，我已经尽自己的最大努力略加小结，在别处发表过，也简略地过录在墓碑上。不嫌辞费，再录出以期求得广大读者指正：

"周先生家学世传，通淹文史；究其大者，厥有多端：曰红学，曰佛学，曰敦煌学，曰唐史学，曰石经学，曰宝卷学，曰文物考订之学，曰小说考证之学，曰古代墓志之学，曰制墨专门之学。无不尽决旧藩，独标新帜；结预流之果，成独到之篇。"

我虽从学于先生三十余年，主要限于敦煌俗文学范围，认真的说，也没有学到多少，这都因为自己无能、旁骛之故。所以我在挽联中说：

> 卅载熏陶，才获片羽只鳞，小子敢云门下长？
> 等身著述，遍及外书内典，先生不愧大师名！

自觉属于实录。

我虽从学于先生，但恪守不过问老师家庭事务的原则（对别位老师亦如此），因此，直到老师仙逝后，由于参与一些后事处理，才和启瑜师妹、启晋师弟等位有了往来。最近，读到李经国先生编写的《周绍良年谱》，结合侍坐时的片断印象，对老师的一生方有些进一步的粗浅认识。

我现在对老师学术导向的总的认识是：老师从读家塾时开始，就以学习并进而研究唐代的各种学术为中心。例如，学习《资治通鉴》，慢慢地集中到研究其唐代部分。对唐代文学，主要集中在对唐人传奇小说、唐人墓志和唐代文学家传记的探讨，后来又步入敦煌学研究领域。这些方面以及其他方面的研究成果，如宝卷研究、佛学研究、清代制墨研究，后来大体上都结集面世。只有对唐代文学家特别是诗人生平的研究，虽然逐步集中到对《唐才子传》的梳理笺证上，也有一些成果发表，最终收录于《绍良文集》的"笺证稿"计有十篇，但远非全豹。

老师移居双旭花园后，尝有将《唐才子传笺证》整理成书的打算。奈精力骤衰，进度极慢，也曾征询过我的意见。我对此非常消极。我当时的想法是，一则，傅璇琮学长组织国内数十位优秀学者，历时约二十年方始告成的名著《唐才子传校笺》煌煌五大册，业已行世，颇获好评。老师的"笺证稿"虽着手于青年时期，远在该书以前，但过于审慎，公开发表者不多。两者既同注一书，雷同之处必多。其实，老师的稿件积累在先，但是，对广大读者与同行学者恐怕说不清楚。二则，如此大的工作量，老师未必能够完成。所以，我尽量远离此事，一张稿纸都不敢碰，生怕沾上。老师大概看明白了我的心事，不再找我，只是叫我去替他老人家找助手。我找了几位,谈不拢,以后的事我就不知道了。

这次,启瑜出于孝心,把原稿送到中华书局,幸蒙局方采纳。编辑部叫我写此篇前言,不敢辞。我与编辑部的意见基本相同,认为,这是一部未完成的著作,从出版角度看,其纪念意义很大。与傅大学长领衔编写的另一种书,取径不同,各有千秋。至于其中可能有显而易见的未完成的痕迹,只可留待后来人补苴,那又会是再一种书了。

我本来就没有太多的话可说,只能到此截止。

门人　白化文　遵嘱敬书
2008 年 7 月 5 日,星期六。紫霄园

从《新编全本季木藏陶》的出版谈起

一

《新编全本季木藏陶》已经由北京中华书局于 1998 年 10 月出版,但在市场上大量出现,还是 1999 年末到 2000 年初的事。此书署"周进集藏,周绍良整理,李零分类考释"。"出版说明"中,对此书的内涵和重印本的内容作了虽简单却是极为明确的介绍。其中提到:1943 年,周进(字季木)先生的长婿孙浔等人编纂周季木先生以毕生精力搜集的出土陶文拓本为《季木藏陶》。这只是一部"选本","不免有遗珠之恨,且印数较少,流传不广"。而《新编全本季木藏陶》,则系季木先生的侄子周绍良先生(白化文的本师)提供"经他整理的季木藏陶中有文字部分的全套拓本",重新编成——应该特别提出:请读者参阅此书末尾周绍良先生撰写的简短的"后记",其中提到,季木先生(1893—1937 年)自 21 岁起收集古代陶瓦,逝世后十年的 1946 年,这批文物寄存于其同祖父的叔伯弟弟周叔迦先生(周绍良先生的尊人)家中。"议将捐赠故

宫博物院"。临送之前，周叔迦先生命周绍良先生清点。周绍良先生托季木先生的好友，故宫博物院研究部马子云先生（毡拓专家）将这批陶片中所有文字毡拓，集成一册保存。50多年后，以此册为基础，由北京大学中文系古典文献教研室李零教授"对重""分类""附注释文"，再加上多种附录，编成此一"全本"。周绍良先生与中华书局编审赵诚（笔者称为赵诚老哥）研究出版之时，在拨乱反正的20世纪70年代晚期。出版时，赵诚已经退休好几年了，责任编辑由笔者知交刘宗汉老兄继任，才算终底于成。从收集者开始搜集至新编本出版，约九十来年；老选本出版至今，近六十年；新编本原拓也是五十五年前的事；中华书局自接受稿件到出版，亦达二十余年矣！周绍良先生在《书品》1999年第5期上发表《不觉欣然，转觉怃然——写在〈新编全本季木藏陶〉出版之际》一文，其欣慨交心之感跃然纸上，实为一篇有关考古文物与出版事业的纪实奇文。建议读者一定觅来一观。笔者以下所写，不过是周先生大文的补充，并旁及一些其他资料和个人见闻而已。

这部新编本的起首部分，还载入了《周季木先生传略》，是他的侄子周珏良先生（周叔弢先生次子，1916.03.14－1992.10.16）撰写，十分详尽。笔者觉得可以略作补充的是：周季木先生和周叔弢先生之父周学海（1856－1906年），光绪十八年进士，清季曾任内阁中书、浙江候补道等中下级官吏，但以中医名世。《清史稿》列传二百八十九"艺术一"有传。他从1891至1911年十年间，以"福慧双修馆"名义，自费刊行《周氏医学丛书》，共三集。初集多属他校订的宋元医籍，计12种，世称善本；二集为他自撰和评注者14种；三集6种：计校勘刊行者1种，其他5种系他的自撰或评注本。这部大丛书的木刻板片现存扬州广陵古籍刻印社，尚可供印刷。1994年笔者访问该社时，曾遵周太初（一良）先生之嘱托，印刷两张样张，回京后作为纪念品送呈一良先生。拙见以为，海内如有有力者，可以与该社接洽，仿文物出版社新印《乾隆藏》等之例，刷印一些部，以广流传。此书原有1936年编者之弟周学熙先生（1866.01.12－1947.08.12，周叔迦先生之父，周绍良先生的祖父）出资影印本，现在也很难得了。

《周季木先生传略》中还提到，季木先生"又尝收得敦煌写本六朝隋唐写经数十卷，多书法精美者，其中并有在背面抄有曲子词者（现在天津艺术博物馆），很有资料价值"。案：指的是在一卷《维摩诘经》写卷背面抄录的13首曲子词，已经周绍良先生抄出，发表于甘肃人民出版社1985年出版的《敦煌学论集》中。此卷后来由周叔弢先生"自庄严堪"收藏，解放初捐献给天津市艺术博物馆。

周绍良先生发表在《书品》的文章中，提到这批陶片曾经庋藏于北大文科研究所（文中误植为"文学研究所"）的事。说得比较简略。笔者代为补充如下：

如果读者有兴趣，请看看笔者所写的一篇小文《一个邻居小青年在北大文科研究所的见闻》（载于《家居北京五十年》，1999年10月京华出版社出版）。北大文科研究所从位居翠花胡同路南的后门出入，三进加入门半进四合院，院子不大。1947年测绘的实测平面图现作为"图一"附录印出，供参考。当年暑假中测绘时，笔者还帮忙扶过标竿呢！且说，解放前的北大，以12月17日为校庆日。1948年为建校50周年。这话也得两说着：建校，是从戊戌年"大学堂"的设立算起的；12月17日，却是八国联军撤军后重新开学那天。后来，北大几次庆祝逢十的大庆，大体上都没有过好。例如，30周年，正值推行"大学区"，北大变成北平大学的一个学院了，群起抗议，两年后才复校。40周年，是在昆明流亡的西南联大时期。50周年，胡适之校长原来想好好过一过。可是，又赶上解放战争末期。一则国民党政府掏不出钱来，胡校长想在三院礼堂（五四运动时学生在该处开会后出发游行之地，可惜现已拆除）开会庆祝，预算买紫红天鹅绒帷幕，就是没有这笔经费，提前请何思源市长代为募捐，最终未成，窘态毕露。二则接近校庆时，解放

周绍良先生六题 | 155

军已经围城。胡校长和主持工作的诸位教授还是勉为其难，四处求助。最后决定以北大文科研究所办展览为重点，小作点缀。可就是如此，也不容易占满研究所的房子。特别是品种不多，因而到处搜求。诚如周绍良先生文中所言，周家的这批陶片，本来准备捐献给故宫博物院的，北大闻讯，横插一杠子，派唐立庵（兰）先生（当过周绍良先生等位的家庭教师）代表校长去情商。最后，周叔迦先生考虑到自己在抗战前原来是北大的讲师（当时北大对兼任课程的均发讲师聘书，如对鲁迅即如此。专任的则分教授、助教两级，个别的新从国外留学回来的专任则聘为副教授），又和胡校长、唐先生以及汤锡予（用彤）、向觉明（达）等位先生是老朋友，在经过周、孙两家家庭联席会议后，慨然相赠。于是成立"周季木先生藏陶纪念室"，决定于校庆50周年纪念日揭幕。

这个展览会，原定至少公开展览一周。因战事关系，改为12月17至19日三天。17日原定由胡校长主持开幕式，可是，14日，胡校长给汤锡予、郑毅生（天挺）两位先生留下一封信，飞往南京去矣。

原信复印件作为"图二"刊登，录文如下：

锡予　毅生两兄：
　　今早及今午连接政府几个电报，
　　要我即南去。我就毫无准备的走了。
　　一切的事，只好拜托你们几位同事维持。
　　我虽在远，决不忘掉北大。
　　　　　　　　　　　　弟　胡适　卅七，十二，十四

案：此信的影印件极少，录文也常常不全，故特披露于此。

胡校长走后，汤先生等主事，展览会还想依旧举行。可是，翠花胡同西口外一栋两层西式小楼前院金鱼缸内，忽有一枚炮弹从天而降，距离文科研究所不到三十米。虽为"哑弹"，也让大家草木皆兵。于是,展览于17日开幕,几乎当天就悄然闭幕了。观众不多。我倒是蹭进去了,似懂非懂地看了半个多钟头吧。

这个展览分成六部分,当时发有示意图,作为"图三"复印如下:

A. 周季木先生藏陶纪念室展品;

B. 古器物整理室所办"本校考古工作展览"(重点);

C. 明清史料整理室展品;

D. 金石拓片整理室展品;

E. 语音乐律实验室展品;

F. 过道(有没有展品,记不得了,可能坐着几尊石佛);

G. 本所搜集之较大型古器物展览(靠东南西三面墙放在院中)。

二

且说,转瞬间就到了解放后的1952年。那时,我已经在北大中文系读书了。暑假后,院系调整,北大迁居西郊。文科研究所的房子由中国科学院语言研究所等使用。唐立庵先生由北大中文系调往故宫博物院任研究员。那时,郑振铎先生领导文物工作,负责统筹。办公处在北海团城。他与北大商议,将原北大文科研究所的一大批文物,包括全部季木藏陶,调拨给故宫博物院。其中还有大量明清档案和古代器物等。最终的行文录文如下:

中央文化部社会文化事业管理局(办)会化字第2521号

为覆北京大学前文科研究所古物档案已接交藏事由

一、九月廿七日来函嘱接管你校前文科研究所的一部分古物和档案一事悉。

二、其中文物部分我局已派罗福颐同志前往办理交接手续兹已藏事。清册一份已由罗同志面交阎文儒先生。

一九五二年十二月六日

笔者以为，这些文物中，有一大幅重要的壁画，需要将它的来龙去脉略微说一说。这幅壁画，就是现今镶嵌在故宫博物院保和殿西庑南头西壁上的"七佛图"。

在某些文物图录中，曾披露过这幅大型壁画的局部，并附有说明，但是，图和说明都不甚完整。例如，《中国美术全集·绘画编·13·寺观壁画》（文物出版社1988年版）中，第76、77、78等三幅图，都是局部图；《山西寺观壁画》（文物出版社1997年版）中，第190、191、192、193等四图，也都是局部图。其中，第193图是"兴化寺中院腰殿壁画——太子诞生"图，乃劫后残余，现存稷山县文化馆，与"七佛图"分属两殿中两图。这两部书中的说明，都只说七佛图现存故宫博物院。笔者愿意作两点补充：

一、1926年1月，山西古玩商人（其中一人姓关）切削山西省稷山县西南三十里处小宁村兴化寺各殿堂的元代壁画，装箱到北京，想卖给外国人牟取厚利。当时在北大和故宫都担任职务的马衡先生和关某人接洽，看到分装57箱之中分割成59方的七佛图（略有残缺，大体上缺少供养菩萨像一尊），再三洽商，以4000元为北大买到。从此存在文科研究所。刚到时，曾经开箱拼成整幅，为它照了一张相。原画高约3.2米，长约33米，完整的画面(计入残缺部分)约99平方米，拍摄后放大的照片宽约60厘米，长约2米，卷成一卷，总是放在古器物研究室的办公桌（此桌在院系调整前由宿白先生使用）抽屉内。原画仍然放回原装的57箱内，放置在文科研究所库房中。一直到1952年院系调整时均无变动。据我所知，完整的全图照片没有发表过。想观其全貌，只有去故宫看了，前面提到的那张黑白照片全图，现在不知在哪里。我在写作此文时问过宿先生，宿先生说，院系调整时正当暑假期间，忙于考古人员训练班的事，没有参与搬迁。办公桌不知抬往何方，其中物品去向不明。

二、诚如《山西寺观壁画》等书中所云："居中的一佛体较大，两侧的六佛微次之。"一般均据《长阿含第一·大本经》、《增一阿含经》第四十五、《杂阿含经》第三十四、《贤劫经》第七、《七佛父母姓字经》、《七佛经》、《大智度论》第九等经典，定为"过去七佛"，并依照经典中所说的顺序，按"从右至左分别是迦叶佛、拘留孙佛、尸弃佛、毗婆尸佛、毗舍浮佛、拘那含佛和释迦牟尼佛"去认识。笔者以为，居中的一尊佛有迦叶、阿难两胁侍，是为佛祖释迦牟尼佛无疑，此图可能主要依据《七佛八菩萨所说大陀罗尼神咒经》绘制，带有密宗色彩，经中七佛名号为维卫佛、式佛、随叶佛、拘留秦佛、拘那含牟尼佛，迦叶佛与释迦牟尼佛，作为当时说法的佛祖释迦牟尼佛当然居中，其余六佛自右而左顺序排列，佛祖两大弟子和八菩萨作为胁侍，天龙八部的代表飞翔于空中。

  兴化寺壁画确实是国宝级作品，如果将来能够追回流散在海外的"帝后削发"、"弥勒经变"等精湛作品，那该多好！

        （原载于《文物天地》2000年第5期）

追忆亲炙诸先辈

从《春明旧事》谈起

《春明旧事》是石继昌先生所写的老北京逸事短篇文章的合刊汇集，署"北京市政协文史资料委员会编"，北京出版社1996年12月出版。据卷首目录，计收有关老北京的历史性质小品"人物"类29篇，"风土"类28篇，"习俗"类21篇，"艺文"类28篇，"掌故"类34篇，总计138篇。

面对此书，蓦上心头的，首先却是陶渊明《时运》诗序中那脍炙人口的尾句："欣慨交心"。接着，好似那"水面回风聚落花"，零落散如云的旧事又团聚起来了。想到了石先生，又联想到另一位先辈老人，那就是王仲闻先生。

我得以晋接两位先生，大约都是在20世纪60年代初。两位先生在我脑中都有深刻的印象，可是细想起来又白茫茫一片。这是为什么呢？大约是因为时间前后虽有三十多年，接触次数也不少，可是每次谈话却都很简短，没有太多值得记忆的。倒是间接从他人处偶然听到些只鳞片羽，才对两位先生有了粗浅的认识，从而知道更加敬重他们。只可惜从他们那里学到的太少太少，比零多不了多少。

约在1959到1960年之际，我主要通过程毅中学长的中介，和北京中华书局有了时多时少似断似续的业务上的联系，至今50年了。正当我与中华书局开始建立联系之时，王、石二老进中华工作。

王仲闻先生是北京中华书局的"合同工"，也就是说，不属于国家工作人员，没有铁饭碗。可是他住在中华书局的办公室内，晚上很少回家。白天八小时给中华书局干活，主要干有关"词"的活计。他是王静安（国维）先生的儿子，继承了静安先生的词学，十分精通此道，达到如数家珍的地步。他对于史部，特别是宋史，也是极为通晓的。在中华时，他的主要工作是编辑唐圭璋先生编纂的《全宋词》。唐先生此书，抗战初期由商务印书馆印行初版。按，一种总集或大型类书（百科全书），以及大型字辞典的编纂和出版，都可算是国家综合国力的标志之一个小方面，也说明国家整体的文化水平和对文化重视的程度。唐先生在抗日战争将要兴起之时编纂此书，商务印书馆在上海总馆和印刷所被占之时在后方出版此书，显然都带有此种悲壮的心态。可是，限于当时的主客观条件，不够完备是必然的。解放后百废俱兴，国家重视起这类事情来。唐先生此书的补订也就提上日程。可是限于南京当时和唐先生本人的种种条件，稿件拿到北京中华书局来看，还是不够理想。于是，最后的修订任务就主要落在王先生一个人的肩上了。笔者认为，可以毫不夸大地说，《全宋词》的解放后中华书局新版本，如果没有王先生的补充加工，是达不到现在的水平的。可是王先生的功劳没有受到相应的表彰。据笔者侧面了解，这是由于错综复杂的时代原因所造成。王先生在解放前就业于邮政局，是为了吃饭养家，未能展其所长，只可在业余时间抓紧搞学问，著作也没有出版的可能。邮政局是通讯要害部门，各种政治力量都渗入，更受掌权的党派支配。王先生是个书呆子，不懂政治，可是解放前不免糊里糊涂地卷入。解放初列入退职行列，自属必然。转介到中华书局来，是给出路，倒也能发挥其所长。可是王先生太书呆子了，听说他有一次竟然问中华的领导，自己是不是右派？意思是说，是否因右派问题而被邮政局解职。答复是：你没有参加过"反右"前后的活动，不是右派。别的没提。

　　王先生晚上在办公室内学习与研究，自备桌灯一盏。我见了，认为室内原有的灯已经够亮了，王先生却说："工欲善其事，必先利其器。"他在这里完成了后来蜚声于学术界的名作《李清照集校注》，1964年已由人民文学出版社打好纸型，由于种种情况——总的说自然是两种力量往复折冲与权衡的结果——在拨乱反正后的1979年才能出版。此书一出名世，备受赞扬，特别是得到了钱默存（钟书）先生的极高评价。而王先生在"文化大革命"初解除合同还家，1969年很凄惨地下世。他本人没有能见到此书出版。他一生中，真正全身心投入干业务，展其所长，也就是在中华这六七年。据人民文学出版社中国古代文学编辑室原主任弥松颐先生见告，此书的增补本，其中包括钱默存先生披阅后所作的若干补注的，于1997年年初出版。此书原版署名"王学初"，也是无计奈何之事啊。

  石继昌先生实际上只比我大四五岁，但程毅中学长和我这样的都是解放后的大学毕业生，新参加工作的；石先生也是"合同工"，而我是青年编辑的同学或朋友；这些情况，在当时，无形中就在我与石先生中间划了一道鸿沟。我说这些，绝无自我的优越感，而是反映当时的客观现实。再加上石先生恋家，不住办公室，我那时也在教育局坐班，一般晚上才到中华来，因此，我与石先生见面的机会甚少。只是听程大学长等人说，石先生学问和人品都极好，特别在清代史料方面见长，也是达到如数家珍的程度的。

  石先生熬过了"文化大革命"。大约在1974年前后，"长沙不久留才子"，文化部湖北咸宁"五七干校"诸公北返，原中华书局的一部分老同志转到当时业务比较活跃的文物出版社来，其中有原办公室的负责人王代文、俞筱尧，文学编辑室的沈玉成（我的北大同班），经他们的推荐，石先生又到文物出版社当"合同工"来啦。我也是他们找来帮忙的，可是仍属于义务劳动性质，不拿钱，不坐班。这时我已经教书了，时间自由支配，白天常来，就和依旧坐班的石先生经常碰面了。拨乱反正之后，大家一律平等，能谈的多起来了。 在文物出版社工作，对石先生来说，只不过是又捧上比较稳定的饭碗罢了。远不如在中华能施展所长。据我侧面观察，他的办法是，上班努力工作，争取早日转正；下班后则干自己爱干的业务。他晚年的许多成绩，都是这样地在业余时间内赶出来的。

我想，石先生还是惦记着中华，可是他回不去了。文物出版社的领导王代文和杨瑾等位待他不薄，费了很大力气为他转正。可是他正式参加工作太晚，当时被认为正规的著作与论文又不多，评职称时也就只可定为副编审了。接着就是"一刀切"办退休。这些都不免让他心里窝气，但也是没办法的事了。1982年，中华书局出版了他点校的《乡言解颐》、《吴下谚联》合订本。这两本书都很有价值，石先生的点校自是得心应手，中华那时的出版质量也不错，套一句古人的话，堪称"三美具"的精品。后来，署名是他点校，而因年老力衰，由于炳文和李力同志等刚参加工作的年轻同志干头一遍活的，如《客窗闲话》等书，一则书本身的价值不如前面那两部，二则出版社的工作水平差，光错别字率就在十万分之五以上，实不足称为石先生的代表作也。

北京出版社出版的、北京市政协文史资料委员会所编的《春明旧事》，据我看，编者和出版者都算是超水平发挥。无论从印刷、从装帧、从校对哪一方面看，都属上乘。内容是石先生拿手的杰作，更没的说。读来赏心悦目，的是必传之作矣。

"虚负凌云万丈才，一生襟抱未曾开！"王、石两位先生算不算凌云万丈之才，我们可以不论，但他们两位都是某一方面的专家，这是不争的事实。两位一生的襟抱展开不大，恐怕也得算定论啦。有幸的是，他们总算留下一点精品。"千古文章未尽才"这句话，经常被用来悼念文化人。我看，王，石两位先生，各有一本书，足以历千古而不磨矣！至于"未尽才"，辩证地看，谁的才能似乎在有限的一生中都没有用尽，不过有用多用少的区别罢了。希望在我们的社会中，能给人才以尽可能发挥所长的机会。毋使后人再如此哀悼后人也。

（原载于《书与人》1997年第5期）

启元白(功)先生是圣人

启元白(功)先生逝世,引发巨大哀痛、震动与反响。先生逝世之翌日,北京师范大学即为先生设灵堂,多日间参拜者不绝于途,有欲罢不能之势。告别式上,八宝山公墓内外几于水泄不通。百日祭时,师大礼堂满员。不论与先生相识与否,知者无不缅怀先生。一方面,北京师范大学师生尊师重道的精神,确实令人感动,校风如此正派与富于感情,不说惊天地动鬼神,也足够警顽立懦,足以让全社会特别是别的学校的领导与师生学习老半天的。另一方面,启先生如此令人怀念,也自有其独特的远超凡俗之处在。

窃以为,启先生是圣人。

所说的"圣人",大体上是以中国古代圣人作标准的。略加引申:

圣人应是中国传统道德的化身型的实践者。启先生在这方面近乎完美,众口一词。仅就夫妇一伦而言,伉俪情深,生死不渝,这一点在近现代名人中有几人能够作到?

圣人应是继承发扬中华学术的全面而又达到顶峰的伟大学术家。这一点,也是众口一词。先圣孔子为师,"学者宗之","中国言'六艺'者折中于夫子"。窃以为,讲中国传统学术,启先生依稀似之。孔子虽说"多能鄙事",没有擅于创作诗书画的记载。启先生的诗书画水平是超一流大师级;启先生的佛学研究虽少见著作传世,可是中国佛教协会和北京市佛教协会奉先生为学术顾问委员会主席,足见水平之高。启先生较之老圣人,造诣更为超逸而又全面。

圣人必有特出的独立冠时的说教与著作。窃以为,自欧风东渐，中国之研究语言规律者，多取彼邦文法以比附。启先生的中国语言规律研究，却是纯粹国产。至于诗书画等的研究与实践，更是一空依傍。这些方面，极为难能可贵。

圣人必有众多弟子。启先生"声闻"与"私淑"弟子之多，不止北面三千。晚学以为，火尽薪传，行将现燎原之势。"诸生以时习启先生之学"的现象，必将立即出现。

圣人是念旧的。孔子对逝去的弟子的怀念即是先例。晚学的我，见到

启功先生与作者合影

启先生收我的同学沈玉成之女刘宁为博士后，又在她出站后促成留校任教，脑子里常常泛起唐人的诗句"谁是蔡邕琴酒客"那几句。自知拟不于伦，可就是挥之不去。

启先生辞世后，作为晚辈与晚学的我，曾勉力作成挽联一副：

为儒林领袖，擅四海声名，公不少留，秘阁积余诗书画；
了佛典因缘，总百年文献，吾将安仰，应身乘愿归去来！

此联极为拙涩。启先生莲池东望，对这份不象样的作业，定将评为不够格。可是晚学悲痛逾恒，就连写这篇追思，也再想不起更多的来了。唯愿先生乘愿再来！

2005年10月13日，星期四。紫霄园

追忆王绍曾先生

古农先生是我所钦佩的读书界的一位人物。他在这方面的著作早已蜚声斯界。近来,他又独力编纂《书脉》杂志,可以看出他把读书已经当作一种"乐之者"的事业来办。我就对他更加佩服了。他掷下的书籍和《书脉》,我都饶有兴味地阅读着。只是越读越紧张,因为实在写不出什么来回报。这回奉到 2007 年第 6 期,读到 55 页,见有姚桐椿先生的文章《想起王绍曾先生一件事》,如得救命稻草一般。我和王老相当熟悉,何不写一段追忆呢。于是写起来。

王老是我国老一代著名的古文献学家,目录学家。这都不用我再说了。谨述王老与我的一些往来,以抒予怀。

我虽与王老基本上算是同行,但过去从未谒见过。1986 年 3 月 7 日,《人民政协报》第四版发了我评介我的老友汪家熔先生《大变动时代的建设者》一书的一段小文。那本书是张菊生(元济)先生的传记。其中提到:"为张先生作传,较早有 1984 年商务印书馆出版的我极为敬仰的学术界老前辈王绍曾先生所写的《近代出版家张元济》一书。王先生曾追随张先生多年,这部书以少而精见功力。""汪君自著此书,则又别出机抒,与王先生大作二水分流,堪称双美"。没想到,几天后,从系里收到王老赐函,说学术界前辈郑鹤声先生告诉王老说,报上提到王老了,于是,赐函致谢,云云。这就是王老与我往来之始。当时,我就深深地感到,王老真是一位谦虚有礼节的具有老一代行事风格的老学者。于是,立即回信致景仰之意。从此,鱼雁常通,极获教益。

1994年初至1997年底,《四库全书存目丛书》编纂委员会在北京大学设立工作机构,王老偕弟子杜泽逊先生为此长期驻京,办事处在畅春园外,距离当时我住的承泽园不过数百米之遥。蒙王老不弃,常与杜先生到舍下小坐,时赐教言。我也时常往他们的办事处去,见那里每日都在紧张而又有条不紊地工作着。实际上的领导者或说指导者是王老,还有我的老友张忱石同志,以及杜泽逊同志。这四年左右,是我亲炙于王老最多的时期。我深感王老学术精湛而又虚怀若谷,作学问一步一个脚印,乃是学术与人格合一的难得的一位老一代学者。

  我虽有对王老执弟子礼之意,王老始终谦悒,待我以平等。特别在1997年王老返回济南后,每次我致函问候,他都极快地答复。他的尺牍功夫大约在青少年时期已经练成,规矩异常,文不加点,而且用一笔堪称清丽的钢笔字一气写成。使我由惊奇而转为

王绍曾先生与李鼎霞、白化文伉俪家中合影,1995年11月

大大的佩服了。这也见出王老各方面功底的深厚。此种信函，现在尚存有十多封。至于内容，早期则是王老为了提携我，派我写一本小册子，我因实在写不出来，推荐荣新江同志应命；后期则是王老对我呈献的几本拙作的奖掖之辞。现在挑出一篇来献给《书脉》，以其需要制版，连同此稿本文一起颇为浪费篇幅，登与不登，权不在我矣！

2006年12月4日，我赴山东大学公干。于约定之7日上午，在杜泽逊同志引导下，与山荆李鼎霞前往王府，谒见王老。数年不见，王老精神大不如昔。夫人亦颇显老态。偶见壁上悬有二老结婚时照片，堪称一对璧人，现在像是照片上的缩影了，颇有不祥之感。

返京后，自杜泽逊先生处传来的消息越来越不好。2007年4月14日下午14时许，杜先生急电告知，王老已于13日逝世。距生于1910年，享年97岁，可谓高寿。更可指出，王老与杜泽逊先生师生关系十分融洽。杜先生如今已成我国当代第一流文献学名家，王老培养之力莫大焉，亦当含笑于九泉矣。

我写成挽联稿一副，次日清晨电告杜先生，据云已赶在下午的追悼会上书写悬挂。我也就只能作点这种事情来纪念王老了：

主篡中经，领录争传大手笔；
长司秘府，燃藜痛失鲁灵光。

朱季黄（家潛）先生与《文史知识》

2003年9月29日上午8时40分，朱季黄（家潛）先生在305医院逝世。

> 金台老宿，早擅三绝逸才，余事和声鸣盛世；
> 紫禁清班，胪陈十朝通典，退食加意写官城。

这是我献给朱季黄（家潛）先生的挽联。朱老生于1914年7月，不管按中式或西式算法，都可说过了90大寿了。他原籍浙江萧山，但我判断，他是在晚年才衣锦荣归的。他应该是土生土长的老北京。他又是中央文史研究馆馆员，"金台老宿"当之无愧。三绝诗书画，他擅长的可不止这三项。如摄影，特别是静物摄影，他是很在行的，《故宫退食录》中有样片可证。他也很会制联，似乎掌握几种便于"对客挥毫"时应用的套路，临时一变化，就能当场抓彩出联。他是京剧大师杨小楼的嫡传弟子，一直玩票唱到21世纪初。这是上联的基本内涵。他的本职工作是故宫博物院终身职研究员，"紫禁清班"亦当之无愧。他是明清史特别是清代宫廷史制度史大专家，著有《故宫退食录》等著作。这就是下联的主要内涵。

朱老与《文史知识》编辑部和我的往来，均始于1982年底组织的"第一届全国迎春征联活动"。此活动由中央电视台、《文史知识》编辑部、北京团市委、北京市劳动人民文化宫四单位联合举办。评联的业务主要由《文史知识》编辑部承担，核心组织者是杨牧之。业务顾问有王了一（力）、周燕孙（祖谟）等老一代先生，不参加具体工作,遥控而已。当时主评的有刘叶秋、吴小如和朱老等位先生,以及程毅中学长。我是跟着学习并打杂的。朱老是由中华书局俞明岳先生专门请来的,以前没有见过。当时朱老不到70岁,神采奕奕,毫无老态。一次晚饭后余兴,大伙起哄,叫黄克学长唱京剧,说他家学渊源。其实黄克没怎么学过,唱不来。这时吴先生解围,说请朱老唱。朱老也不推辞,站起来唱了一段,字正腔圆,使我既佩服又惊讶。后来抽空请教吴小如先生,才知道朱老的家世(现在学术界尽人皆知,不赘述),以及朱老是杨小楼大师嫡系亲传弟子所传,帮助梅兰芳大师撰写回忆录等情况。在相处中更逐渐体会出,朱老才艺精能,腹笥渊博;事理通达,心气和平。大家都一步一步地增加了对朱老的了解和敬重。

以中央电视台为依托的这种征联评奖活动,连办四年四届。从第三届开始,新成立的中国楹联学会介入。此会当时的组成情况,可以从1991年中国友谊出版公司出版的《中国对联大辞典》内相关词条中略见端倪,亦不赘述。除了吴先生被聘为顾问外,我们都不是该会的会员。后来,在北京举办的这类评奖中,就往往由该会主要负责人操办。他们倒是有时候请五个人参加,就是刘叶秋、吴小如和朱老三位老先生,以及程毅中学长与我。1988年刘老逝世后,还有四人。不管是否由学会主办,只要是在北京办的楹联评奖,一来传唤,我们四人总是摽在一起参与此事,因而就被戏称为"四人帮"了。到了1992年,这一"帮派"似乎已被中国楹联学会默认,他们就统一给四个人又下了一次正式的"顾问聘书"。从此,"四人帮"就以该会顾问面目出现在评联会场之中了。不过,该会的会务,"四人帮"从未参与,超然事外,不明白其中就里。我个人倒是很佩服能办会的诸公。他们真有组织能力,能把社会上一盘散沙的爱好者团聚起来。我仿"酵母"之例,称之为"会母"。听说社会上把办各种学会的专门家(比"专家"多一个"门"字)称为"会虫"。

"四人帮"评联时,朱老常以老票友之超然姿态出现,吴先生

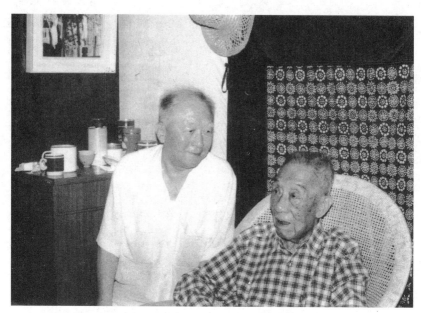

2003年8月19日,在朱府朱季黄(家溍)先生与作者合影,这是朱先生逝世前的最后一批照片之一(胡友鸣摄)

与他,有如汉光武与严子陵,所谓"朕与先生是故人"者是也。程毅中学长一贯认真并独立思考。我则一唯吴老师马首是瞻焉。相处十分愉快,合作严丝合缝。到了1999年,吴老师"倦勤",学会负责人也不再上门,此帮无形中散摊子。再找谒见朱老的机会,唯有自台下瞻仰红氍毹之上矣。

朱老唱戏,从跟杨小楼大师学唱武生和老小起,一直唱到21世纪,我想长达70年以上。我从认识朱老起,不断白听蹭戏,也将近20年,不说每场必到,隔三差五的也差不离儿。朱老嗓音好,身子骨儿好,因而到老不落架子,上场一看,吴老师就说,杨大师风范犹存。我多次看戏,场子里梨园行的老人儿几乎占三分之一以上。我几次看见梅葆玖带着一批人坐前排,仔细观摩。固然朱老跟梅家是老关系,但是,那些位态度诚恳,绝不是单纯来捧场的,肯定是来学习的。一位票友令内行倾倒至此,朱老之功力可想。

朱老家中安电话较晚,早期常与我通信,1995年有电话后就通电话。除了我逢年按节问候外,从我这方面,就是汇报评联之类的时间、地点、内容等问题。从朱老方面呢,大致不外两件事。一是告诉我演出地点时间与戏码,二是为他识拔的弟子朱赛虹女史在我系读硕士生的事。他对于后学是极为关照的,曾工笔小楷为朱女史的著作写序言,此序影印于全书之前。而今,朱赛虹女史学业有成,早已是故宫博物院图书馆现在唯一的研究员和常务副馆长了。朱老可谓青眼识人也。

朱老与《文史知识》的另一段因缘,就是为电影《火烧圆明园》、《垂帘听政》等问题。朱老是这两部电影的"顾问",可是,编导人员在若干问题上没有听朱老的。朱老是极有涵养的人,可是也经不住许多人见面就请教其中的事该不该那样演法。我就向杨牧之同志建议,不如让《文史知识》出一两篇文章,以答客问形式解惑,免得朱老逐一当面回答熟人。朱老一听,也极为赞成。于是派青年编辑胡友鸣同志办这件事。现在,友鸣同志也已步入中年,《文史知识》编辑部的老人儿,也就只剩下他了。"旧人唯有何戡在",有关此事的前前后后,友鸣比我清楚得多,还是让他来向读者汇报。"更与殷勤唱《渭城》",耆旧凋零,老成徂谢,让我们共同来为朱老进行吧。

书 与 人

书与人之一

图书馆与我

国家图书馆的老读者

从小养成读课外书的习惯。初中时期热衷于读武侠小说，因此沟通了后门桥（地安门大街中段那座桥）边的租书铺。三年下来，把铺子里的武侠小说看了个够。旁及若干社会言情小说，其它新旧小说上至四大名著及其它，下至"五四"以来的新文学作品，也浏览了不少。入高中后，读了朱光潜先生的《文艺心理学》、《谈美》等书，读书品味提高，开始细读新文学作品，旁及中国古典、西洋文学名著，囫囵吞枣，半懂不懂，如痴如狂。学校功课，除语文、历史、地理外，一概应付。理科和英语，愈来愈赶不上，停留在初中水平。进大学只能念中文系。可是在系里却很得力于杂览的优势。因此，我总以为，中学最好从高一就实行文理分科，或者，把数理化课程的内容降到比初中程度高一点便可，中国中学的理科水平现在太高了。

以上是引子。且说，租书铺里极少高品味的书，一位亲戚就带我进了时称北京图书馆现称国家图书馆的文津街原馆（现为分馆）。时在1946年。高中阶段，我是隔三差五地去，甚至逃学前去。那时在二楼大阅览室，领座位牌，交索书单，工作人员送书到座，作为少年人，真有受宠若惊之感。环顾四邻，看来均是饱学之士。有一位中年人，大致每天必到，座位固定，与工作人员很熟，常互相致问，使我非常羡慕。他常看的是成套的日文和德文书，多附大量插图。他用预留一两本的办法，转天一到便有书可看。我偷学了这一招。1949年我到南开大学读书，才知道他就是历史系教授戴蕃豫先生（后来，约在 50 年代中与周叔迦老先生的女儿结婚）。他给文学院学生开讲座，如"塔"就是讲的专题之一。学生们闻所未闻，莫不惊其浩博，公送外号"戴（谐音"大"）百科"。这时，我相信自己已经知道他的学问从哪里来的了。

  解放后我到北大读书。北大图书馆藏书丰富，且能外借，所以和北京图书馆疏远了。60 年代初在机关工作，我在北京图书馆办了个机关集体外借证，归我一人使用。那真是我借书的黄金时代。馆员服务态度奇佳，除工具书和善本特藏外，一切书包括无复本者大致均可以外借。举例：李慈铭手批本《世说新语》，只一套，我就借出过不止一次。同时，从东厂胡同的科学图书馆也办了个集体独用的外借证。该馆阅览室工具书齐备且开架，取用甚便，但外借限制较严，较贵重的书、无复本的，一般不借。根据两个馆不同特点，分别利用，那几年自觉知识面大开。毛主席说："要自学，靠自己学。"真乃至理名言。

  可惜好景不常，沉寂十几年，再踏进北京图书馆，已是粉碎"四人帮"之后。1976 年，中央民族学院王尧教授将珍藏的王重民先生录文手稿一份交与《文物》编辑部。我奉主编杨瑾同志（后任文物出版社社长兼总编辑）之命，和刚从北大历史系毕业的李力同志（后任《文物》月刊编审，已退休）一起，到特藏部查阅向达、王重民两先生从英、法两国选拍带回的敦煌卷子照片，进行核对。因当时王重民先生尚未平反，故以编辑部代号之一"舒学"的名义，发表于 1977 年 12 月出版的《文物资料丛刊》第一辑。从此，我出入北京图书馆，常是带着任务，重点查阅有关资料。目的性明确，而殊少优游涵泳之致矣。

  70 年代末调回北大，继续利用北大图书馆。不过麻烦国家图书馆处仍有不少。借助、得力于国家图书馆的是：一、全国出版社都向它缴送样书，它与世界各地的交换范围广泛，它的购书款多，因而其新书刊入藏量巨大，为国内任何馆所不及，北大馆瞠乎其后。

国家图书馆的老读者

有些资料非到北京图书馆去查不可。如，1992年3月出版的日本《东方》杂志132期上载有植木久行先生的一篇书评，就是托善本部程有庆复制送来舍下才看到的。二、新馆建后成立一些开架或半开架的专站阅览室，如中文工具书阅览室，音像放映室等，使用十分方便。三、它成立了一些新的国际性的学术研究中心，如敦煌吐鲁番学北京资料中心即是。这个中心，再加上善本部藏敦煌写卷，使北京图书馆成为国际上几个敦煌学研究资料中心之一。拿我来说，只要这方面问题在北大解决不了，就赶紧找徐自强、方久忠等位学长和王新、李际宁、程有庆等位同志，定能得到满意的解决问题的服务。

总括我与国家图书馆的关系，明显地分为四个阶段：40年代末，馆内阅读；60年代初，外借；70年代末至90年代，重点查阅；21世纪初起，应馆方召唤，断断续续参与一些事务。前后竟已六十余年，因缘非浅。只是垂老无成，愧对国家图书馆对我的培养。最后，我要对青年人说：国家图书馆是一座宝山，只要你肯进山探宝，不断开掘，定能满载而归。

"文津讲坛"与我

对于中国国家图书馆及其前身北京图书馆来说，开办各种各样的讲座，盖有年矣！犹忆我第一次听讲座，是在 1953 年 2 月 28 日，星期六。那一天正值阴历癸巳年正月十五，元宵节。当时，我正在院系调整后的北京西郊原燕京大学内新迁入的北京大学中文系二年级读书。我再也回忆不起当时是否已经开学了。这与能否听讲座很有关系。因为，学校一般安排星期六下午听政治大报告，散会后赶唯一进城的 32 路公共汽车，到西直门再换城内的公共汽车，到达东城翠花胡同我的家中，已是 19 时以后了，晚饭还没吃呢。断然赶不上到文津街听讲座。"文革"中日记已毁，查阅无从。现在我认为，八成是 3 月 2 日（星期一）才开学，2 月底，我正在家里吃元宵，过灯节呢。从我家东城区翠花胡同八号到文津街不远，步行最多 20 分钟，可是，舍弃元宵节家中的温暖环境和种种饮食诱惑，踏春雪往听讲座，全仗着那天开讲的两位大专家的号召力呢！

那天开讲的题目是"爱国诗人杜甫"。讲演者是时任北京大学德语教授的冯至（冯承植）先生，特邀顾羡季（随）先生朗诵。冯先生的《杜甫传》那时刚刚出版，轰动一时。顾先生则是解放前即已声震京津各高校的名教授，以讲授古典诗词欣赏课倾倒了无数学子的。冯先生，我在学校内远远瞻仰过；顾先生，只是闻名。今闻有此机会，那是一定要来学习的。后来，我逐步体会到，开这样的群众性与专业性结合的讲座，讲演者的知名度与号召力一定得大。

这次讲座的地点，在文津街馆大楼东侧新建的一座讲演厅内，座无虚席。主席台上高悬集杜甫诗句楹联一副："歌辞自作风骨老；

作者上大学时在北京图书馆与北海公园交界处留影

诗卷长留天地间。"觉得极为贴切,至今记忆犹新。后来有张恩芑先生就此所写的一篇回忆录,我于五十多年后得见《顾随年谱》(闵军撰,中华书局2006年出版)所引片断,觉得绘声绘色,极为生动。两位先生讲演的内容,特别是冯先生的讲演,我忘记殆尽,大约以其与《杜甫传》内容差不多之故。对顾先生的上场,却是印象深刻。顾先生一上来,就大讲朗诵、歌咏与声韵之学,旁及对马连良唱腔之评价,以及杜甫诗歌之伟大,等等,用了相当时间,当时听了,颇有喧宾夺主之感。末了朗诵几首杜诗时,大约因前面用嗓子太过,已经有些沙哑了,我觉得似乎是草草收场,一部分听众有点莫名其妙。现在想来,我因年幼,没有赶上听解放前老一代名教授的某种类型的诗词欣赏课,当时少见多怪。我听顾先生的讲话止此一回,现在追思,这是多么宝贵的一次机会与经验啊!多年后我体会到,讲演须有自己的鲜明特色!

我在国家图书馆听讲座,只此一次。这些年来,国家图书馆励精图治,在老馆、新馆大办种种讲座。这是传播学术、联系读者的一种极好的方法。时势推移,蒙馆方不弃,有时也传我来填补缺额。

我因在北大信息管理系工作，系里主要为图书管理部门培养输送人才，国家图书馆是我们的接收大户，关系密切，所以只要馆里一有召唤，无不随传随到。无论是在城里老馆，还是在城外新馆，包括"文津讲座"、"中国典籍与文化系列讲座"、"敦煌与丝绸之路讲座"等，滥竽充数，我也参加了约有六七回，全是填补空档的差使。也算积累了几次经验与教训罢，我的体会是：

读者，更确切地说，是听众，太可爱了。别的主讲者可能都是饱学之士，名扬四海之人，咱可是"腰里掖着死耗子，冒充打猎的"。可是，每次前来观摩的听众还是够坐满一屋子的。我对着他们一则纳闷，干什么不好，何苦来听这两小时瞎掰活？二则，慢慢地感悟到，他们的求知欲极强，很富于探讨精神。于是佩服起他们来了。感到多少得对得起听众，不管自己会什么，会多少，也应该"拣那最好的唱来"（《红楼梦》中"群芳开夜宴"时众人对芳官说的话）。

馆里的工作人员，堪称无名英雄。据我看，他们的某些专业知识大大地超过了我，只是没有给他们用武之地罢了。如新馆一位经常为我把场的中年同志，就是一位研究中国古文字的专家。看着他们这些位勤勤恳恳地不计报酬地全心全意为听众与讲演者服务，我真是既惭愧又感动。再说，讲座往往在星期六、星期日开设，我不知对他们能不能补个轮休，料想是没有的。可是，他们总不能老是这样加班加点哪，希望馆里的领导要更加体察下情才好呢。

我看到馆里的工作人员无私地工作，听到听众有时还得为听讲座买票，而馆里事后还要给讲演者付报酬，深感不安。当然，我的觉悟甚低，见钱还是往兜里装，但是，给多少就多少，不敢更不愿争竞。有一次开会，听说真有走穴要天价的。我因无能与脸皮薄，决不作此种非非想。不过，国家图书馆的酬金向来最低，与别处不成比例，这也是事实。

抗战时北大学生存在图书馆的书

七七事变时，北大正放暑假，学生在校者不多。8月份日寇进城，8月25日到北大检查，旋即占领北大在沙滩及其附近的一院（主体建筑为红楼、图书馆、灰楼（宿舍，主要供女生和单身教职员住宿），二院（其西侧之西斋主要为男生宿舍），三院（有著名的五四运动时从那里集会并出发游行的礼堂，有男生宿舍，日寇占领后改为伪警官学校，抗战胜利后收回）。北大的工友多为老职工，同情学生。经留校教职工中大部分人共同努力，抢在日寇入驻前，将全校男女学生留在宿舍的衣物、书籍集中存放起来。衣物的情况我不知道，据说多由学生于事后领走。书籍，则集中在新建成不到两年的图书馆第三层楼大厅内封存。

按，老北大没有专门的图书馆。二院平房和一院平房的一部分、以及红楼一层，先后充当过图书馆使用。但北大这样的老大学没有像样的图书馆，特别是相对于那时新建成的清华、燕京两校的颇为神气的图书馆，北大更显得寒酸。于是八方筹措，1934年4月15日，在一院西侧开工建馆。不到一年半，1935年9月20日即一切就绪，开馆接待读者。

此馆是个"山"字形建筑，略如示意图所示。当中三层，两翼各两层。两翼的两层各有东西两个大阅览室，共四个阅览室。每室约能容纳二百人左右。一层正对大门的过厅后部（从南往北看）就是图书出纳台。台后即书库。两翼向后延伸部是一间一间的近方形的小房间，各约十几平米，是办公用房，教员也可借用作个人

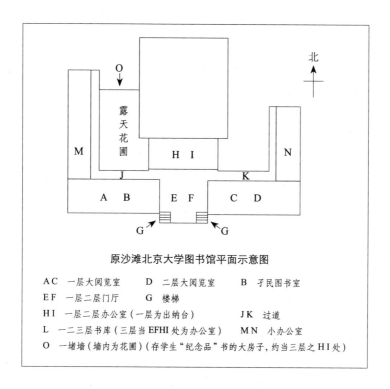

原沙滩北京大学图书馆平面示意图

AC 一层大阅览室　　D 二层大阅览室　　B 子民图书室
EF 一层二层门厅　　G 楼梯
HI 一层二层办公室（一层为出纳台）　　JK 过道
L 一二三层书库（三层当EFHI处为办公室）　　MN 小办公室
O 一堵墙（墙内为花圃）（存学生"纪念品"书的大房子，约当三层之HI处）

或有组织的单位的研究室。二层相当于一层出纳台部位的，是馆长室、主任室等，属全馆神经中枢。相当"山"字正中一竖的部位带有三层。一二两层前部（南部）就是出纳台与神经中枢，后部是书库。三层楼南部是采编系统办公所在，北部还是书库，其间有一个大屋子，我估计原来是个小礼堂，备全馆人员等开会使用。这时就临时充当存放学生存书的地方，平时加锁。这一存就是抗战八年多，满屋尘土，无人打扫归置。

这批书没数，连初步的整理分类也没有作，就那么一堆，堆在屋里，毫无秩序，乱堆乱放。大约在刚入藏时，为了区分责任，刻了一块图章，打在书上。但当时戎马倥偬，看来是没有盖全。盖有此章的书，我过去见到过，可是这回没有找到。1941年，伪北大的图书馆（实际上就是老北大没撤退的原班人马）清理过一次，全部

 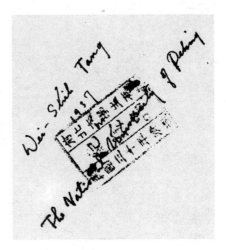

"前北大学生存物"章　　　　　　　"前北大学生存物"章上的签名

盖了一个新图章。此章分三行：右侧的字是："前北大学生存物"；左侧的字是："民国三十年清理"；中间的字是："纪念品"。

　　这次清理后，原书还是存放在那间大房子之中。1945年抗战胜利，傅斯年应在美国未归的胡适校长之请，代胡适来接收伪北大，同时办理西南联大解散和师生北归等事宜。校方登报宣布，老学生可以回来找回自己的书，条件是书上得有能证明确实属于自己的标记，如图章、签名等，校方相当优容，有点说头差不多的就让拿走。一时熙熙攘攘，也热闹了一阵。近四十年后，"文革"后发还书籍字画，请领情况有相仿之处，这是后话，休提。返回头来说，那时有的人把书领走后，一转手给卖了。那时，北京的旧书店、书摊上常有盖此种图章的书出售。

　　可是，书籍没有领完，剩余的依旧堆在那里。1950年我考进北大。1951年"三五反运动"开始，我参加了图书馆的"打虎"。有人揭发，说北大图书馆的老馆员中，有人监守自盗。说得活灵活现，说是：冬天，身穿大棉袍，两腿穿套裤。套裤内左右各缝一个大口袋，能装《韦伯斯特英文大辞典》之类的外文工具书各一本，送到隆福寺或东安市场的旧书店出手。于是严查。我因此得以进入那间灰尘暴土的大房子,看过一眼。严查的结果,据说是真有点事,但这类严打的事不是我们学生经手的,不知内情。

  1952年院系调整,北大迁居燕园,图书馆把剩下的这么一大批"纪念品"运到西郊馆内,一一编目。现在北大图书馆外借的书籍中,偶见有此一种加盖有特殊的藏书章的特别的品种。我看见这样的书,面对藏书章,不免想起那苦难的民族危亡的时代。如果有哪一位在市场上淘换到有此种藏书章的书,希望能善待它。它们是抗战的见证,经历过祖国的危难与振兴。

2003年7月7日,北大承泽园

熏陶——从沙滩到未名湖

从沙滩到未名湖，留下了我近六十年的足迹，留下了我从青年到老年的绝大部分足迹，留下了我求学、恋爱、工作、建立家庭直到退休的足迹。现在，我仍怀着对往事极为留恋的感情，有时绕着未名湖锻炼遛弯儿。看来，我将怀着对往事极为留恋和相当满意的回忆，在这里从人生舞台上消逝。

抗战胜利，西南联大解散，北大复校近尾声之时，我家移居东城区翠花胡同八号（解放后的门牌大约是25号或27号，现已拆除）。这是个三进四合院，我们住中院，乃是明末建成的老房子，历尽沧桑。大门口挂着五六块破烂不堪的"进士第"匾额，好似在高吟往日的光荣和低诉今朝的无奈。据说，20年代，国民党北方支部曾经租住过，实际上，在里面办公的可是以李大钊先生为首的共产党。可是，我们迁入时，强占八年的日本某机关家属刚被遣返，满院子挖的是防空洞，费了很大劲才回填完了，给人留下的是"惨胜"的万端欣慨的心情。当时的一条翠花胡同大门全朝南，只有靠近西口的一处有一个朝北的不起眼的车门类型的大门，那可是正门位居东厂胡同的北大文科研究所的后门。此门距离我家大门不过十米。沙滩红楼离我家也不过二百米。这一带可就形成了极具文化特色——特别是北大特色的地区。就拿乞丐来说，叫声也特别，不喊"升官发财"的老一套。见男生就喊："您行行好吧，您准能当校长！"言下有蔡校长、胡校长的影子在。对女生则喊："小姐行行好吧，您坐大火轮留洋！"可见越洋飞机还是稀罕物呢。校门口的卖豆腐脑的也有老北大书卷气,常对我们小青年灌输:"老年间儿,我爹摆摊那会子,鲁迅跟给他拉洋车的肩并肩坐在咱这摊上,一起吃喝。吃完了,您猜怎么着?鲁迅进红楼上课,拉洋车的叫我爹给他看着车,也进去听课去啦。蔡校长的主意:敞开校门,谁爱听谁就听。不爱听拍拍屁股走人。谁也管不着谁。那才叫民主,那才叫自由哪!"

且说,那北大文科研究所可是藏龙卧虎之地。我跟看门的熟了,常混进去玩儿。进门是一小院,两厢房中,一边是新由辅仁大学转过来的中文系青年副教授周燕孙(祖谟)先生办公的"语音乐律研究室"——该室由向北大中文系引进西方语音学的祖师爷刘半农(复)先生创立,名闻遐迩。看起来可很不起眼,破平房两间,中有极为平常的破桌椅书柜几件,引不起我的兴趣。周先生除了上课和兼管此室,好像还在负责编辑文科的学报《国学季刊》,屋子里堆的满是刊物与稿件,也引不起我的兴趣。倒是他的着装,有时引起我的注意。按:当时北大教工穿着,自胡校长以下,以长袍即大褂为主,内套西服卷边裤子。鞋,则以千层底便鞋为主,穿破皮鞋的也不少。学生装束与之略同,夹杂几个穿美式无领章破军服者,多半是刚退伍的国民党青年军。穿整套西服者,教工则有之,学生中少见。显得特别的老气,与清华、燕京形成鲜明对比。传下来的北京小姐择偶顺口溜说:"北大老,师大穷,只有燕京清华可通融!"起码从外表上是为此种对比作了形象的说明。

且说,周燕孙先生有时也穿一套瘦瘦的西服,这倒无可厚非,那时制作的西服,据我看,样式可比不上现在的舒展大方。可是,周先生穿西服,有时配皮鞋,有时却穿便鞋(包括脚趾处很爱顶破的缎儿鞋)。家母是留学法国学装饰的,远远望见,就对我说,不可如此搭配。我想,周先生不是没有皮鞋,也不是不懂搭配方式,再说,穿缎儿鞋常破老得换,远不如皮鞋省钱,可为什么还这样穿?80年代的周先生,穿起新西服新皮鞋,又是一种老学者的派头啦,此是后话，暂且不提。且说，周先生逝世后，我为此请教当时在北大周先生班上学习过的吴小如先生，答复是："那是'派'！北大就兴这个派！"方知那是领导北大新潮流也。

周先生办公室对面的厢房中，住的是历史系的助教宿季庚(白)先生。他是从北大图书馆的工作岗位上转过来的，跟着向觉明(达)先生学考古的，房子里挂着些个刨地的家伙，有如十八般兵器，很引起我的兴趣。但是，不敢进去。扒窗户 look look 而已。

由这层院子再往里，据说还有两层院子呐！听说，那是明朝东厂拷问忠臣滥杀无辜的所在，至今冤魂不散。吓得我到现在也没敢进去过。那时，听说那两层院子里住着几个"不知道房中有中国冤魂的洋人"（门房原话）；中国人呢，只住着一位胆子特别大的，就是新由德国留学回来的东方语言文学系教授兼系主任季希逋(羡林)先生。季先生当时不过三十多岁，腰板挺直，从容出入，望若神仙。听说是胡校长特聘来的，会好几种失传许久谁也不懂的外文呐。就冲他敢单身住在凶宅深院，就使我佩服得五体投地啦。我想，他一定是一位勘透了天人三界无所畏惧的大丈夫！我对家母说："瞧，德国西服！"家母却说："未必，八成是抗战前王府井的手艺，太旧，有织补。"季先生很快就经常穿大褂啦。

家母很希望我学文科，特别是在北大或清华学文科。当时，一般的家长都鼓励孩子学工，学医，至少是学理科。她却认为，我生性与那些科目不合，身体也不好，勉强学理、工、医疗等科，未必念得下来。即使毕业了，一生在本行中也不会出人头地。她又觉乎我的灵性不够，下笔太慢，搞创作也不行。便指导我"尽可能学古的"，希望我将来能在学校里——"最好是北大清华"——教教书，"当个教授"。"让你弟弟学理工科吧！"她用"孟母择邻"之法，迁居北大之旁，有深意焉！意思是"熏一熏"我们。如今，我们弟兄都在北大毕业，也都勉强对付着符合了她的愿望，可惜她逝世已四十多年，不及见矣！树欲静而风不止，人子之悲罔极。

在这样的熏陶和大环境中,我立定志愿,非上北大不可。可惜,1949年三校联招,没有考上,去了天津。我认为,文化城的人到商业城去上学,太无能啦!奇耻大辱!1950年,通过转学考试,终于进入北大中文系。我又想,半路出家,终非正途。于是申请从一年级重新读起。可是家里出了丧事,休学几个月,这一年只能旁听啦。1951年方入正轨。在沙滩前后两年。因为有些课已经读过,就有了多选高年级课和多旁听的机会。我前后听了俞平伯、罗莘田(常培)和唐立庵(兰)、王有三(重民)等先生的课。前三位在院系调整后就不在北大工作了,我算凑合着赶上了末班车。

1952年院系调整,北大、清华、燕京三校师资的精华集中于未名湖畔;1954年中山大学语言专业调入北大中文系,群星璀璨的形势愈发壮观。当时号称老一代——其实不过五六十岁——的老师,文学有游泽承(国恩)和浦江清等先生;语言学科则有魏天行(建功)、王了一(力)、岑麒祥等先生。中年的各科名教授,则有吴组缃、林静希(庚)、高名凯等先生。三十多岁而在当时已经颇有名气的老师们——现在就算青年教师了——则有周燕孙(祖谟)、王昭琛(瑶)等位先生。吴小如(同宝)老师虽已有很高知名度,可才三十岁刚出头,个别学生在背后尚戏称为"小吴"焉。以上只是从直接教过我的老师中举例说明而已。

我总觉得,在北大这么多年,最可伤的是,由于种种原因,未能成为上述和此外的北大任何老师的真正登堂入室弟子。我自信尚能尊师(从来也没有在背后叫过"小吴"这样的词语),对上述各位老师和教过我中国通史的邓恭三(广铭)先生,在我提职称、编著书籍等事方面大力提携过我的周太初(一良)先生和前面提到的季先生、宿先生,还有任又之(继愈)先生,一律以老师对待。但是,我不敢妄攀,不敢说是哪位先生的真正弟子。我觉得,只有像袁行霈和林先生那样的关系,王邦维和季先生那样的关系,才算是上真正的登堂入室弟子呐。真令我羡慕之至!

可是，我又觉得，我所以还能在北大呆着，混上个职称，与北大的整个大环境以及上述的各位老师都有密切关系。我能远远地窥见门墙，大略了解老师们的治学之道，并不时受到老师们的训诲和提携，这就比不在北大的人占的便宜大多了。没有北大和各位大师，就没有现在的我。北大和各位大师乃是二位一体，绝不能分开的。只要站在大师肩上，学生们总能看得远些。我也曾是一个学生，只恨自己太不努力，十分愧对母校与师门的培育而已。

曾记得解放前的北京各小报上登载：为了筹备校庆（那时以12月17日为校庆日），胡校长想在三院礼堂（当年"五四"集会处和游行出发点，据说现已拆除）开会，缺两块紫红色大帷幕，无钱购买，大发慨叹。那时的北大，校舍真是破破烂烂，设备也是凑凑合合。可是光解放前后就培养出好几代人材。我到新建的光华管理学院大楼等处参加会议，见楼群美仑美奂，内外装修恍如高级宾馆。即此一端，亦足窥北大发展之快。抚今追昔，能不慨然。

许多人引用过梅贻琦先生的话："所谓'大学'者，非谓有大楼之谓也，有大师之谓也。"据我从沙滩到未名湖近六十年的体验，实为颠扑不破的真理。梅先生这句话有许多不同的抄引版本。窃以为，梅先生是套用了《孟子·梁惠王下》中"所谓故国者"那一长句。原文是："所谓故国者，非谓有乔木之谓也，有世臣之谓也。"这样的套用，亦庄亦谐，于幽默中寓有一股认真的劲头，实足以发人深省也。

（原载于《文史知识》1998年5月号）

我的马氏书情结

1945年抗战胜利,我正读中学,先母即主张我将来要入北大,读文科的中文或历史系。为此,用"孟母择邻"之法,从北城板厂胡同移家东城翠花胡同,目的是靠近北大。我家与北大文科研究所斜对门,我常进去玩儿。先母结识了北大历史系20世纪30年代的毕业生、专攻太平天国史的谢兴尧先生。谢先生字五知,自号"老长毛"。那时已在学术界崭露头角。他是四川人,解放后任人民日报图书馆馆长,2006年6月24日逝世,享年104岁,可云高寿。谢先生的蜚声学术界的得意弟子是《清人诗文集总目提要》的著者柯愈春先生,后来与在下亦为知交,我非常佩服柯先生,认为他是脚踏实地真正干活之人,所见所读古籍忒多,提要功夫作得十分到家,实乃当代版本目录学界巨擘。

话说远了,返回头来说,谢先生常来文科研究所,访问他的老乡于石生先生。于先生在所内负责整理明清档案。于是我们母子也结识了于先生。这老二位不厌弃我,常予指导,有时还来我家中闲谈,所谈多为学术。我获益匪浅。

于先生那时正看马氏书,系胡适之校长特批。据说,教员系统中谁看马氏书全得特批,但这只是履行手续,不会不批的。学生要看,大约得是做论文与之挂钩才行,于先生说不清楚。可是,无论是教职员还是学生,申请读马氏书者寥寥。当时只有于先生一位。

谢先生旁听过马隅卿先生的课,他对"五马"均有深刻认识,写过文章介绍。他和于先生把马氏和马氏书的情况给我讲得相当清楚,其内容与现在大家知道的差不多。

我在1950年入北大,入学前对学校门径已经略知一二。于先生那时把马氏书已经看过近一半了。我综合他说的和从别处听到的，以及我亲眼看到的，把当时所知的马氏书情况略述如下：

马氏书在1937年春季开学时进馆，安置在善本室。从伪北大到解放后，管理善本室的一直是王锡英先生一人。王先生入馆甚早。我后来看过老北大工资册，毛主席入馆时月薪8元，他已经挣28元了。有人说毛主席等八个小职员同睡一铺炕，一起翻身，其中就有他。我以为此说不确。按当时北京的生活水平，28元足以赡养几口之家，他用不着和别人挤着去。

据于先生说，当时的善本室内并不严格按号上架，王先生把许多书随意插架，北大的老善本有个简目，但李氏书正在编目，马氏书也只有马氏自编的简目，李氏书和马氏书都没有列入老善本书目。外人想查没法查，想看见不着。北大的人经批准，要看马氏书，王先生一本一本地换着给你看就是了。就在善本室内看。库里常常只有王先生与于先生两位，安静得很。王先生轻言寡语，和别人谈不起来。

"三五反运动"时，我听见对库里不按号上架有两种说法。一种说法是，老职员为了保住饭碗，故意把库里搞乱，使别人无法插手。另一种说法是，敌伪时期怕日本人按图索骥，解放战争后期又怕蒋政府运走，所以，马氏书"没有"作图书馆目录，乱放；李氏书编目故意放慢。其中可能有地下党的高人在起作用。我想，这两种说法结合起来，可能道出其中真谛。我听说，王先生的子女中有几位地下党。我还知道，解放后毛主席派汽车来接王先生，请王先生去叙旧，可他就是不去。我为此亲口问过王先生，他只是说："那时候想不到，那时候想不到！"不明其中真意。再也问不出别的了。

"三五反运动"中，大约因为我为人和气，说话不发怵，但又不善于斗争，所以常派我出去作一般性的外调工作。一次，派我去正在筹备中的中国科学院，找吴晓铃先生外调。他那时任郭沫若院长的秘书，筹备处在今国家图书馆老馆西侧的"静生生物调查所"内。吴先生眉飞色舞地对我大谈马氏书，说他在毕业前作论文，经文学院院长胡适之先生特批，入库把马氏书看了一个过儿，并手抄马氏书原目录。至今，马氏书的马先生原编目录存世者，除原本外，他的手抄本是唯一的副本矣，云云。我听后佩服得五体投地，羡慕得不得了，心想此生如能有看几本马氏书的机会，也就不枉了。

　　回来和于、谢两先生一合计，他们说，吴先生能抄出一个马氏书目录副本，很不容易，足证是个有心人。但他说把马氏书通看过一遍，就是走马观花，也不可能。马氏书1937年2月进馆，8月日寇就进占老北大。吴先生看书的时间也就半年。即使天天不干别的，八小时泡在善本室，也看不完。于先生看了三四年，才看了一半左右呢！以后我又见到吴先生，把这话一说，吴先生马上改口说，看的是全部小说。并且说，那才是马氏书的精华呢！并故作神秘状，说，跟你们小孩子"不可说"（后来我知道"不可说"是梵文 an-abhilqpya 的意译，但一般人都用它的世俗化引申义，吴先生此处正用引申义）。

　　"佛云'不可说'；子曰'如之何'。"吴先生越是说"不可说"，我就越想探讨那"如之何"。几乎形成一种"马氏书情结"。但是，几十年中，由于社会上大环境的原因，始终没有看到。改革开放后，由于工作需要，倒是陆续看了一些，大体上都是在北大善本部看的，而且看的多半是朱传誉先生那一套影印本。马氏书原目录，却是这一次办展览时透过玻璃橱窗才得一见，未能翻阅。因为早已通过孙子书（楷第）先生编著的小说目录基本上了解了马氏书的大致情况，所以对马氏书原目录也就不觉新奇，甚至对之有点兴致索然了。孙先生的两部小说目录，在其1953年再版时，我和沈玉成学长代为校对过，所以有点熟悉了。其实，要深入探究马氏书，我想还是得首先对马氏书原目录进行研究。我那种不求甚解的态度是错误的。

　　我总是在想，马隅卿先生是聪明人。马氏不登大雅之堂文库的建设，是时代的赐予，更是他目光独到，抓住时代机遇的结果。五四新文化运动前后，梁启超先生提倡注意"小说与群治之关系"；

鲁迅先生更在北大首开"中国小说史",开一代风气。马先生弟兄和鲁迅先生是朋友,受到影响,开始懂得研究与收藏小说戏曲书籍的重要性。那时的传统藏书家,还都是讲求百宋千元、经史子集,极少往小说戏曲领域涉猎。北京琉璃厂等地的书铺,这些书挺多的,开价不高。藏书家常有在某一范围内竭泽而渔的心理,以马氏的财力,与传统藏书家如辛亥以来活跃在北京的江安傅氏、武进陶氏等都没法比,因而马氏自辟蹊径。今日看来,这条道马氏算走对了。

我总是想,马氏书的重点在小说,说明马氏受鲁迅的潜在影响颇深。周氏兄弟与马氏兄弟的戏曲爱好同样有限呐。另一方面,吴瞿庵(梅)先生先在北大,后在中央大学(今南京大学)授课,提倡戏曲不遗余力,还自刻戏曲集。就是在北京,马氏也抵不上王君九(季烈)先生。所以,马氏虽然收戏曲书籍,究竟不如收小说之宽泛。马氏可说将中国汉文古代小说搜集基本齐备。马氏书基本上纳入北大图书馆,形成馆藏一大特色。至今,论戏曲,国家图书馆馆藏远远超过世界上其他各馆,仅就"远山堂"和清代连本大戏而言,就把大伙儿全给镇了。首都图书馆和天津市图书馆收藏的民国以来至解放前的小说戏曲极多,而今大部分也是可遇而不可求的宝贝啦!北大馆善本部的特色(特色不一定等于优点),我看有五:

一是马氏书,特别是其中的小说。

二是李氏书,其中的"和刻"善本(也包括方氏碧琳琅馆原藏)和一部分宋元明清善本挺好,但总体上抵不过国家图书馆。当然,"和刻本"能在中国各馆中称雄,比起本主儿日本就算不上什么了。

三是"艺风堂"、"柳风堂"等拓片。但解放后不大入藏,总体上自然也抵不过国家图书馆。倒是咱们的编目颇有特色,也编得差不多了。这一点干得比国家图书馆早而又好。

四是燕京大学图书馆原藏善本,以个别优秀取胜。可是,中法大学图书馆的书,早就编好目的,只因给的是另一种号,就总是少见入列,造成资源闲置。当然,现在看,其中的难得的好书,恐怕是外文书，特别是法文、拉丁文的旧书。我是外行，姑妄言之。

五是各种文字的书籍杂志和"新善本"，有许多散在各院系，未经统一整理，有多少好家底还不知道呐。例如，解放前陈寅恪先生"卖书取暖"，胡适之校长派季希逋先生拉回来的外文书，放在东语系；解放后吴春晗先生参加开国政协的全套文件，捐给北大历史系了。现在都可称宝贝。我从来建议全校统一编目，至少得联网，资源共享。

话说远了，拉回来说。马氏书中的小说可谓洋洋大观，泥沙俱下。当初大约是一求全备，二感新奇，收了许多黄色书。这些书在明清多为禁书，可在民国年间书肆中流通者不少，甚至有琉璃厂书铺等翻印者。那时得之不难。解放后，特别是"文革"后，可就不容易了。这些书又形成马氏书小说中一大特色，据我看，别的馆都不如北大馆收得全。善于利用，化腐朽为神奇，可就在于北大馆诸公矣。

拙见以为，这类书的艺术性颇差，比起古代南亚次大陆的《爱经》之类著作，相差甚远。因而，其社会学研究意义大于文学研究意义。而且，就说从明代以下吧，此种书的情节陈陈相因，沿袭而缺乏新意。比如，著名的《金瓶梅》虽号称"奇书"，其中的色情描写大多可从以前的黄色书中找到来龙，再往以后的书籍中看，还有去脉。后来，如解放前北京天桥的拉洋片的，偷偷的将这些书或拆散，或略加修改成现代场景，分成无头无尾的几页一份的小册子，高价出售，乃是末流之末流矣。可是，中国城市中以中学男生为代表的群体，那时候却是靠这些"性教育"启蒙的。而且，多年"打黄"，"贩黄"却屡禁不止。这些现象，都需要我们从现在能找到的根子上挖，从诸多学术的角度去探讨。这种探讨，不但有学术性，也有强烈的现实性。对马氏书特别是其中黄色书的研究，恐怕是回避不了的。遗憾的是，这出连台本戏还没有正式开锣呢！

2003年12月5日，星期五，承泽园

书影与藏书印

近现代流行"书影",如杨守敬《留真谱》、瞿启甲《铁琴铜剑楼宋金元本书影》、柳诒徵《盔山书影》,都是解放前的代表性作品。解放后北京图书馆编纂的《中国版刻图录》,堪称个中巨擘。传统的编纂方式是:拣选各种善本书印得好的样张,或是有代表性的样张,如首页、目录页、序跋页、刻书牌记页等,基本上照原大影刻(早期书影多采此法)或影印,并附原书开本尺寸及相关说明。书影中是否每页均有藏书印,并无具体要求。印行书影,主要供鉴藏者(藏书家)和相关的图书馆、古旧书书商等鉴识古旧书,一般读者也可借此尝鼎一脔。自石印影印法大力推行,如商务印书馆《续古逸丛书》《四部丛刊》《百衲本二十四史》等大型丛书类影印书籍均采用此法,佛教藏经如《宋藏遗珍》《影印本碛砂藏》等亦从而推波助澜,再加上少数珂罗版影印希见珍本之仅下真迹一等,全书易得,书影在解放前已沦落为大体上仅作为欣赏之助与售书收书参考,并不发达。浏览所及,也不过六七种而已。

"十年河东,十年河西。"这是季希逋(羡林)老师嘴头上经常挂着的话。证之以世事,吻合之处颇多。"文革"中,古旧书惨遭劫难,留存者稀如星凤,就连近现代的书籍,也多化为劫灰。改革开放以来,国运昌隆,社会和谐,经济崛起,渐渐显现出盛世的面貌。古旧书业逐步复苏。小市上捡漏儿的如过江之鲫。带有指路灯性质的书影再度繁荣昌盛。即如我的朋友陈坚、马文大、周心慧等位,前几年一连编纂了七八种书影类型书籍,令人目不暇接,仅他们一家，种数就超出解放前的总和。真令人叹为观止焉！如斯均乃国运之赐也！

再说藏书印，这可是中国人发明并大力推广的玩意儿。我看，比欧洲人的藏书票强。咱们的藏书印五花八门，从极普通的名章，到书斋、书室、堂名印章，金石书画鉴藏印，以至抒情言志印（著名的如郑板桥的"二十年前旧板桥"），甚至类似遗嘱的垂诫子孙印，无所不有。真草篆隶，各体皆精。诚乃天下之大观与奇观也。由此发展出进入版本鉴定行列，据印章以考订收藏源流，以至于印章真伪，印泥年代及优劣。藏书印的鉴别，已发展成版本研究的一大旁证。专门著作，如故交林中清同志的《明清藏书家藏书印》等，均为近年来应运而生之作，所惜囿于所见大藏书家范围，视野不甚广阔罢了。

时运推移，解放前藏书家追求的百宋千元善本，多数早已进入国家级图书馆。一般的玩儿家、捡漏儿的，已经把目光移向更广袤的领域。图书馆的采购人员遇到的新问题多半也属于此类。对书影和藏书印的推广性研究已经提上日程。豪杰之士必然应运而生，干这手儿的前提有三：一为有丰富的藏书；二为有内行的识别、拣选能力；三为有强大的摄影、复印设备及得心应手的使用人员。其后期工作起码有二：一为优秀的印刷能力；二为开通的营销网络。线装书局最近出版了由著名出版家董光和先生策划，中国国家图书馆分馆的分管副馆长孙学雷领导的普通古籍组主编的《中国国家图书馆古籍藏书印选编》，就是这样一部佳作。此书洋洋十大本，几乎囊括国家图书馆馆藏之精华。前有孙学雷馆长的专文《印章流变与国家图书馆普通古籍藏书印述略》一文，已将此书内涵与藏书印研究之流变叙述得原原本本，十分清楚。拙稿所云，不过是孙女史大作的唾余而已。

总之，此书是书影与藏书印研究的紧密结合的佳作，是此类著作中的头一部，开山之作，出手不凡。印刷精美逼真，足见策划者之绵密用心，更是工厂印制者追求精良成绩的成果。特别应该提出的是，附有详密的"印章释文索引"和"书名索引"，使人一索即得。这本是国外出版书籍的常规，但在我国经常忽略。此书对这一点极为着力，值得称赏。

其实，就是不搞藏书，却专门研究印章的人，翻阅此书，也会感到，如此大规模的实用型印谱，可称独此一家。要是时常翻阅，还能使您变化气质，离俗变雅，由自己刻几方藏书印试试，进而迈入"狂胪文献耗中年"的高雅境界。

唯一略感遗憾的是，此书定价颇高。这是受精工细作的高成本所限。总不能做亏本的买卖吧！其实，物有所值，您只要掂敠掂敠这一部大书的分量，再想想它能给您多大帮助，能给您多少指引，也就慷慨解囊啦。

2005年9月17日，星期六，紫霄园

藏书家身后盖印

尽人皆知，藏书家爱盖藏书印，有的藏书家远不止一颗印章。藏书印的内涵五花八门，字数多的有如一篇短文。研究书史特别是搜求善本书的人，鉴别书籍真伪，考竟收藏源流，常自识别藏书印鉴出发，以之为指路明灯。于是，有人为此编成专书。亡友林申清先生生前所编的一部《明清著名藏书家、藏书印》，在改革开放后的此类书籍中出版较早，有如报春燕子，颇受重视。国家图书馆分馆由孙学雷、董光和主编的《中国国家图书馆古籍藏书印选编》则是煌煌巨著。可见，有关藏书家与藏书印的事情，已成专门之学。我是外行，于斯学不敢寻究探讨。只能谈谈自己看到与听来的一些情况，聊资谈助。

且说，我过去是北大学生，现在是北大信息管理系（旧称"图书馆学系"）退休人员。理所当然，要对蜚声海内外的北大图书馆作些了解啦。北大图书馆号称当代国内第三大馆（前两位是国家图书馆与上海图书馆），高校中第一大馆。其凭借，除馆史老、藏书量大等因素外，善本特藏多是一大特色。我已经在另外几篇拙作中，对北大图书馆善本特藏的一些特点略抒己见，于此不赘述，只谈谈与本文有关的李氏书罢。

"李氏"是李木斋（盛铎），其"木犀轩"藏书在20世纪二三十年代甲于京津诸大藏家。李氏生平及其藏书的内容，以及1939至1940年之间转让给北大图书馆的经过，知交原北大图书馆善本特藏部主任张玉范女史《木犀轩藏书题记及书录》（北京大学出版社，1985）一书中言之綦详，请有兴趣的读者自行寻览，亦不赘引。

且说，李氏书虽然进了北大图书馆，他的藏书印却没有随同进馆。1951年"三五反运动"中，有人揭发说：在隆福寺街近西口处路南一个旧书铺内（书铺牌号我已忘记了），买到一部明版巾箱本《老子》，书中盖有李氏藏书印章。书铺老板还故作神秘地推销说：这是从北大散出的，用以坚定买主的抢购信心。这次买主拿出此书，一看，果真如此，借来与北大入藏的李氏书对照，藏书印分毫不差。当时，北大的李氏书正在缓慢地编目，如出现此种盗卖漏洞，肯定是大问题，于是严查。结果是：抗战胜利后，李氏的不肖子孙将一锦匣约十多个李氏印章（多为藏书印）卖与这间书铺。书铺已利用这批藏书印给若干明清版书籍加盖，借以抬价。此事为北大一位讲师所知，他正有一部《老子》想卖，又知道自己认识但非知交的另一位学者正托此书铺代为搜寻此种书，于是讲师与书铺合谋，借用李氏藏书印加盖，以博善价。那位学者果真上套。这次他亲自揭发，板上钉钉。当然，首先调查的是书库管理和编目人员，他们大受其累。几经校内打虎队内查外调，水落石出，那位老师变成老虎，"八魔炼济颠"，大为狼狈，1952年院系调整时被逐出北大。我当时是学生，担任过几次不重要的外调任务，取回《老子》查对并送回，并在书铺中目验那一锦匣藏书印，"旁听"过对讲师的审讯，至今记忆犹新。这一匣藏书印今归何处，我就不知道了。我从而学到了一招：加盖名家藏书印的旧书能多卖钱。近年来，由于工作需要，我经常阅读拍卖资料，这些资料中的每一条都标明原书中加盖了什么印章，或有那些名家签名，等等，其中包括非藏书家而为其它领域的名家的印章和签名。我对现在流行的售书签名的举措有点明白了。

且说，藏书家和某些其他领域的大名家的印章，特别是其中的藏书印，向来追求刻工精细，要是铁笔巨匠所刻才好，最低也得是书卷气十足的行家经心之作，才配得上自己那些藏书呢！老师谆谆教诲我："瓜田不纳履，李下不正冠。"干我们图书馆这一行的，不可购买收藏1840年以前的文物书籍，更不可买某些图书馆散出的图书。因此，寒舍所有，全是近现代出版的书，加盖印章以示并非攘窃。我也附庸风

作者藏书印

雅，请人刻过几颗藏书印，满意的只有两三颗，全是书生所刻，至少没有匠气。加盖名章、藏书印等的图书，极可能比个人生命长得多。争取给后来人留下点美好印象吧。寄语欲刻印章的新进：万勿轻易叫刻字铺的匠人执刀。至于到邮政局领包裹、信汇等用的印章，倒是请刻字铺的匠人刻成清楚的楷体字为宜。

世事变幻，新奇叠出。我听说，某位大名家身后，子弟售书。原来没有盖印，加上再要是缺乏签名和书中题跋等，是不是他的书，买主无从知晓。从来是"玉在匮中求善价"呐，于是身后刻印（包括名章与藏书印，特别是藏书印，以及若干"闲章"），盖印，家属忙得不亦乐乎。听说，书店往往鼓励这么干。藏书家与名家身后盖印，早不是什么秘密了。如果这些印章将来落入他人之手，那些位北大讲师的私淑弟子将再度施展身手矣。任又之（继愈）老师有一次问我：听说某人的闲章是你给刻的。我说：决不是。我从不进刻字铺。可能有人听我说过这类事，言者无心，听者有意。他们就照此办理。

此等事与我绝对无关！

2003年12月16日，星期二

《北京大学图书馆藏古籍善本书目》读后

全国以至国际图书馆学界与古籍整理学界属望已久的《北京大学图书馆藏古籍善本书目》，已于1999年6月由北京大学出版社出版，1999年10月起陆续公开发行。这是一件与图书馆学、目录学、古籍整理等各学科均有密切关联的大事，是我国图书编目的一项新成就。这部书的内涵，已经在此书的《前言》中交代得十分清楚。建议使用者一定要仔细阅读这篇《前言》，那样，就会对北京大学图书馆所藏基本上属于汉文的善本书籍部分的来龙去脉，以及这部书目收书的范围等有一个相当清楚的认识。笔者认为，若是按照一般的写书评的办法，再介绍此书的内涵给读者，实属多余。可是，这篇"读后感"是额定要写的。急中生智，想起古代老师教学生写《海赋》的方法：写海，海中的事物太多，无法写全，难办；不如环绕着海的上下和东西南北略略点染几句，也就是了。于是，根据笔者50年来对北京大学图书馆特别是它的善本特藏的接触性认识，拉拉杂杂地回忆往事，感言如下：

北京大学图书馆，无论从藏书的总量和善本的质量与数量来说，确如此书《前言》首句所云，"是我国五大图书馆之一"。据1991年"纪念建馆90周年"时发表的"馆藏文献调查评估综合分析报告"所说，它的综合实力仅次于国家馆和上海馆，位居第三。在全国高等学校中遥遥领先，居首位。从善本方面看，从1904年起始有特藏,不断发展壮大,在全国高等学校中更是遥遥领先,居首位。从历史上总体看北大馆的包括善本在内的藏书,在百年战乱中,它却是收入多而损失少。例如在抗战胜利之初,西南联大解散,三校复校之时,北大堪称"满壁琳琅",清华却是"家徒四壁",南开则"四壁皆无"。单拿图书馆来说,清华的号称铺设软木地板的图书馆让日本军队当了马厩,书籍则一部分寄存于北大图书馆,幸免星散。南开"四壁皆无",包括图书馆在内,1937年7月29日遭日本空军轰炸,基本上夷平了。北大则大不相同。胡适之校长到任一看,图书馆不但别来无恙,还增添了不少新东西。著名的"李氏书"(即李盛铎藏书)就是1939年进馆的,其中划归"善本"者,至今为馆藏善本之主力。抗战胜利后至解放前,北大接收各地方的书籍不少,可谓大发劫收财。其中包括相当数量的善本的,如敌伪国学院、马幼渔、郭啸麓等公私藏书;还有归入特藏的,如张氏"柳风堂"所藏大批拓片,与原藏缪氏"艺风堂"拓片,成为馆藏特藏拓片的主要部分。解放后,特别在院系调整前后,接收了包括大量善本在内的燕京大学图书馆藏书,还有中法大学图书馆藏书等。外调的以随工学院、农学院、医学院走的藏书为多,总的来说,收入多而损失少。特别善本更是如此。

可是,北大图书馆的完整的善本书目迟迟编不出来,很影响读者阅读。记得1951年,笔者因公事走谒吴晓铃先生,前后三次,此后再未见过。那时吴先生正给中国科学院院长郭沫若先生当秘书,准备建院事宜。办公室暂时设在原静生生物调查所。当时提到北大图书馆藏著名的原鄞县马氏"不登大雅之堂"藏书。吴先生拿出他过录的原编马氏书简目副本给笔者看,当时真是大开眼界——北大在校生当时不但看不到马氏书,就连这个书目也是见不着的呀!当时北大善本库书籍乱摆,没有正式目录,因而很少能提供阅览。我听到两种解释。一种解释是,旧社会中的图书馆职员,为了保住饭碗,有故意乱放书籍的,那样,许多书除了他,谁也找不着。目录不编，有些书籍就可不公开，也是这个道理。另一种解释是，在抗战时期和解放前这两个特殊时段，故意把书库搞乱并且不编或不公开书目，怕日本人和国民党按图索骥。这说不定是地下党的着意安排呢！笔者拙见，这两种解释都有道理，合二而一，倒是很能全面观察并完善地说明问题呢！

话又说回来，北大图书馆并非没有一部善本书目。1930年前后，张允亮先生就编过一本，书名是《国立北京大学图书馆善本书目》，只反映李氏、马氏书未入藏前的情况，所收计713种，10297册。可怜得很！现在这本书目已经很少有人借鉴了。1950年我开始读大一时，1939年接收的李氏书正在缓慢地编目。周燕孙（祖谟）老师首次带我参观沙滩松公府北大图书馆原馆时，见到在"由"字形馆内东侧的一间一间方丈大小的"研究室"（专供专家申请作个人研究用，当时有许多间空闲着）的一间之中，坐着专门为李氏书编目的常芝瑛先生。常先生沉默寡言，只是对我们这些参观者微笑着。她四周堆满了线装书。她是直接在向觉明（达）馆长领导下工作的。据说，李氏书进馆之始并没有编目。大致从抗战胜利后，才在赵斐云（万里）先生每周一两次亲临指导下，集中了青年骨干宿季庚（白）先生、冀淑英先生、赵西华先生和常先生，共同作这个工作。到了1950年，就剩下常先生一位单干了。成绩为1956年（序言署10月）内部印刷供交流用的非卖品《北京大学图书馆藏李氏书目》上中下三册，共计收9309种，59691册；其中定为善本者5005种，32367册。这是据1998年5月为庆祝北大百年校庆由北京大学出版社出版的《北京大学图书馆善本书录》（实为书影）中的《馆藏简史》一文的统计，该文系张玉范女史与沈乃文同志合撰。那部非卖品书目下册后附全书索引。1992年北京大学出版社出版的《文明的沃土》一书中所载宿季庚先生《我和北大图书馆》一文，对此书的编纂过程有生动的记述。从中似乎能捉摸出一点：编目早期人员多而精雕细刻般缓慢前进，恐怕也有防备提取部分精华南运的考虑呢。

1952年院系调整后，燕京大学等处的善本加入馆藏，于是把李氏书以外的馆藏善本合在一起，又编出一部《北京大学图书馆藏善本书目》上下两册，也是非卖品。指导者是向觉明馆长和王有三（重民）先生，工作仍主要由常先生一人承担。这部书目也在1956年底面世。新出版的《北京大学图书馆藏古籍善本书目》，就是在这两部书目的相当良好的基础上编纂而成的。大约在这两部书目杀青后不久，常先生

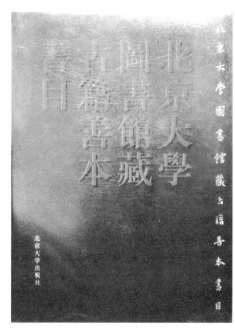

《北京大学图书馆藏古籍善本目录》书封

退休了，她与此二书共始终。当新的善本书目问世时，不免使人怀念起她，认为有表而出之，略加介绍的必要。

可惜，现在能知道常先生经历的人不多了。据在常先生晚年和她全家有密切往来的王文宝学长介绍：常芝瑛（1905—1984年）先生原名葛孚英，还有个法文名字，音译是"伊兰"。爱好民俗学，是北大歌谣学会会员，1936年还加入风谣学会。她与北大老校友、我国民俗学与民间文学奠基人之一的常惠先生志同道合，于1924年结为伉俪。结婚照片在王文宝所著《中国民俗学发展史》（1987年，辽宁大学出版社）中作为宝贵历史资料刊出。婚后改名常芝瑛。她曾在女子师范学校、北师大、北大等三处图书馆工作。退休后襄助常惠先生整理民俗学稿件。常惠先生晚年病废，绝大多数著作均由她代笔，但她从不署名。她早年译有法国白罗勒所著《红帽子》。

从50年代末开始，北大图书馆供内部使用的善本书目就是上

出身北大的歌谣学家常惠与常芝英（时名葛孚英）结婚照，摄于1924年5月18日

述非卖品两种五册。新的《北京大学图书馆藏古籍善本书目》的公开出版，结束了这一不算太正常的局面。笔者认为，要对不大熟悉北大书目传统的一些青年读者说明的是：一、必须仔细阅读这部新的"善本书目"中的《前言》，借以了解新的"书目"和原来那两种五册老书目的不同之处。如，原"李氏书目"是把善本和普通书编在一起的，不是单纯的"善本书目"。新旧三种书目，各有各的用处。二、新的"善本书目"，录入的只是北大馆藏已编目的善本中汉文书，以及汉语和少数民族语言等双语、多语种的一部分善本书。馆藏的各种语种的西文书与亚洲、非洲等多种语种的善本书的书目，还没有编纂完毕呢。还有分散在各院系资料室的各个语种的书籍、舆图、珍贵照片和特藏等，如陈寅恪先生于1947年"卖书买煤"卖给北大的"巴利文藏经及东方语文各书，如蒙古文蒙古

图志、突厥文字典等",据说当时是由季希逋(羡林)先生亲自坐着胡校长那辆30年代初的老式汽车(北大当时并无校车)往清华,点收后拉回来的。现在还在东方学系资料室。还有,如吴晗先生参加开国第一届政协时的全部文件,捐送给北大历史系资料室了,据笔者看,也够新善本特藏资格。可见,这次出版的新的"善本书目",反映的远非北大善本的全部。要编成一部完整的多语种的北大善本书目,还得群策群力,花上百倍的努力才行呢!

这部新的"善本书目"成于众手。主编张玉范女史,是宿季庚与向觉明先生的徒子与徒孙,嫡系,没的说。编者多人,大多数是"文革"中和改革开放后提拔的中青年才俊。笔者一次和宿季庚先生通电话,谈到"李氏书目",宿先生说:"那是赵(万里)先生看过的,一个字也不能动!"可是,据新的《前言》说,他们"主要做了以下几项工作",即"增删品种","调整类目","重新编排","考订版本"。特别是在"考订版本"一项中,作了"重新核订部分书的版本"等工作。可见,初生之犊很有些牛劲。看一部书目中的问题,需要编者、此后的管理者和用书的读者慢慢地在使用中作有心人,一项一项地核对,不是刚出版时就可饶舌的。笔者与北大图书馆关系密切,知道他们面前的道路还很遥远,却又非常宽广。殷切希望他们好自为之,不可让咱们大家的老前辈失望,有郑子产那样的比喻青年人以锦缎学裁剪的顾虑,也让老前辈说一句:"吾党之小子狂简,斐然成章,不知所以裁之!"

(原载于《书品》2000年第1期)

我所知的老北大出版组（部）

1945年抗战胜利后，我家移居东城翠花胡同8号，斜对门16号是北大文科研究所，距离北大一院与三院也都不到半里地。先母自北城南锣鼓巷板厂胡同迁居来此，目的明确，即希望我们兄弟亲近北大，在外面先受点熏陶，以便将来入北大求学。先母鼓励我读文科，说："你身体不太强壮，想象力不如理解力，笔头儿也慢，可以往古的方面发展，争取将来在大学里教书。让你弟弟读理科吧。"后来，按先母的预期，我们兄弟均出身北大，一文一理，也都取得高级职称，我也凑合着在北大教书了。但这些都是后话，先母弃世时完全看不到这样的前景。她是带着深深的遗憾离世的。人子之痛，曷其有极！

且说，我按先母的安排，先熟悉北大。北大那时仍贯彻蔡元培校长的办学思想，门户开放，出入无阻。我常去我家斜对门文科研究所，认识了门房和一位整理明清档案的于先生。也去红楼和北楼，听过几次课，特别是听讲座。到1950年我进北大，已经很熟悉门径啦。

红楼历来是北大的象征，矗立于一院之前，正对南门大门口。大门内侧，东西各有平顶房一大间（各分为里外间），西为传达室（至今还是文物出版社传达室），东为出版部（组）售书处。

售书处内有一大柜台，内外置有大书架几个，堆有数十年积存的各种北大自印讲义。有钉成一本一本的，也有散页。奇特之处，在于散页可以自己挑选，要哪页均可，按页零售。还有校刊，杂志，哪年出版的全有，散页的也零售。我亲眼所见，1945至1951年，直至"三五反运动"以前,这样的售书情况可说毫无变化。据我判断,大约从二三十年代起就是这样。对之有时间停滞的感觉。例如,鲁迅先生在北大授课的讲义《中国小说史》(简称"小说史",不叫《中国小说史略》),我入校时还有散页,不一定能配全。其内容与后来正式出版的不完全一样,似乎是最早的一种稿本。后来正式出版的似乎也有过起码一次增补。那么,这部书最少有三次经修改递增的本子了。我买了几页作纪念,"文革"中惜未留存。

售书处内备有简要书目,从20世纪30到50年代初,各个年代的,有那么十多种,内容大同小异。随意自取,不收费。我原有多种,"文革"中亦散佚。现将1935年年刊《国立北京大学一览》中附载的一种揭载于后。我在1950年见到的较新的书目约较之多一倍,这里面登录的,1950年差不多全有。只是,那著名的"北京大学丛书"中的名作,如《中国哲学史大纲·卷上》(胡适著,本校讲义本1.20元,卷下从未印出,大概是没有写出来),《欧洲文学史》(周作人著,本校讲义本0.60元,正式出版本0.64元),都下架了。代以老讲义《西洋伦理学史》、《伦理学根本问题》。此二书均为哲学系老教授杨昌济所著。杨老先生粹然君子,当时在北大极有威信。1918年10月,举荐毛泽东进北大图书馆,经李大钊主任同意,任报刊管理员。杨老先生旋即于1919年1月17日在德国医院逝世。蔡元培、胡适、马寅初等先生为之理丧。此后多年阒其无闻。这次又摆出泛黄的旧书,我很久以后才恍然大悟其中奥秘,也就很佩服出版部诸执事的揣摩工夫了。

我在北大工作多年后,接触到一些书刊与档案材料,综合所得,简述院校调整前的北大出版部(组)情况如下:

最早的北大讲义,由图书馆属下的"收发讲义室"负责印刷、管理、分发等事宜。1918年3月,校方公布:"本校印刷品日渐增加,现特改'收发讲义室'为'出版部',仍隶属于图书馆。以李振彝为该部事务员。"实际上只是改换名称,表示校方重视而已。工作人员只有一人，隶属不变。可这究竟是新的开端，说明学校重视自己的出版事业了。

北大的出版事务繁重，断非一人所能了。到1920年，出版部就划分为讲义课、售书课两部门，而且起码有三位职员了。同时开始向商务印书馆订购印刷机器，慢慢地越来越壮大，1929年经由"大学区"阶段恢复为"北京大学"以后，出版部改为出版组，完全脱离图书馆，改由校长直属的秘书处直辖，下设印刷股、讲义股、售书股三股。从此机构定型。后来或称股，或称组，或称部，还是干的那些个事。极盛时代，雇工约百余人，在当时的北京是一个大型印刷发行机构，还承应校外印刷业务。

拙见以为，1919—1926年，是北大出版部的开创时代；1929—1937年，则是黄金时代。它有哪些业务呢？

必须首先提出的是，它影印了许多外文的大学教科书和参考书。当时，中国的许多大学，特别是其中的理科以及工、医、农各科，大量采用外文教科书，并指定外文主要参考书。连一些高中的数理化甚至外国史地，也用英文课本。文科中的外文系科与经济、政治等科，凡与洋人的事情有关的课，必然用外文书。这些书籍价格昂贵，而中国又没有加入国际版权公约，不受约束，所以北大出版部大量翻印，品种繁多，不但供应本校师生，还批发给内地省里的公私立各大学、高中，极受欢迎。"本校之出版品，年来骤形增加。其蓬蓬勃勃之气象，不特为国内之重心，亦为世界所瞩目。"（引用《北京大学日刊》）其中潜台词，您就想一想吧。因树大招风，怕职员们控制不住局势，1933年，校方认为："出版组在各大学中历史最久，而规模较为宏大。印刷机、石印石各有七八副，均用电气转动。工人近百人。年来影印西文书籍甚多，并承印校外专著，杂作不少。其工作效能极为可观。然内部管理较为散漫……改组出版组，另设出版委员会管理之。"（档案）企图以"教授治组"的方式，从出版书籍的内容方面加以"学术化、规范化"。岂不知，一则，教授们哪有太多时间,开几次会,提点建议也就罢了。二则,职员们的外文书目,包括一部分样书,均系教授(包括校外学术界)提供的。三则,大利所在,"利息巨万",制止不了。设立此会,对外掩人耳目,平息流言,自己再掩耳盗铃。不过,出版组从此更加暗中运作,对外讳言这些事。因此,到现在,许多人还以为北大出版部专印本校讲义,实则非也。现在讲出版史,商务印书馆自是解放前影印外文书籍的老大哥。它可一直是公开的,有时还取得外国人的同意(如"威伯斯特大字典"之类)。它的这部分书目也公开作广告。北大则比较隐蔽,自己不出公开书目,更不作大量公开广告,因此,有关这方面的情况较少被人提到。那么,外校和外地的人,是如何知道北大影印了什么外文书呢?原来,有每年出版并更新一次的《北京大学一览》,内容按系科课程排列。每种课程均有简介,后附参考书目,一看便知。实为变相售书目录广告也。

当然,北大出版部的正经活计,还是以印刷本校书刊为主。它的最大贡献也在这方面。约言之,可从以下几方面看它的成就:

印刷本校教授的讲义,是一大宗。许多后来的名著,其初稿都以此种形式在北大印刷过。窃以为,这是出版部的光荣,是它为学术作出过巨大贡献的历史上光辉的一面,必须大书特书的。如前引鲁迅、胡适、周作人的三本书,其定本后来均在正式的出版社出版。鲁迅先生的书是中国小说史开山之作,胡适、周作人的书均列入商务的"北京大学丛书",当时声誉很高。再有,如也列入"北京大学丛书"的,有梁漱溟先生的《印度哲学概论》、《东西文化及其哲学》。列入"新潮丛书"的,有蔡元培先生的《蔡孑民先生言行录》;注意:"新潮"是"文艺复兴"的另一种译法,不是我们当代所谓的"新潮"。此外,如刘师培的《中古文学史》,吴梅的《词余讲义》,孟森的《明元清系通纪》,钱玄同的《文字学音篇》,黄节的《诗学》,魏建功的《古音系研究》,等等,后来俱成名著,其发轫均在北大讲义中。但须注意:北大讲义多为其初稿,文物与版本价值超过阅读价值。

　　再有北大出版部出版过许多报章杂志。但须注意：这些报章杂志常前后变换出版机构，有时，只有某一段时期是在出版部出版的，不可把功劳全算在出版部的账上。但是，即使非本部出版物，只要是与北大有关的人编辑出版的，售书处也往往乐于代售。本校代表性报刊有：《北京大学日刊》、《北京大学月刊》、《国学季刊》、《社会科学季刊》、《自然科学季刊》，还有《歌谣周刊》等均是。这里要特别提一提《歌谣周刊》。它是中国历史上第一个通俗文学刊物，地位重要。它又截然分成前后两阶段，二者风格大有不同。前一阶段，主办者是北京大学歌谣研究会，由常惠、顾颉刚、魏建功等负责编辑。1922年12月17日创刊，最早是《北京大学日刊》的赠阅附张，自25期起独立。1925年6月28日并入《国学门周刊》，就算寿终正寝。这一阶段共出98期（包括周年增刊一本），特点是非常重视搜集民歌，开一代采风的风气。由于25期前为附页赠阅，不受重视，所以现在能凑齐此刊全部者，绝无仅有。第二阶段是1936年4月—1937年6月，胡适任文学院院长时主持复刊。共出53期，因七七事变而中止。这一阶段有明显的学院化倾向，注重通俗文学理论研究。抗战胜利后胡适任校长，这一阶段的刊物在售书处摆着。我入校时还有，但不全，我买了一些，"文革"时毁弃。中国书刊的命运向来联结在国家气运的纽带之上，这也是一个小小的例证。

　　因教学需要，出版部影印或排印了不少参考书。文科方面，如张炎《词源》，吕天成《曲品》，周德清《中州音韵》，李玉《北词广正谱》，还有崔适的《史记探源》和《春秋复始》等书。更有刘复改编的《十韵汇编》等。影印的字词典有《龙龛手鉴》、《西儒耳目资》等。这些书后来大部分均经别的出版社再加以印行。北大的印本只有历史价值而已。

　　北大出版组何时升级为出版部，我没有查到确切史料。估计

抗战胜利复校后就升格了。它的实际负责人，大约从20世纪20年代末就是李续祖。他原是图书馆和化学系合聘管仪器的，后来专任出版组以至出版部的主任。他大约生于1890年左右，我入校时，他已年过六十。他的极盛时代也就是出版组的黄金时代，即抗战前那八九年。胜利后复校，物价飞涨，民不聊生，内战越打越大，学生运动一浪高过一浪，他采取紧缩政策，看住摊子吃老本，主要卖剩货罢了，原来的雇工星散。解放后出版部还想有所振作，招来六七个学徒工，只有一名男性，其余全是十七八岁的小女孩儿。她们鳔在一起，出入红楼，有的促狭男生就说，这可是北大新景观。好景不常，"三五反"开始，出版部是油水单位，首当其冲。待等1952年院校调整后，别是一番新气象。我也再没有远远地瞻仰李续祖老先生的机会了，估计他退休了。

最后，拉杂谈几件彼此无关的事：

北大乃多学科多语种的大学，文理各科讲义中什么符号全有，校对十分困难。出版组就招高年级学生课余打工，订有极详细的校对章程，详细到什么文种、何种科学文献如何校法，一行字付给多少钱（以分为单位计算），以及没有校出来和校错了如何扣钱，一概俱全。老学生戏称之为"出版法"。拙见以为，这就是现在出版社的"请外校"。咱们倒可以学习这种"出版法"，一则它虽繁琐但清楚，能作到责任分明。二则为勤工俭学开辟路子。学生若有一定的基础，通过细心校对一本书，比马虎看过几遍强的多。

老北大有每门课都应发讲义的要求而且希望教师常改讲义，不怕连年重印新稿。汤用彤先生的"佛教史"，就不断有小修改，等到在商务印书馆正式印原讲义上册《汉魏两晋南北朝佛教史》的时候，这一部分才初步写定。这是个好传统。同时，旧的讲义，不管是谁的，是哪年的，只要有，就摆出来卖，卖完为止。买了可资比较，知道老师们是如何作学问的，如此求学，我认为不比上课堂差。

老北大出版组还规定,教师要报选课人数,以定印刷讲义额数。讲义印刷以十份为底数。如果只能印十份,则不能铅印与石印,而是刻蜡版油印。外文能用蜡纸打印的尽量打印。多余的几份也在售书处卖。这种"书"存下来的极少。如我买过当纪念品和后来充作讲课用样张的,有德文与拉丁文对照、法文与拉丁文对照的小课堂用的讲义,现已稀如星凤,可遇而不可求矣!可惜在屡次迁居中都失掉了。寄语当代新的收藏家,老北大出版组(部)的印刷品,照我的看法,颇有收藏价值,而且,自然是越来越少。

我与北大结缘已近60年。而今路过中关村大马路,见到北大出版社和印刷厂的办公大楼十分气派,阅览《北大校刊》(相当那时的《日刊》)、两种《北大学报》(相当于社会和自然科学那两种《季刊》)、《国学研究》(相当于《国学季刊》),以及花团锦簇的各种各样的文理各科的书籍刊物,深感时代脉搏跳动之快。我为自己是北大人而骄傲。我更希望,出版史家可以注意注意老北大出版组(部),过去,大概因为它不是个常规出版单位,大家对它注意不够,研究得更不够。这就有点不公平了。

2003年7月20日,星期日,承泽园

深圳图书馆印象

我对深圳图书馆的印象，好得不得了！

这是一个全心全意为人民服务的图书馆。按年龄段，从老人到学前儿童各得其所；按性别，男女性各自特殊需求均充分照顾；按职业，几乎各行各业都可找到与本行业相关的资料；按时间，二十四小时连轴转。可以说，只要读者进馆，一定能如入宝山，决不会空手而归。

深圳图书馆，可说是深圳一景，特别在夜间更是如此。盖因此馆建筑别具一格，采用透明式，夜间灯火通明，似一座水晶宫。这种设计相当大胆，里面的配置，特别是人物活动，外间即便是过路人遥观也能一目了然，晚间更是如此。你在馆内未必能看清楚街头风景，街上人却能清楚看到你。这就促使馆内布置一定要井井有条，馆员必得要勤于所事。而且，要能吸引住馆内读者，让他们尝到读书乐，埋头乐读。这一点，深圳图书馆作到了。不容易呀！

馆员的素质是一个馆能否兴旺发达的关键。深圳馆的馆员素质特别高，而且班顶班儿，显得分外整齐精练，如一队经过加强培训的海军陆战突击队一般。为什么能作到这样？我以为，良好的馆风非一蹴可几，是从这个新馆建馆伊始就着意培养起来的。馆里舍得下本钱，走出去请进来，不单在本地培训，而且大力组织到外地如北京、上海等处，与国家级大馆、兄弟级别馆交流、取经。我与深圳馆的馆员交谈，发现他们眼界开阔，知识层面新颖，与我偶然所见的他处抱残守缺者形成鲜明对比。尤其使人羡慕的是，馆内的男女馆员都十分敬业与爱馆。据我所知，在该馆的人事部门，没有闹调离的，只有各地来函要求调入的。天长日久，该馆的人脸上都显出一种书卷气，这可非一日之功；他们工作时又都有一种"行如风，坐如钟"的作派；他们的言谈话语又都清晰明快，极有礼貌。我但愿全国的图书馆从业人员全能作到像他们一样，中国的图书馆事业必能更上一层楼。

深圳图书馆在全市遍设自动化的借阅网点，犹如通用的银行卡一般，到处可借可还。这是他们具有的先进性独创性之处。这对于提高全体市民的文化水平和进一步提高认识与道德水准极有好处和用处。应该说明，这样做，图书周转率飞速转动，损耗率（包括收回时必要的消毒）必然大大提高。要作到新书源源而至，旧书保持不断补充不断档，购书费用是大量的。据我所知，经济是基础，购书费常常成为影响一些省市级中小型图书馆发展的瓶颈。深圳馆能这样大刀阔斧地开展工作，它的后面一定站着有力的市党政领导。这样的市领导是极为聪明睿智的，他们知道，市里的稳定发展，离不开全体市民文化大提高。

我祝愿，深圳图书馆牛年大吉大利，开门红！

书与人之二

出版社与我

出版界培育我
——从大众书店到北京出版社

吴道弘老前辈屡次提携照顾我,这次又打电话来,派我写一篇回忆与出版界关系的材料。我与出版界的关系往来,大体上自1950年开始,至今将近六十年。我的社会关系人数不多,出版界人士占极大比重,按百分比,与教育界(主要是教师)、图书馆界大约各占四分之一,剩下的四分之一则是不属于这三类人的,那就杂了。可是,我只是一名厕身作者、读者之间的侏儒般始终长不高的人,与高层人士更缺乏来往。这么多年,我只和有限的几个出版社来往较多。我和具体的编辑间的关系也是时断时续,几年换一拨,老朋友只有不多的一些。回忆起来,杂乱而乏善可陈。估计写出点回忆来也精彩不了。没办法,遵命文学,硬着头皮写吧。我想了一个办法:一个社一个社地写,以免头绪纷繁。

且说,有一家出版社是与我有关系的头一个出版社,那就是"大众书店"。私营,1949年4月成立。店址在今西城区西四北大街甲201号,原来是个卖书的书店。1950年6月,在西城区大红罗厂8号另设编辑部,书店和出版社两下锅。郭大钟(镛)老先生是此社的老总,他的夫人沈棻女史与先母于解放后都参加了刘王立明女士领导的"妇女节制会"。我叫沈女史为"沈姨"。郭大钟先生当然就是"姨夫"了。后来我听说,郭先生大约当过阎锡山或傅作义的"少将高参",但他很进步,八成是干地下工作的。再后来我知道，郭姨夫是中国共产党老党员，何时入党的，不好张口问，就不知道了。这家出版社可是他"私营"的，他的两个弟弟管出版印刷，其中一位郭铭先生与我熟识。沈姨当编辑，她先作儿童图书，后来编中小学课本与教学参考资料，晚年大约又回头作儿童图书。

1952年9月，该店西四北大街的门市部结束，从此转为单一的出版社。12月，迁往西四北观音庵。1953年4月，改名为"大众出版社"，后来又改为"北京大众出版社"。编辑出版图书的重点是社会科学特别是教育类图书。1956年8月，公私合营的锣鼓声中，与新成立的北京出版社合并，可能原班人马都被吸收，成为国家干部了。郭姨夫大约永远当副社长或说副总经理，直至退休，前些年逝世。沈姨当编辑，直至编审，退休，于今年将百龄。她的女儿、女婿、儿子、儿媳都和我偶有往来。她的外孙女张弘泓是我的学生，出身北大中文系古典文献专业，现任北京大学出版社副编审。弘泓的妹妹也是我的学生，出身我们北大分校图书馆学专业，毕业论文还是我指导的。听说出国了。

且说，公私合营前，此社打了一场漂亮的大仗，就是为中小学课本编教师用的参考资料。我只知道有语文参考资料。据我所知，此资料配合课本，按册发行，中学部分计有十二册，其它如小学等不详。编写时，利用假期，约请一批学校的优秀教师，在中山公园内集中食宿（住在正放暑假的幼儿园内？），早午晚三段抢活，赶在开学前出版。我当时是北大学生，暑假回家住，家住东城区翠花胡同。家中太热，常去附近的中山公园或劳动人民文化宫树林子里坐茶座看闲书，有时碰见熟人出来"放风"。据说，学习苏联，教案要写明采用"五段教学法"，进行"组织教学"。课堂上要贯彻"教育目的"与"教养目的"。前者是政治思想教育，后者为业务学习目的，均必须写明。一天，与一位熟人偶然碰见，他有点愁眉不展，问我，"请假条"有何教育目的？我脱口而出："加强组织性纪律性。"他对我可是大大佩服了，说："毕业后快来吧！"

这套教学参考资料是浅蓝色封皮的，风行一时，影响深远。人民教育出版社在推行"语言""文学"分科时，继之而推出自己的教学参考资料，后来即使语言、文学不分科了，依然编资料，影响全国。人民教育出版社所出资料的封皮为浅绿色，习称"浅绿皮儿资料"，北京出版社也继续出资料，对老资料习称"浅蓝皮儿资料"。北京出版社维持了这一传统，爰及今日，微波尚传。

且说，我大学毕业后，竟然和沈姨共事约七八年。她当出版社编辑，我当编纂者编书稿。既编从扫盲到高中的课本，继而又编各种各样的参考资料。而且，编校合一。出版社编辑看三次校样并下厂对红一次，编书的人也如此。我学会了校对。当时我们常下的印刷厂在东城区钱粮胡同路北。下厂时，中午就睡在半露天仓库棚里大卷的纸上，许多卷大圆筒纸紧挨着，中间没缝，但有小凹，正好躺在其间，下垫麻包。

一次校一本扫盲课本，虽经过多人三校一对红，临上机印刷时，一位有经验有责任感的老工人一眼扫到一处口号之下：此处应为惊叹号，错成问号。反映上来，北京市副市长兼"北京市扫盲协会主席"吴晗与教育局局长均高喊："要摘我的乌纱帽啊！"几乎要"打通堂"（科班规矩：一个学生唱错，全体挨打）。参与校对的有我，责无旁贷。吓得直打哆嗦，这在当时可是够得上枪毙的罪过呀！幸而错误已经找出，领导不愿过分追究，一天云雾散了。我从此更加理解了校对工作的重要性了。也尽量往编纂古代文献里躲了，因为，那里标点校对出政治问题的或然率不大。

改革开放之初，郭铭等几位搞出版的先生，找我给出点子。我建议，趁恢复高考之东风，编写：一、出一部"新古文观止"，即是把解放以来历年各种初中、高中语文课本的古文全找来，混编在一起，加上解题、标点、注释，并翻译成白话文。因为，无论课本怎么变，变来变去，大体上出不了这百十篇范围。一个学生或一位语文教师，手此一册，基本上可用六年，其效用相当于初高中全套数学题解。二、出一部外号可称"高考文言文押题集"的书。该书分三部分。一为历届高考文言文题目,是为"已陈刍狗",从而看高考出题路数。二为模拟题。此二者均应有题解、标点、注释、译文。模拟题每年抽换一部分,高考题叠加。三为文言文词汇与语法,针对高考题,侧重临场发挥的指导。

郭铭等几位先生竟然基本上采纳了我的建议,并委托我找几位挚友共同编写。为快速出书,稿子一到,不经过编辑部,直接由出版部立即发排。这样出了几年几版,我因北大工作忙,干别的事去了,从此与此种事绝缘。也因稿费不多,瓜分后所得无几。听说累次印行达上百万册,当时郭铭先生说,照顾没钱的广大教师与学生家长,薄利多销。当时不计版税,光顾卖稿子,事实上也无从追讨。

20世纪90年代初,我还参加了北京出版社的连续四套《大家小书》的筹划。这套书的创始人应是北大校友韩敬群同志,接续者是楼霏女史。我们合作颇为愉快。他们还在这套书里掺和进我的两本书。我说我不是大家,他们说一辑中要掺和一两个当代的人,最好是列名编委的。别的编委谁也不敢干,只有我冒天下之大不韪了。不过我有点自知之明,在前言中声明:是小书,绝非大家,应命凑数而已。

拙见以为,北京出版社的一个副牌"北京古籍出版社",曾经创造过辉煌的历史。它的一套"北京古籍丛书",对推动与普及北京史研究起了极大的作用。那些书,在解放前都是很难得的。而且,经过校点,阅读起来容易多了。校点者与责任编辑,如赵洛、金寄水、左步青等位,均是一时之选。现在很难找到这样的人,和搭配成这样整齐的班子了。

新闻出版署"古籍规划办公室"下辖二十二个古籍专业出版社,北京市就占两个:北京古籍出版社、中国书店出版社。我以为并且常说,中华书局好比古籍规划办公室的太子,上海古籍出版社好比亲王,下余的二十个社是二十路诸侯。它们在全国数百个出版社中独树一帜，古籍规划办公室优先给它们补助。别的社不占相应。我听说，最近北京出版集团改组，要牺牲一块副牌，就把北京古籍出版社这块牌子给摘了。我跟一些位掌点权的同志说："安能把江东基业，拱手让人！"终究是把牌子给摘了。听说，人民文学出版社趁虚而入，坐进第二十二把交椅。不免慨叹。为之扼腕。继而又想，我算干什么的，不免借改日本作家芥川龙之介的两句诗以摅怀：

休言竟是人家社（原为"国"字），我亦书生好感时！

2008年1月26日，星期六。紫霄园

一以贯之地培养作者
——一面，一指，一种杂志

1959年夏秋之际，我到东总布胡同10号中华书局访问程毅中（仲弘）学长。经仲弘学长之介，陆续与中华各部门及其人员有了或多或少断断续续的业务联系，至今成了中华的老熟人，屈指五十载矣！

1959年是大跃进的年代。中华书局和我当时所在单位都是每日早午晚三班工作，晚上加班到21点钟，只有星期六晚上和星期天全天才休息。什么叫报酬，无人提起。可是，大家干劲十足，甘心情愿，工作热火朝天。然而，活儿还是干不完。仲弘学长征得领导同意，把一些不重要的古籍标点活计拿出来给我干，这却是有点报酬的。我就在晚上约22点钟下班抵家并草草盥洗后再加一班，午夜方休，全仗着第二天午休，躺在办公桌上睡得如死狗一般。星期六晚上和星期天全天更得搭上。这样干活，直到三年灾害时才停止。

1961年，中华迁翠微路2号大院，工作人员大部分亦迁居此处。大约在国庆后不久，仲弘学长通知，说书局一把手金灿然先生要在星期天约见我，地点在金先生府上。届时，仲弘学长率我前往。只见是一处平房小院，花木扶疏。金先生在客厅接见。他劈头问我对郑振铎的学术的评价。我安敢妄议前贤，嗫嗫嚅嚅，说不出来。他为我解围，说了他的看法，大致是，郑先生的学术，既博且精，应学习郑先生贯穿中外文史，打通图书、文物、考古的精神与做法。

我说心向往之，于今做不到。他说今日图书、文物大部归公，考古工作如日方升，远非解放前可比。我说，这对专业工作者有利，一般人限于条件与时间，仍然难以做到。他说，达不到郑先生的水平，当个小杂家也不错。会见至此结束。从此我再也没有晋谒金先生的机会了。那时我正值而立之年。据我所知，此前几日，金先生还接见过我的大学同班金开诚、李厚基等位学长，后来还找天津南开大学的几位青年人来谈过。别的人料想还有。

这次晋见，对我的一生起了决定性的作用。一方面，从此，我立志朝向"当个小杂家也不错"的方向努力，最后成为一个样样稀松的打杂的。自觉愧对金先生。不过，不管好坏，不论程度，我确实是这么干啦！另一方面，中华通过仲弘学长，更加派活。到1965年夏季为止，活计大致可分：一种还是古籍校点，例如：徐铉的《稽神录》，晋见后几天就交下来，我体会有业务审核之意，战战兢兢地标点了。此书在36年之后得以出版，金先生墓木拱矣，不胜泫然！接着，《晚清文学丛钞》之中的小说类的标点任务就下来了。我干了不少，可是一本书也没拿到。自觉是已经拿过标点费之故，比起仲弘学长等位白干的占便宜大了，也就心安理得啦。希望谒见阿英先生一次，答应了，没有机会。40年后的2001年，初次有幸见到阿英先生哲嗣钱小惠先生，略表寸衷与遗憾。不料钱小惠先生竟然和他的弟弟分别在京、沪两地凑成一套八册"晚清小说卷"，几十里地老远跑来，光降舍下，赐给我了。如此光宠，不可不记。还有别的活计，不再列举。另一种是翻书，参与找李白、杜甫资料，后来结集为《古典文学研究资料汇编》中的两种出版。记得《全唐诗》、《永乐大典》（影印本）是我翻阅的。今日有检索光盘，一举手之劳矣！尚翻阅多种文集，不赘述。再一种是派我写《知识丛书》中的一本，乃是"世说新语"，限十万字左右。初稿由王瑶（昭琛）老师审核，打回来叫大修。时已近"文革"，自知无望，弃置箧中。挨革时此稿抄走，下落不明，只余附录一种，"文革"后家事扰人，意兴落寞,剩稿由知交李昭时同志整理,交中华《文史》第七辑刊出。还有一种差事,即对日本研究中国古典文献的动态做些报道。编写了几篇,有的发在当时由俞筱尧老哥主编的《古籍整理出版情况简报》上。从此与俞老哥和"简报"建立了联系,至今不断线。"文革"后,严绍璗学长异军突起,成为研究日本的大专家,我自惭形秽,赶紧洗手,乐观其成矣。

我在1959—1965年之间与中华的关系大略如上。不难看出,其中隐隐有金先生衣被后学的影响在,也有如仲弘学长等提携的力量在。重要的更在于,经过金先生指路,中华从工作中培养,决定了我一生的道路。这"一面"之关系大矣!

"文革"羯鼓声高,和弦音寂。1972年左右,长沙不久留才子,中华群公自咸宁五七干校陆续北还。蛰伏的我又给中华——还有《文物》杂志——打杂啦。但是,生活不安定,干扰极多,总是塌不下心来。仲弘学长交给我《楚辞补注》标点,说义务劳动,解闷儿。我三天打鱼两天晒网。约1975年,邓公复出,知识分子又有复苏之感。忽一日,中华召集二十余位中青年人,在新址王府井大街36号大楼二层南头大房间(此房间当时是会议室,不久成为文学编辑室所在)开会。实际主持人是褚斌杰大学长。会上散发一份选题选目,说要出一套"知识丛书"类型的小丛书,让大家自认题目。我认为,按当前形势,这套书出不来,即使出几本,也是批判对象,说不定给作者和编者惹出多大麻烦来。因而极为消极,缩在远离褚爷(尊称,由京剧中褚彪的尊称引申)的西南角落里,一言不发。将近散会(当时无招待吃饭一说,更有粮票问题,故临近饭时必须散会。但据程毅中学长说,那次中午确实是由中华请客,在书局食堂吃便饭。因临时吃饭的人多,程大学长还下厨帮忙),捧场领任务者寥寥。褚爷有点着急,隔着长桌子远远地冲我一指:"老白,'敦煌俗文学'这个选题归你写了!"这一指,决定了我后半生业务的努力大方向。

原来，仲弘学长和我在大学时期经常一起读书，有一段时候，以郑振铎先生巨著《中国俗文学史》为中心，共同钻研俗文学。这一点，大约仲弘学长向金先生介绍过，所以召见时有所垂询。褚爷可能早有所知。其实，仲弘学长后来深入斯学，写下极富创见的有关变文的论文。我则旧业早已抛荒，拾不起来了。

不久，"四人帮"倒台，大地复苏。中华可就催稿啦。当时尚在《文物》杂志编辑部服务的沈玉成学长见我转磨，就带我去谒见斯学泰斗周绍良先生。从此，我拜周先生为师，学起敦煌学来了。那时，这条道上路静人稀。可是，中国的知识分子是极聪明最要强的，只要给他们一定的条件，如能坐下来，少干扰，创造些获取相关资料的机会，即使条件比国际上同行差得多，他们也会毫无怨尤地自动干将起来，并且迅速追回荒废的岁月，赶上国际同行。1983年敦煌吐鲁番学会成立后，这股东风刮得十分强劲。现在，我国学者在敦煌学方面早已居世界前列。我则由于主客观种种原因，在敦煌俗文学研究方面非常落后了，只能有时混在敦煌学界，打打杂而已。国内外学者在这方面的新著如林，读后自惭形秽，自然噤若寒蝉矣。派我写的小册子始终也没写成，愧对中华和程、褚诸大学长。不过，这一指影响甚至决定了我后半生的业务走向，却是肯定无疑的了。

拨乱反正后，我与中华的关系更密切了，但是，多数情况下是以小作者的面目出现，与"文革"前的单纯受雇有所不同。也编写出版了几本小书，无足轻重，不赘述。要说的倒是，1980年，我正值一生中第二次痛不欲生的危机之中，袁行霈大学长从来爱人以德，不露声色地暗中助人，他介绍我与中央电视台的张复华同志相识，一同去拍《苏东坡月夜访石钟》的电视片。其实，当时我的地位和学识远不足以当此重任，这本是袁大学长的差使，让给我去排遣愁思了。我心知其意，感激之极，可从来没有对谁提起过。我愿借此处篇幅说明此事，并向他表示意重言轻的感谢！

这时，中华领导和诸位学长（仲弘学长肯定起相当大的作用，不过他至今不提）似乎也有为我找点转移注意力的排遣方式的想法。适逢其会，李侃总编辑要杨牧之学长办一份刊物，承蒙不弃，首先找到我。我心知其意，虽自知地位和学识更是不能当此重任，但是美意难辞，于是承乏编委，于今三十年矣。我进入中华的又一新天地，当了编委，除了出主意，组稿，还有写稿任务。《文史知识》的文风要求是深入浅出，说理透豁，又得让高中程度以上的老中青读者全能读懂并爱看。在写稿过程中，我力求一以贯之。久而久之，似乎成为一名编写"社科科普"文章的作者了。应该说，在为《文史知识》写稿前，我写稿不多，公开发表者更少。《文史知识》把我培养成一个尚能动笔的人。而且，一种杂志铸成一个人的文风，起码是表现在我身上了。

《文史知识》还培养我进入了两门学术领域。一门是对汉化佛教的佛寺、佛像、法器服饰等方面的介绍性阐释，这是与旅游之风兴起有关联的。我师从周绍良先生，周先生那时已经由被迫家居而逐步东山再起，进入中国佛教协会工作了。我以近水楼台之便，得以经常出入庙门，就近研究。另一门呢，原来中央电视台想办一台新春大联欢晚会，张复华同志与我计议，搞春节迎春征联。我建议与《文史知识》编辑部等合办。杨牧之学长抓住这个机会，迅速投入几乎全部兵力，干好此事。应该说，杨牧之学长是这三年三次征联的事实上的主要组织者和领导者。这件事对提高《文史知识》的知名度颇起作用。原委具见我为庆祝《文史知识》创刊20周年所写的有关三次征联的回忆中，亦不赘述。我有意外收获。我虽在高中时期因系支撑门户的长男，解放前有时参加红白事活动，需要拿着"对联宝典"之类书籍硬凑几副联语，也不过照着葫芦画瓢罢了。解放后早已不玩这一套啦。此次重拾旧业，在刘叶秋先生、吴小如老师和仲弘学长的指导下，逐渐有点摸门儿。后来，经许逸民学长亲任责任编辑，居然在中华出了一部校点本《楹联丛话》。

一以贯之地培养作者——一面，一指，一种杂志再后来，经过编纂《敦煌学大辞典》，与上海辞书出版社杨蓉蓉主任等位熟悉了，竟然在他们那里出了两种书。其中一种是通俗小册子《学习写对联》，1998年在上海辞书出版社出版，责任编辑是杨蓉蓉亲自委派的周伟良同志。2006年，《学习写对联》的改编本由贾元苏女史任责任编辑，改名《闲谈写对联》，又在中华出版一次。中国楹联学会（此会之成立与第三次征联评联极有关系）成立后，也赏我一个"顾问"头衔，得以追随刘叶秋、朱家溍诸老、吴小如老师、仲弘学长各名家之后，何幸如之！中华的一种杂志培养一名作者在两种学术方面作出点小成绩，也体现在我身上了。

总括来说，中华书局在培养作者方面成绩卓著，以上不过举出个人为例。十分惭愧的是，42年来，我的进步太慢，辜负了中华书局和诸位领导与群公的期待。中华书局对得起我，我对不起中华书局！

出版社培育我：
上海辞书出版社与杨蓉蓉女史，
以及渊源所自的刘铭恕先生

我与上海辞书出版社的关系，主要是通过该社原语词编辑室主任杨蓉蓉女史联系的。与我熟识的该社的人，至今不过五位：杨蓉蓉女史，原总编辑严庆龙先生，我的两位责任编辑陈崎和周伟良同志，以及逝世的林申清同志。

渊源所自，当自刘铭恕先生说起。

2000年8月16日下午，笔者收到系里转来的郑州大学文博学院发来的电报："沉痛告知：刘铭恕先生于8月12日11时8分因病在郑州逝世。18日上午8时在郑州殡仪馆举行遗体告别仪式。"顿感脑筋发木，镇定一下，赶紧打长途电话，请治丧委员会办公室代办送花圈等事宜。然后与柴剑虹兄通电话，把好不容易打听来的郑州电话号码告诉他，请他代表中国敦煌吐鲁番学会致电。办完此二事，舒了一口气，陷入追思。

笔者初识刘老，时在1984年10月16至21日，在杭州参加"中国敦煌吐鲁番学会语言文学分会成立并首次学术研讨会"之时。会后，并随同他老人家，和与会代表一起游览宁波、普陀。我久已震于刘老在敦煌学界之声名，谒见后方知是一位"即之也温"的蔼然长者。他老人家了解了笔者正在准备开敦煌学目录的课程，并想招收相关的硕士研究生的时候，对我再三鼓励，并说此后要经常联系。

当时我正在备"敦煌学目录"的课,此课除了目录学的内涵外,还得给初入门者补充一些"书史"、"印刷史"等方面的专业常识。我的备课方法是笨法子,从阅读采集原始资料做起,主要阅读以下原始资料:一、各种敦煌遗书目录,重点是《敦煌劫余录》,《敦煌遗书总目索引》中的《伯希和劫经录》、《斯但因劫经录》这三大目录,摘录其提要中相关材料。二、其他直接资料,如《敦煌石室写经题记》、《敦煌古籍叙录》等,摘录的重点同上。我一面据此中所得慢慢地编写讲稿,一面从中挑选出一部分写成单篇文章,在系里的内部刊物等处刊载,为交流请提意见用。其中主要有三篇:《王重民先生的敦煌遗书研究工作》、《敦煌汉文遗书中雕版印刷资料综述》、《敦煌汉文遗书中有关图书文献资料札记》,现在看来,都是极为浅近和不完不备的东西,可那时却是费了相当力气才初步写成的。初稿都寄给刘老看了,他回信,很鼓励我,但没有提任何意见。

"后进何人知大老!"现在,知道或者说能够正确评价刘老在敦煌学方面的成就的青年人可能不多。在这里,请允许我啰嗦几句,略作介绍:刘铭恕先生(1911—2000年),河南淮滨(原属息县)人,是著名的古典文献学家刘盼遂(铭志,以字行,1896—1966年)先生幼弟。1933年毕业于北京中国大学国文系。1934—1936年间曾在日本早稻田大学留学。1936年起,先后在山东省图书馆、金陵大学中国文化研究所、南京大学历史系等处工作。1956年调到北京,在中国科学院图书馆工作,颇受副馆长贺昌群先生器重。约在60年代初回河南,先后在郑州大学的历史系、文博学院等处任职,80年代中方由副教授升为教授,真是太迟了。刘老是我国第三代敦煌学者中的出色人物——如果把王国维、陈寅恪等先生算作第一代,向达、王重民等先生算作第二代的话——其突出贡献为独立编纂了《敦煌遗书总目索引》中的《斯坦因劫经录》。这部目录是刘老于1957年在中国科学院图书馆工作的时候,利用刚刚进馆的英国缩微胶卷,以"大跃进"的冲天干劲,在几个月时间内编录完成的。别人在"大跃进"中干出的活计怎样,笔者不敢说,刘老的工作可确实是经得住时间考验的。王重民先生在《敦煌遗书总目索引》的《后记》中,对此目与英国人翟理斯所编的《敦煌汉文写本书解题目录》对比后,评价说:

> ……还是刘录比较正确,而且对于我们也是比较适用的。……刘录在一些重要卷子的著录下面,使用了三种说明方式,以表达出那些卷子的内容和特征。第一,"题记",……第二,"本文",凡简短的重要资料、契约、文告、诗词都移写出来,供读者参考使用。第三,"说明",凡是需要解释,或需要用其它文献证明才能反映该卷特征的地方,都作了必要的说明。有的还引用了相关的参考资料,或由编者提出了自己的见解,这些都是对读者有用的地方。在这些地方,翟目和刘录最大的区别:……刘录则是根据我们的需要(比如说对建立历史科学的需要)来提供资料的。

王先生文中对刘老此录的评价,字数不少,内容颇多,据笔者看,至今都对我们研究敦煌学目录和评价刘老的这份工作有极为正确的指导意义。希望有兴趣的读者自行阅读,限于本文篇幅,这里就不再赘引了。

笔者后来写成《评〈敦煌遗书总目索引〉》一文,发表后又将其中要点收入拙作《敦煌文物目录导论》一书内。其中对刘老业绩的评议也相当长。从各方面作了一些分析之后,总括性的评价大略如下:

> "……尽管一位专家业务水平十分熟练,责任心又极强。如果迫以期程,要求他过分地跃进地完成任务,那么,小错误也是难免的。何况看的还是缩微胶卷,……因而,必

须指出，……从客观上说，是不能完全由刘先生负责的。正像王先生在《后记》中说的，刘先生在几个月的时间里，竟然干成了比翟理斯三十多年的工作还要好的活儿，实在令人惊叹。……特别应该指出的是，编成《敦煌遗书总目索引》，可说全仗刘先生此录。……只有刘先生此录是新编的，……而如果没有刘先生此录，三大馆藏缺一，当时这本书就编不出来。可以说，这是刘先生为《敦煌遗书总目索引》所立的最大的汗马功劳。"

　　拙作论文寄给刘老看过，他也没有表态。可是，1987年他到北大来参加一次文物系统的会议，住在勺园二号搂，我和我爱人李鼎霞去谒见，他对我们异常亲切。当时还与我合影一帧，并与文物出版社社长杨瑾大姐及我们夫妻四人合影一帧。现在看来，这两张照片虽然照得不好，但其资料性极为珍贵。可惜，现在已经找不到底片了。从此我就失去了再次亲炙刘老的机会，而今更是人天永隔矣！

　　且回头来说，1985年8月3—9日，在乌鲁木齐召开中国敦煌吐鲁番学会第二次国际学术研讨会。我在会后赴敦煌参观，又到北疆考察，9月7日才回到北京。会议时已经有上海辞书出版社的领导和宁可等位牵头，为编纂一部《敦煌学大词典》作准备，我当时并不知道。9月20日，我在北京图书馆敦煌资料中心（当时似仅为筹备处）见到学会的工作人员王东明，他说樊锦诗（当时是敦煌研究院副院长，现为院长）到了北京。那时，《光明日报》等报纸正以整版篇幅刊载对她的特写报道《敦煌的女儿》，而我招敦煌学目录的硕士生，报名者稀少，只有一位，就是现在中国社会科学院历史研究所干此项工作的副研究员杨宝玉。我想鼓舞学生献身大西北的斗志，赶紧跑到樊锦诗下榻的"上园饭店"，请她来北大作报告。她在9月26日晚来作报告，大受欢迎。可事后报考者仍然仅有杨宝玉一位。此事另当别论。我在20日晚上赶到饭店时，才知道一批人在此处开《敦煌学大词典》的首次正式工作会议。刘老也出席了，他是编委，负责"版本"和"四部书"两部分。中华书局的柴剑虹同志也是编委，负责"文学"、"音乐"等部分。柴先生约我写点"文学"词条，我答应了。刘老只说让我多帮忙，我也漫然答应了，心想也就是写几条词条罢了。刘老还特别嘱咐责任编辑杨蓉蓉女史给了我好些种词目表，我也漫然地收下了。这是我首次与杨蓉蓉女史结识。我自觉与这部书关系不大，恝然置之。

不久，我就接到刘老来信，寄来"版本"条目。一看，大喜，觉得刘老真是照顾我。条目，就是现在《敦煌学大词典》上所载的那些，差不了一两条。材料，那都是上述我那几篇文章中有的。于是，为了让研究生杨宝玉练手，再拉山荆李鼎霞帮忙，立即组成三人班子，很快写成初稿——后来出版时改动不大——并向刘老报捷。刘老回信说，完全相信我们的能力，他不再审稿了，叫我直接寄给杨蓉蓉。我照办。当时我总认为，我们写的只是"版本"词条中的一部分，刘老自己或者他会另外安排别人写此外的词条，那就与我毫无关系了。我们这个"三人小组"只是"版本"和"文学"两类词目中一部分词条的撰稿人而已。

一转眼到了1988年，宁可先生忽然召开几次撰稿会议——每次到者十余人——说是"四部书"词条也由我来写，并说，"版本"、"四部书"的条目就是杨蓉蓉颁发的"词目表"中所列的那些。我细看词目表，大惊，原来"版本"条目就是我们编写的那些。刘老写的部分"四部书"词条原稿也拿给我看了。我的感觉是，敦煌学真是时刻需要原材料和注意新成果的一门学术。刘老在郑州，显现出对这两方面有耳目闭塞的样子。我虽然在业务水平上与刘老有天渊之别，可是在北京，占有优势。于是表示，"四部书"部分另起炉灶，按词目表全部改写。而且表示，刘老必须仍旧担任编委，否则，主编诸君和我就不好处理与刘老的关系了。宁可先生与我

出版社培育我：上海辞书出版社与杨蓉蓉女史，以及渊源所自的刘铭恕先生

意见完全一致。于是，我们家的三人小组开辟新战线，并较快地完成了任务。这事，我也及时向刘老报告了，刘老只是表示全部委托，别的啥也不提。我在几年的交往中体会到，这似乎是他的一贯作风了，所谓"世尊无言，即是默许"者是也。

这回，我可是把这部分词条压在手中，假装没写。把宁可几位急得不断地催，还坐汽车来舍下一次。我依然推挡。为甚么？因为我经过"文革"还没有改造好的私心杂念大大地膨胀。我想："版本"、"四部书"两类词条现在都由我负责编纂，可是我如同大丫环掌管锁钥，还没有相当名分呢！我已经再三主张维持刘老编委的地位，可是，身为主要负责人的宁可先生，有丰富的与人斗争和人际关系经验，难道就这么使唤我么！1990年敦煌会议上，我对宁先生就有点懒洋洋地了。我还长期地苦思："版本"、"四部书"的词目是否能增加一些？后来，一因"编委"老没人提我，我想派我干啥就干啥，不必多想分外之事。二因怕"露才扬己"，伤及刘老，也就多一事不如少一事了。

后来，我向杨蓉蓉女史直接提出保留刘老并增补我为编委的事，拿出猪八戒摔耙子的架势，不知他们怎么商量的，赏了我一张编委证书，满足了我的虚荣心，我才马上把词条全给杨蓉蓉寄去了。但是，对增补条目的想法，也懒得再去想了。这两部分条目是否应当增补，我认为可以补一些，但不多。同时，应当给这两类各写一个总括性词条，宁先生曾对我提过，我当时处于暗中鼓气状态，没然他这个茬儿。于今追忆，自己真是小孩子脾气。现在写出这些，也算编写这部词典的一点小小的文史资料。我愿借此向刘老作深深的忏悔：他老人家总是默默地提携我，他是一位真正的绩学长者。他后来在词条编写方面虽然没有亲自动手，是客观限制使然。用汉高祖的话说，刘老乃"发踪指示"的人，我最多是"功狗"而已。

我通过写词条，和杨蓉蓉女史以及主持此事的严庆龙先生逐渐熟络起来。

这部辞典的撰稿部门迄无定所，大约在当时的文津街北京图书馆分馆工作时间较多。主要人员有宁可、沙知、李永宁等几位。荣新江似为供稿主力之一。但是，据在下看，上海辞书出版社堪称忍辱负重，到后来真是忍气吞声，央及各位撰稿人（典型之一恐怕是我）赶紧赐稿。敦煌学本来就是一种五花八门的学术，各位撰稿人又缺乏写词条的基本功，怎么写的都有。严庆龙先生就曾几次光降舍下，传授给我怎么写"导语"等基本常识，使我获益匪浅。应该说，许多词条全是编辑人员屡次修改的成果。要是没有他们的不懈努力，这部书绝对出不来。其中，严庆龙、杨蓉蓉是绝对主力。我至今还常常想到，上海辞书出版社下大本钱，赔钱受累，顿兵于坚城之下多年，牵掣大量人力物力财力，究竟值不值？答案是：值！20世纪80年代，我国敦煌学界大部分人士都有一种危机感，怕的是此种辞典由别的国家（如日本）率先推出。此书的出现，使中国的学者大大地长出了一口气。此书的质量，我看在当时绝对一流，而今也不落后。我们设想一下，要是没有出版社下大力死力，光凭一帮光杆学者，绝对不行！

京沪两地悬隔，交通工具在当时主要靠火车，一来一去，两天就报销啦！出版社自己同时还有许多别的辞书稿件等要发稿，他们的人力紧张。后来，出版社就屡次组织一些撰稿人赴沪，在社里定稿。

1992年9月20日至24日，我匹马单枪，首次到该社"定稿"，见识了该社的风貌与风格。杨蓉蓉女史亲自接站，为了省钱，不辞劳苦，扛着我的行李卷上公共汽车回社。不料车上太挤，路过陕西北路457号该社门口，竟然没挤下来，过了两站。我说，我掏钱打的吧，没几步路，花不了几个钱的。她坚决不干，挤上回头车，又回来啦！

到社里一看，原来该社使用的是香港著名大商人"何东爵士"的花园楼房。当时编辑部在一层二层都有，二层还有领导办公室。语词编辑室占一大间和一小间。我想，按常规，主任得自己在小间办公。岂不知，杨主任亲率大部分人马在大间，桌子挨桌子，她的办公桌夹杂在众人之间，一点也不突出。小间由林申清等一二人坐镇，显得孤凄。林同志是上海几位老一代版本目录学家如顾起潜（廷龙）、潘景郑（承弼）等位先生共同培养的弟子，青年有为。办公休息时，我在楼外与他交谈甚欢，订交而别。他不久东渡访书，查出身患绝症，归后瞬即逝世。杨蓉蓉痛失袍泽，以我与林君为车笠之交，电报告知，我赶紧打电报将挽联稿传递过去。

林申清同志与我虽系初交，但肝胆相见，将他的《宋元书刻牌记图录》、《明清著名藏书家·藏书印》等书稿见示。我问杨蓉蓉，为何不能在该社出版？她说，本社人员，碍难出书。我返京后，将书稿交北京燕山出版社社长陈文良学长，陈公说是要出，一拖数年。后由北京图书馆出版社陆续出版，头一种书是林生前出版的，他2000年8月去世，书是1999年出的，杨蓉蓉还记得，他见到书很高兴。我松了一口气。据我所知，虞万里同志是杨蓉蓉的表妹夫，是一位谨严的学者，当时也在该社工作。据杨蓉蓉说，虞原来在汉语大词典编纂处，职称一直没解决，当时社长李伟国与华东师大教授汪寿明谈起此事，萌生调他进辞书社的想法。1997年进社后，他一直努力工作，并没想离开。2000年华师大文字研究中心找他，想调他去那儿，后来又迟迟不动，2001年3月上海社科院程兆奇来谈起此事，就介绍他去社科院了。调往社科院是2001年10月。杨蓉蓉亲自在业余为他的著作《榆枋斋学术论集》作特约编辑，编成后送江苏古籍出版社，2001年8月出版。我佩服杨蓉蓉女史这种公私分明的鲜明立场与风格。据我所知，她不是党员。她是工农兵学员，学历较低，但刻苦自学成才。她爱书，经常逛的只有书店，别无所好。特别在编辑技术等方面，她绝对是专家里手，社中无有不服气者。她要求自己甚严，提升为副编审后再也不提升迁职称的事。据她自己说，没申请正高职称不是对自己要求严格，因为实在太忙，迟迟没去参加晋升职称的古汉语考试。一次正常出差，她说，不是别人有意安排的，她根本没想到躲避，因为忙得根本不把此事放在心上，出差回来，已有同事替她报了考试的名，既然报了，就去考了，因此升了正高。可是，社里有人笑对我说："这回，她上当啦！"

1994年1月1日至5日，我趁与山荆游杭州之残步，又到上海。这回大约因为有我爱人的缘故，杨蓉蓉与周伟良驱车来接。两次我均住定稿楼211号，不用交住宿费。此楼据说现已不存，那是一幢二层旧楼，一层另作别用。二层只有几个房间，招待来客。每间屋内有两三张床，两张桌子，几把椅子。特点是无法也不用锁门，一拉门就走。室内物品保证安全。看楼并打扫房间楼道的是一位老者，兼烧锅炉。晚间下班后可以洗澡，水尽为止。白天则供应开水。工作效率极高。全社职工均都如此。社里供应三餐，凭饭票就餐。大概是白吃，起码住的客人是白吃。为了与别的单位错开上班时间，上班较晚，一到先吃早点，然后坐班。除中间休息可以聊天外，全社一片寂静，有正事办公楼外去谈。午休时间甚短。下班较早。吃完晚餐各自打道回府。我等住宿者无处可去，干完活儿在何东大楼外花园中闲逛。这个园子，从上海寸土寸金的角度审核，相当的大。晚间时有野猫捕老鼠，眼冒黄光或绿光。

该社另有旧式八层大楼一座，坐落在洋房之旁，其中储有解放前中华书局上海总局全部本版书刊。我进去看过，觉得尚未充分利用，颇觉可惜。

应该说，我在北京市的各个出版社巡回过，均未发现如此工作效率高、敬业乐业的社。杨蓉蓉除了对自己要求特别高，另一特点是对撰稿人极为热情，尽量帮助。《汉语大词典》出版之际，她劝我买一套，并以七五折代订。定书票存她处，每出一册由她包裹好寄京。我要的别的书亦莫不如是。而且书到即寄，绝不耽搁。我寄回的信汇，她却往往一个月也不去取，问原因，说太忙。我才知道，她是如何地忙，如何地先人后己，我欠她的情太多了！她还在该社

出版社培育我：上海辞书出版社与杨蓉蓉女史，以及渊源所自的刘铭恕先生

语词编辑室为我出版了《学习写对联》一书，为我爱人和我出了另一本书。陈崎和周伟良分任责任编辑。据我所知，把关者是她。

杨蓉蓉退休前被评为上海市优秀女出版工作者，拍摄有《谁持彩练当空舞》电视片。该片摄影者曾到北京访问我，我说："杨蓉蓉的敬业乐业精神绝对一流，按她的水平与自学精神与努力程度，她是可以成为一位优秀学者的。可是她一心扑在编辑岗位上，心无旁骛。她是个大病号，有肾病综合症，吃激素吃得虚胖，走路带晃，可是绝对不误上班与出差。她是我想学而学不到的模范人物，极有高山仰止之感。"

书与人之三

书 店 与 我

及时的回顾与前瞻

——读《中国旧书业百年》

读郑西谛先生《劫中得书记·新序》(《郑振铎全集》第六册776页,花山文艺出版社1998年版),有云:"我曾经想刻两块图章,一块是'狂胪文献耗中年',一块是'不薄今人爱古人'。"读徐雁同志的新作《中国旧书业百年》,蓦然想到,徐雁同志倒是可以刻这么两块图章,虽然,严格地说,他还没有到达真正的中年呢。不过,以他的"狂胪文献"的劲头和作出的成绩,以及他作学问的态度,这两块图章的内涵,安在他身上满合适的。当然,由于时代不同,他和郑西谛先生所关心的和从事的,自然不会完全一样。但都与古旧书业密切关联,其内涵可说大同而小异焉。

中国的旧书业,姑且就我亲历的,可从20世纪40年代算起的,到现在还有多种联系的北京旧书业来说吧,那是培养出一代又一代学人的温床。我虽称不上学人,却是深受其惠六十年。读此书第一篇,仿佛又回到我的青少年时代。在东安市场书摊、隆福寺书铺"淘书"的往事如在目前。第三篇前半是学习"中国书史"时老师痛心疾首重点宣讲过的天灾人祸国难家丑,印象深刻。后半则多为亲身经历,言之伤心,在此处不复赘述矣。第四、第五以至第八篇,亦复如是。

我与徐雁同志等位有同感,即,中国的古旧书业,20世纪50年代的"社会主义改造"可能是分水岭。此前,还有许多位大藏书家陆续捐献珍藏,如周叔弢先生、傅增湘先生等位,堪称有巨大贡献之代表焉。国家及各省市、各大专学校图书馆，那一阵子也经费充足。50年代初我亲眼所见，东北某大学采购员来琉璃厂书肆买书，并不细看，顺手一指，说："这一扇墙的书，我都要了！"令我咋舌！可是，书肆青年伙计说，这样的豪客不少。经过这么一捐献，一采购，留给读书人的余地不多了。"文革"来势迅猛，史无前例。我深受其害。特别于焚书之事创巨痛深，难以言表，也就甭说啦。改革开放以后，万物昭苏，又是一番天地。这几年，流行拍卖会上所见，新的藏书家又冒头啦。由于旧书已经不多，以老藏书家的眼光来看，他们太寒酸啦！黄裳先生是解放前出道的，专收明本、清本，照我看，也算是藏书家了。有一次，在顾起潜先生北京的府上侍坐，偶然评议这方面的人和事。顾先生认为，黄先生还算不上藏书家。可是，当代能赶上黄先生原来的藏书水平的，我想恐怕不多了。再说，当代的藏书家，恐怕有那么几位属于"倒书"的，和解放前后书肆的掌柜的甚至资深伙计差不多。铜味儿兴许更浓呢！

再说，当今的古旧书业，以一些北京中国书店的分店为例，卖的多半是新出版的古籍、艺术、考古文物，以至于历史、地理、中医中药等书籍，好像是新华书店的一种专业化性质较强的分店。北京的地区也越来越大，古旧书业集中在几个地区，尤其是琉璃厂，而且越来越气派，寒儒裹足不前矣。追忆六十年前，我家居沙滩，每于晚间赴东安市场书摊或隆福寺书肆浏览。花少许钱，淘得心仪已久的旧书，每每为之狂喜。一次，以二千元（相当新币值二角）买到一本毛边本的《半农谈影》（当时，我刚加入"北大摄影学会"），立即跑回家中，边裁边读，彻夜未眠。后来兴趣转移，弃置书簏。前年捡出，以之参加"小拍"，竟然拍了八百元！我都糊涂了。

以上觊缕道来，只是想说明，三十年为一世，从古旧书业看，就我来说，经历似已两世。世局变化，真有"山中方七日"之感。当此两番变化关头，应该有豪杰之士出而总览全局，总结历史经验教训，指出新方向，以供领导采择。徐雁同志此书，及时问世，就担当起这项任务来。

综览徐雁此书,一则总结解放以来古旧书业的兴衰,公开指出"古旧书业社会主义改造"的得失。这是需要胆量的。恰恰赶上与时俱进的和谐社会的初期,鼓励建言,特别鼓励知识分子与民主党派人士建言,并给予种种方便——徐雁此书的列入重点课题并获得补助,就是一例。徐雁深知,领导者是向前看的,十分需要新的改革思路与建议。因此,二则,他这本书两条腿走路,把另一重点放在新时期古旧书业的新生这一生死攸关的大事上面。他集思广益,在深入调查的基础上,敢于提出具有个人风格的大胆的建议。窃以为,徐雁此书最有价值的,乃在这一部分。

作为一部学术性质极强的专书,往往艰难晦涩。徐雁此书可不然,可读性甚强,融资料性、趣味性于一炉,娓娓谈来,使人忘倦。这可是掌握某种学问达到化境的表现。追忆我与徐雁相识于近三十年前,当时他还是我系即北大信息管理系的高才生,已经表现出咬定古籍图书不放松的学术种子的模样来。没想到这二十年他有如此迅猛的进步。对他,对此书的问世,我愿借此篇幅,表示衷心祝贺!

惭愧呀,我的"书缘"

董宁文老哥派我写一小段有关"我的书缘"的文字。我和董老哥虽然至今缘悭一面,可是,通过过去观摩过我的课的徐雁同志的介绍,却是"早闻一箭取辽城"矣。董老哥派下这件差使,咱是一则以喜一则以惧。喜的是,老哥居然点兵点到我,真有点起用好兵帅克以挽救奥匈帝国的危亡的意思啦!惧的是,怕把这出戏给演砸了,老哥岂不成了卢卡施中尉了吗!

我为什么怕上演?主要是自忖"书缘"一道,道行太浅。我一向介绍自己,都说"北京大学信息管理系退休人员",这顶帽子扣下来不松不紧。要说干这一行的都有"书缘",只可说虽没吃过猪肉,也算见过猪跑就是了。

先母根据我理科悟性差(不等于文科就好)、外语不灵与身体欠壮实等情况,努力培养我学文科中的中文或历史,实际上就是让我学习中国古典文献。他认为,学这种行当,主要靠不断钻研,而且有书就能研究,还是越老程度越高。不像学理工科的(数学和理论物理等除外),老了,再脱离实验室或工程设备,也就逐渐落后啦。这虽是一面之辞,也有一定的道理。我至今深信不疑。

且说,我从初中二三年级开始,信从母亲的"道尔顿式教育法",立志读北大中文系或历史系。我母亲移家沙滩北大之旁,还时常带我到红楼、灰楼访友,鼓励我隔三差五地旁听北大的课程与讲座,并大量阅读文科与理科科普课外书。我在整个中学期间,乱七八糟地浏览与个别按爱好精读,看的书可是不少。早期,即初中一二年级时期，沦陷区的进步书刊极少。我把家里的《西游记》《三国演义》《红楼梦》《水浒》《聊斋志异》《封神演义》和它们的一些续书、同类书都看得烂熟，至今，其中大量情节记忆犹新。这就往外转了，北京后门桥旁边有个租书铺，快看快换书能省钱。下学后我就去那里租书，一租五本，两三天内看完。这样两三年下来，培养起我快速阅读的能力与爱读书的习惯。我几乎把那间书铺所有的书（不包括小人书）全看完了，包括大量的武侠小说、神探小说、言情小说。甚至连《留东外史》《海外缤纷录》之类，以及铺子后柜的黄色小说也看了不少。现在的体会是，一方面，敌伪的思想统制暗中进行，进步书刊市面上几乎找不到。例如，老舍、冰心、巴金二战前的著作，当时尚可读到买到（听说在东北即伪满洲国地区也不容易），二战时非沦陷区作家的作品，比如张恨水的《大江东去》，那都得胜利后才能看到。所以，亡国奴的阅读范围是有限的，是暗中受管制的。另一方面则是，各种各样的书全看，看多了，定会产生免疫力，懂得什么是坏，就不至于跟着学坏。我虽然看了许多坏书，自觉尚未学坏，就是明证。不让青少年接触坏书，老在温室中培育，我看并非良策。

抗战胜利，实为惨胜。接收沦陷区的国民党"五子登科"，老百姓哀鸿遍野。北京天安门前千步廊内许多人摆摊，卖各种东西。一天，我去逛逛，见一穷困潦倒的黄瘦知识分子在那里卖书。有一部顾颉刚、徐文珊两位先生标点分段的"白文本"《史记》，三大册。我想买，那位如遇知音，竭力推荐，还询问我的学习情况，对我大加鼓励。这部书是我买的第一部业务书，保留至今，还时常用来学习。我觉得，优秀的标点白文本，阅读起来文气顺当，特别是司马迁的好文章，真如飞流直下三千尺，宜于欣赏性的阅读。当然，读者得有一定的功底。不过，也不必达到句句都通，能凑合着顺下来就行。我十岁左右读《聊斋志异》，即采用此种方法。好书不厌百回读，不懂的地方以后接着学就是。

我终究上了北大,读中文系;几经周折,后来在北大图书馆学系工作。老先生告诫我,瓜田李下切须防备,具体到书,有许多不成文的清规戒律。例如,不可买卖与收藏1840年以前出版的图籍与稿本;近现代的上了"善本下限"的,个人也不能存留。再如,借图书馆的书籍,一定按时归还。绝不允许把图书馆的书代借给别人。有影印本的,尽量少动善本原件。个人少量买卖自己的书尚可,决不许作书商。老前辈还举出许多他们的前辈和同辈人"栽跟头"的事例,教育我等,至今记忆犹新。同时又说了:"严禁外传!"

我年轻时,也属于费孝通先生所说的"逛东安市场能拖回一批批旧书"的学子;中年时,也在中国书店内溜达过。终因囊中羞涩,胆量不大,只可买点便宜的小书。例如,郭伯恭先生的《〈四库全书〉纂修考》《宋四大书考》等几本书,就是这样陆续从书摊上采购来的。及至改革开放十几年后,有点专款了,腰包有点鼓了,这才慢慢地将需要的业务书配齐。但是,谨守师传,舍下所有,都是1840年以后出版的书。环顾书房四壁,我干活需要的图籍,基本上有了。不上图书馆,也能凑合着在家里完成任务。我也老了,八十岁了。过于繁杂的、需要大批特殊参考资料的工作,只能谢绝!我的书缘,怕是要请这些好不容易聚集来的书奉陪我到底啦!我总觉得,若是一个中年人,利用我六十多年来集中的这批专业性颇强的书刊,正值精力旺盛、脑筋灵活之时,定能赶出比我多得多的活计来。

我想,董宁文先生想的定是我能说出些内幕新闻,文人轶事。我肯定让他和读者失望了。六十多年来,买书的经历不能算不久,只是磨练得麻木了。买书,已经形成一种理智的思考和交易过程,犹如饥来吃饭困来眠一般。难道这就是书缘么?悟得传灯第一禅!

中国书店与我

一

中国书店是国际知名的中国北京古旧书业大书店,犹如一个巨人家族;我是书店的一名小读者。两者之间,不成比例。可是,中国书店哺育下成长了一代又一代的学人,却是不争的事实。在中国书店及其前身的琉璃厂、隆福寺等各书肆书摊上买过书的人,更是无法计数。

我在1943年初再还旧国,重读初中一年级。当时年纪虽小,却能立时感受到古都浓重的新旧文化互相渗透包容的学术空气。并非我聪明或有特殊第几感,而是气氛实在太浓烈了。我后来常想,只有成都才能依稀似之。为什么?我长大后也常想,这两个城市,特别是北京,一是古迹名胜多,我至老也没有逛完;二是各种各类的学校多,因而学生也多,下班以后街上走的多半是学生;三是书肆、书摊出奇的多,连馒头铺也带卖唱本。

较快地,我跟着学起逛书摊来,兜里缺钱,只逛不买。自惭形秽,大书肆不太敢进。听说有些名流学者是经常"泡"在琉璃厂书肆之内的,午饭就请学徒去附近的饭铺叫一碗烂肉面之类的,坐在铺子里一进门的八仙桌上进餐。据说,这还是老传统,有点像英国律师得在一种俱乐部里吃饭多年,才能熬成大律师呢!我听后羡慕得不得了,认为他们过的真是神仙般的日子。心想,有朝一日也能在那样的八仙桌上吃上一碗面,今生也就不枉了。

1945年抗战胜利之后,9月初秋,我在书摊上买下我后来经常诵读的第一部中国古典文献名著:顾颉刚、徐文珊两位先生点校的"白文本"《史记》。我清醒地记得,那位摆摊儿的瘦瘦的中年人,对我这初中生大大地鼓励。他认为，小小年纪能买并且愿意读这样的古代名著，"难得啊，难得！"趁着当时客流稀少，他还为我讲了何谓"白文本"，以及司马迁之伟大。听着听着，他的形象在我的面前显得越来越高大。以前，我只有在新式书店买书的些许经历，从未在这样的书肆书摊上买过书，也从来没有见过这样亲切、平等待人和如此有学问的摊主。对于一个初中学生来说，这位经营者似乎很有点折节下交的意思，使我受宠若惊了。

由于这次买书的愉快经历，使我知道了有亲切待人的好的购书去处，以后买书，除了当时的古旧书业不供应的如某些新出版的教科书之类，就老到书肆书摊跫摸啦！屈指一个花甲子过去，六十余年矣！

积六十多年之经验，我百分之百的认同绝大多数老读者的看法：以北京的古旧书业为代表的传统特色之一，就是和顾客交朋友，主动交朋友，并且友情还是得越来越深，那才合乎以琉璃厂为代表的店风。老的一代专家级店员的事迹，久已见诸各位先辈、前辈的"琉璃厂买书记"一类的翔实记述，像我这样的后生晚辈，无容置喙。且说说二十多年来我与一些位比我年轻的店员的交往，以见老传统依然未沬，爰及今日，微波尚传。

且说，二十多年前，约在1985—1986年之际，现任中国书店业务科科长（听说已提拔为经理）许惠田女史，当时二十多岁，受领导派遣，来到海淀镇设立一个有特色的分店。此店设于黄庄一条斜街内，产权属于一个小学校，地点荒僻，一所小院，几间平房，带有年久失修的破落情状。进店须经一个小过道，曲折行进始达庭院，院中绿满庭前草不除，时有大耗子、黄鼠狼出没。此店开业前，故友黄振华先生（后来在中国国家图书馆善本特藏部工作，通晓多种外语，实为怪杰，惜其不寿）借许惠田女史光降舍下（那时下走还住蔚秀园二居室），希望我代为"招呼招呼"。其时下走才为副教授，到哪儿都排不上号，贵客赏光，也颇有初中生受宠若惊之感也。

据我后来观察，此店主要销售降价学术书，文理齐备，当然是文科书多，小语种（如满文）甚至于古代语种（如西夏文、梵文）的书籍也插架在列。同时办收购：旋收旋售，机动灵活。收价不低，售价不高。品种甚多，时常更换。来晚了几天，想买的某种书就没啦！我原来还怕顾客找不着门儿呢，岂不知，门庭若市，以中关村一带的高级知识分子为主。群贤毕至，少长咸集。有时，我要找某些熟人，就说找袁行霈或褚斌杰吧，当时住宅电话极少，打公用电话没人接转，辄仿慈仁寺内书摊觅王渔洋之法，到这个仅在容一辆自行车的过道外竖立一块"中国书店文化书社"小匾额的书店内去找，十拿九稳，准能逮住。把书店办成团聚书生之地，我想，这是琉璃厂书肆的传统。文化书社正是继承与发扬了这一传统，从而办出自己的特色来。我想，中国书店派许惠田女史来海淀办这么一个店，正是从这一点出发，有深意存焉。

可惜，胜地不常，旧房拆迁，文化书社俯仰之间已成陈迹。北京市区域越来越广阔，虽然交通也越来越发达，可是，从北大逛琉璃厂，往返没四个小时就办不了，时间全耗在道上了。海淀镇上固然还有中国书店几间门脸儿，却是一大部分以卖新出版的古籍新印本为主，另一小部分收售旧书的，也有点溃不成军的样子了。店员却仍然保持老传统，笑脸迎人，热心服务。典型的，如李小琦女史，为我找书多年。如今我搬家到颐和山庄，距离海淀镇有十五六千米了，坐车不堵车也得四十分钟以上。可是她不我遐弃，我要什么书，其实没几本，说给我撂着，哪天来取吧。她偏不干，亲自驾着自己的车（德国奔驰呀！），倒赔汽油没处报去，大暑天的，远远给我送来。我见她脸上几道子汗，真让人不落忍的。这就是中国书店为顾客服务的真精神！一代一代传下来，不带含糊的。犹忆二十多年前在文化书社，我要找本什么书，许惠田女史翻箱倒柜地找，始终找不着。我说算了。她不干，跪在地上翻最低一层柜。打开一个小柜时，一头肥猫伏卧其中，呼呼大睡。盖店中之守夜员也！

二

中国书店也不是故步自封的店堂。在固守老传统的同时，与时俱进，也有许多新举措。办拍卖会就是一件。中国书店的拍卖会两条腿走路，"大拍""小拍"并举。这是审时度势后执行的灵活机动的战略战术。因为，中国书店拍的主要是书籍，其中宋元本绝少。不比某些以拍绘画为主的拍卖行，一幅画就能拍出千儿八百万的。再则，近现代印本、抄本的书籍，一般上不了"大拍"，只可另立"小拍"。其实，小拍拍好了，也很得劲。绘画就不行，谁愿意给小拍拍去，那不是自落声价么！因此，中国书店采用双峰并峙二水分流之法，乃是根据本身条件，举措非常正确。

我是北京大学信息管理系（前称"图书馆学系"）退休人员，恪守老先生经常告诫的若干"不成文法"。例如，"不许吸烟"是一种职业性的不成文法，我绝对遵守。"不许购买与收藏1840年以前的书籍绘画"，属于"瓜田不纳履，李下不正冠"的"免嫌"不成文法，我也终身执行。因此，舍下所有，全是实用型近现代出版的书籍。我是个"用书者"而非"藏书家"，更称不上学者，因而，至今也吃不成那碗烂肉面。

可是，"瞎猫撞着死耗子"，我也居然能有几本书上了小拍。此均时代特别是"文革"之赐也。"文革"消灭了许许多多的书籍。当代化为盛世，大反弹，和谐社会，收藏风越刮越盛。我的几本旧藏北大、清华讲义上了小拍，得了一笔钱。忽然想起，约1950—1951年之际，初入北大，参加"北大摄影学会"。一晚，逛书摊，见有刘半农先生所著《半农谈影》一书，还是毛边本，以相当于现在两毛钱的价格买回，看了一夜。这次找出，送小拍试试。拍了八百元！我算服了。我建议：加强小拍！

中关村里续书香

——祝贺中国书店中关村分店开幕

名扬海内外的居我国古旧书业首位的中国书店,一向以琉璃厂为总根据地。也不必再往上推,但说近百年来,即清季民国直至解放前后,琉璃厂、隆福寺等处的旧书业,就协助北京以至国内外的各类学府与研究机关,造就了无数学者。它本身也涌出了许多专业人才。这是不争的事实。

我的中学时代,在毗邻沙滩北大红楼的翠花胡同内度过。斜对门就是北大文科研究所。解放后我进了北大,后来还在北大图书馆学系(今称信息管理系)工作。因而,我和古旧书业的联系是必然的。从1946年我买第一部古旧书算起,我和中国书店的前身已经有六十多年的往来了。中国书店是公私合营的产物,从它开市的头一天起,我就步入观光,算来也有五十多年的交往了。我的中国书店的朋友特别得多。

自从北大迁来西郊高校集中地区后,北京越来越变大。上一趟琉璃厂,比在北大坐京津间通联车到天津大学还费时间。中国书店固然已经在海淀街上开了几家小型门市部,终究解决不了大问题。这次,领导下定决心改建海淀一条街,书店全员努力,竟然在相当短的时段内,把中关村店建成,堪称一大举措。我以为是个奇迹。

作为中国书店的老粉丝,我在开幕式的乐声中步入新店。但见店高五层，供营业者四层：地下一层专营文史哲特价图书；一层以经营艺术鉴赏类图书、画册暨文具、画具等为主；二层陈列文史哲、文物考古、语言文字、民俗文化等类别的新书，更有旧版新印古籍；三层销售中外文古旧书，同时展示一些本店珍藏。据店中书友介绍，营业面积在 1600 平方米以上。这个店是中国书店的显示经营特色的展示店，同时开展古旧书刊收购，承接古籍装订修补业务，并可接洽图书出版事宜。它沿袭了琉璃厂老店的旧传统，开展全面性服务。

我目睹五彩缤纷的店貌，听罢书友的简介，异常兴奋。中国书店真乃与时俱进，趁此地气北转，老店新开，开进知识分子的集中地域来了！斗胆建议：

发挥古旧书业老店与专卖新书的其它书店截然不同的老传统，派出得力人员，走门串户，和顾客广交朋友。古旧书业有出有进，属于长流水的行业。即以收购而言，据我所知，与我同辈的专治中国文献的学者，在西郊者颇多，且已有凋零者。他们的后人不一定是读文科的。这一代人所藏大多是业务用书，善本极少。这些图书，他们本单位和相关部门的图书馆和资料室经常视同复本，就是捐赠都不一定愿意收纳。中国书店正是消纳的好地方。但必须作到交朋友交到登堂入室的份儿上，替他们着想，急出售者所急。这正是中国书店老传统的擅长。中关村左近，用武之地可多着呢！其中极可能有些书品特殊的，可以开专柜，以托售形式寄卖。例如，我的老师周太初（一良）先生，就有许多日本等国学者赠送来的签名本，周先生在书后往往记下收到时间等数据，并签名盖章。我看，这些就够当代文物资格了。我正在撺掇师弟拿出来，在中关村店开个小专柜呢！

与时俱进的另一招，就是开拍卖会。中国书店早就这么办了，大拍、小拍按季不断。这里面也存在一个地区问题。若但在琉璃厂拍，西郊的知识分子除了劲头特别大的，大多数可能裹足不前。

趁着中关村店店堂不小，建议在此增加分会场。不知主事的彭震尧、刘建章等诸公以为何如？

更有不能已于言者：老书铺和老主顾交朋友，上门送书三节结帐是常规。还可侃价。此事人间久寂寥矣！不过，近来各种各样的私营小店与掮客崛起，船小好调头，薄利多销。中国书店限于种种情况，似非其敌手。肯买古旧书的人，大多是相对收入微薄的知识分子，往往节衣缩食以求。中国书店海淀店的李小琦女史是一位优秀的老店员，很能体谅读者，对我就折扣售书。我是非常感谢她的。可是，后来我发现，北大45号楼地窖内的几家专卖新出的古典文献书籍的小店（如汉学书店），折扣比李小琦还低，我就叛变啦！今天我在店里，若干逛店者就对我说，中国书店书价高！我赶紧反映给店员了。看来她们不主事，微笑而已。若从长远看，可是关系书店存亡的大事。我斗胆建议，为顾客着想，新书薄利多销，古旧书允许侃价，大家多辛苦点，兴许能日进斗金呢！

见到书店的许多老朋友，也使我兴奋加感慨不已。如业务经理许惠田女史，刚到海淀开店时就光临舍下，此后三十余年往来不断，成为书友。她已由小女孩成长为中年骨干了。新任中关村店经理薛胜祥同志，与我相识时还是新进店的小小伙子，现在也有抬头纹啦！我也是头童齿豁之人了。眼观骐骥行千里，安得书生不白头！

说项话今

《文献学与文献学家》序

王余光同志是我的忘年交，熟悉得不得了。

王余光同志是我系即北京大学图书馆学系（现称"信息管理系"）1979级入学，1983年毕业的学士。在校时各方面都已出人头地。他与我系与他同学的徐雁、中文系古典文献专业的钱婉约等位组织"学海社"，此社为当时北大学生社团中之翘楚，奉王了一（力）老师为总顾问，以下顾问颇多，几乎网罗尽北大当时与文献学有关的教师，在下亦有幸忝列其中。他们请顾问并非备而不问，而是经常咨询。因而，我与他们特别是王余光、徐雁两位颇多往来，这也因为同系的缘故吧。我发现，学海社社员中胸怀大志有志于将来在文献学方面开疆辟土者不少，王、徐、钱三位尤其突出。我判断，20年后，学海社中的一些位必成为我国文献学界主力。今幸所料不虚。钱婉约女史是国学大师钱宾四（穆）先生的孙女，家学渊源，与余光志同道合，结为伉俪，比翼齐飞，更是当代文献学界佳话，人皆艳羡焉。

王余光同志自北大入学后即肆力钻研文献学，取得博士学位。在他不断发表的诸多著作中，对文献学提出许多精辟见解。例如，他认为，中国的文献学，应以"文献制作、文献工作、文献发展、文献价值作为研究的主要领域"，并在自己的研究中身体力行。他还不断开辟新的领域。例如，他着力重点研究"民国年间"的出版史实，进而探讨当代出版业中的重大问题。在《中国新图书出版业初探》一书中，首次提出"新图书出版业"的概念，除了自己的研究以外，还指导了近20篇博士、硕士论文，形成一整套"众星拱月"

的系统与态势。他大力进行"阅读文化研究",所编写的《影响中国历史的三十本书》《塑造中华文明的二百本书》等著作,在海内外产生了巨大影响。

王余光同志集学者与社会活动家于一身,他具有强大的调谐人际关系的能力,广交学术界师友,擅于领导学术部门。他自我系毕业10年后便升为教授,12年后担任武汉大学图书情报学院副院长。自调回我系后,连任系主任至今。他还担任教育部高等学校图书馆学学科教学指导委员会主任,中国图书馆学会副理事长、全国古籍保护工作专家委员会委员等职。他如八臂哪吒一般,应付各方游刃有余。我对他极为佩服,佩服之至。

国家图书馆出版社一向以首先服务于图书馆学界为职志,多年来大力支持学者出版著作。我对该社一向是佩服的。承蒙社领导和同志们不弃,曾掷下一封"顾问聘书",那是十多年前的事了。可惜我毫无建树,自觉赧颜。此次为余光出选集,是一件好事,于私于公,总觉得应有点表现。因此,自告奋勇,倚老卖老,为之呐喊几句。敢于向读者推荐的是,您只要读下去,如入宝山,定有收获。是为序。

2007年9月29日,星期六。紫霄园

《江淮雁斋读书志》序

秋禾（徐雁）同志于我有课堂观摩之谊，毕业后又时相过从。我们熟悉得不得了。

从学术角度看，秋禾的特点很突出，十分鲜明，这就使勾勒他的形象变得容易了。

他是一位好学深思的人，他把心思主要放在钻研学术方面。但是，他又不是躲在"象牙之塔"等处闭门造车死读书的人。他的组织能力极强，一方面团聚学友，广通声气，大家鳔着干；另一方面，读万卷书又行万里路，到处调查研究，把重点放在出版业特别是旧书出版发行业方面，可以说是见多识广，创见极多；再一方面，他的组织能力极强，可是心无旁骛，专注于和同声相应的诸君一起，办刊物，出丛书，表扬先贤，不忘故旧。一时间，声誉鹊起。起码在我们行当里，无人不知江东徐公（准"城北徐公"之例）焉。

秋禾的另一大特色是极为爱书。他是一位用书人，深知书籍的好处，因而爱书成癖，买书成性。据说，他起码是南京的藏书家之一。不过，据我所知，他藏书是为了用书，他并不是专门收藏善本的旧式藏书家。然而，照他这样的收藏法，几十年后，定会成为如老一代阿英先生那样的某种类型的新型藏书家矣。

我经常想，秋禾与"五四"以来的先辈相比，有点像谁。大胆地说，他像20世纪二三十年代的胡适之先生。胡先生爱书，藏书丰富。那时在北京，善本不难得，但胡先生不专注于善本，却是用什么买什么，细大不捐，中外兼收。这从他遗嘱留赠给北大的书单子上可以看得很清楚。几部《水经注》、脂砚斋评本《石头记》，就算是胡先生藏品中的翘楚了。胡先生在大学开课,讲授的全是当时的新鲜东西,引领风气之先。胡先生团聚了一批大知识分子,办刊物,是一方领袖,文化班头。胡先生又与大型出版企业如商务印书馆关系密切,经常为他们出谋划策,20世纪30年代的商务版《大学丛书》和某些引进的国外工具书等,就带有胡先生的雪泥印迹。持以与秋禾相比,秋禾似乎是当代的江南的具体而微的小小的胡先生那时的翻版。多年来我就有此种想法,深恐落下个拟不于伦之讥,从没敢说。现在提出来,实在是想借此鼓舞秋禾,让他步武前修,在这条大路上更加坚定地走下去,也警惕着,不可走胡先生在抗战胜利后痛苦地所走的过河卒子之路。当然,这是我过虑了。

秋禾看见我写的这篇拙稿,特别是看到有关胡适之先生那一段,极为惶悚,极力要求删去。我说,这是我的见解,与你无干。小名家比大名家,犹如小巫见大巫,全是巫,有同类项。料无不可。

记得英国文豪狄更斯说过,序,不断地有人在写,可是没有人看。我极为欣赏狄更斯的话,认为至理名言。读者看的是书,而不是看序呀!趁此打住。是为序。

2009年1月30日,星期五。紫霄园

读《锦灰堆》

《锦灰堆》是王畅安（世襄）先生的自选集，汇集了王老八十岁以前的重要研究论文和吟哦创作。计三卷三册。出版说明略云：

一、二卷收集了他八十岁所写的大部分文章，计105篇，编为：家具、漆器、竹刻、工艺、则例、书画、雕塑、乐舞、忆往、游艺、饮食、杂稿等十二类。共有线图234幅，黑白图424幅，彩图255幅。（化文按：第二卷之末，附载有《王世襄著作目录》，计三十一种。）三卷选收历年所作的诗词120首（化文按：还有赋、铭等体裁作品，由他和夫人袁荃猷手书影印）。

此书书名，俭腹之士如笔者等难于索解。王老于首卷卷首有手书说明，云：

元钱舜举作小横卷，画名"锦灰堆"（见《石渠宝笈初编》、《吴越所见书画录》），所图乃螯钤、虾尾、鸡尾、鸡翎、蚌壳、笋箨、莲房等物，皆食余剥剩，无用当弃者。窃念历年拙作，琐屑芜杂，与之差似，因以《锦灰堆》名吾集。

这当然是王老特别谦虚之处。

此书由三联书店于1999年8月初版，一出名世，风行一时，已经再版。初版时王老掷赐一部，回环雒诵，偶有所感，不能已于言，提出请读者指正。

我国的手工艺、技艺、农林副业技术和其他科学技术，有数千年的独特的深厚传统，独得之秘极多。但是，一方面，我国古代统治阶层轻视体力劳动中积累所得的大量知识或者说是科学技术的宝贵成果,很少发动和组织记录并总结。另一方面,劳动人民中的大多数又缺乏文化,往往师徒口耳相传,手把手地传授,而限于执笔能力差,不能很好地将经验和工艺流程等笔录下来。再则,工艺中的绝艺,诚如《庄子·天道》中轮扁所说:"得之于手而应于心,口不能言。""臣不能以喻臣之子,臣之子亦不能受之于臣。"但是,话又说回来,轮扁自己也说:"有数存焉于其间。"这就是说,有一定的客观规律可循。不过轮扁限于本身种种条件,"口不能言"而已。这就需要有一定的动手兼动脑能力的人参与进来。

应该说,我国古代知识阶层不乏注意科学技艺的人物,记录各种科学技术与技艺的著作还是相当多的。但限于我国古代科技总体水平的限制,以及与之相关的思想认识的局限等种种情况,往往只能作到经验的说明和现象的记录,提高不到能抽取事物本质,并具有某种逻辑结构的可以与事物对照地进行深入说明的水平。同时,古代以至近现代搞这种记录和研究工作的人,常常是对所从事研究的那项事物产生浓厚兴趣的人,这本是一件好事,《论语·雍也》篇中有云:"知之者不如好之者,好之者不如乐之者。"这是促进学术发展的一种强大动力。可是,许多学者往往陷入兴趣或说乐趣之中,入乎其中而不能自拔,津津乐道者是此中之乐,最多到达罗列、描摹所研究的事物的境界,而达不到建立有科学方法支持的学术架构,并用一定的实物内涵来充分地加以说明的程度。例如,王老这部著作中重点研究的某些鸟类如鸽子,秋虫如蟋蟀,古人以至近现代的著作也不少。如同属北京人作品的,古代且不论,现代人经常提到的代表作有于照(非闇)的《都门豢鸽记》(民国十七年《晨报》馆刊本)、李大翀的《蟋蟀谱》(民国十九年作者自刊本)等,从学术高度来看,都只可算达到欣赏者或者说是内行里手的"位业"(借用宗教术语),而没有达到有目的、有计划地感知和描述此项事物的科学认识水平。这与王老的专业学术水平大有差距——王老是燕京大学研究院和故宫博物院前后精心培养出来的,还在北美实地考察过博物馆事业,具有深厚的新型的科学学术业务基础。难得的是同时具备同样深厚的"老底子";更难得的是"乐之者"的深切爱好和喜爱总结写作,并养成了优越的执笔能力。"四美"具矣。

　　观察文物、古玩业研究的兴衰和行市的涨落,颇能看出国内以至国际安定繁荣的程度。二次大战后,解放战争时期,直到"文化大革命"后一小段时段,国内内地这方面一片凄凉甚至阴森景象。香港则在战后逐步复苏,并与国际同步而趋向繁花似锦。内地改革开放后,王老的大批著作得以在内地、香港、台湾和国外相继公开问世。从此一斑以窥世界大势之全豹,令人深受鼓舞。也正是借助国内外各方面大好形势,王老的学问才能一步步展开在人们面前。"时艰方用武,儒者任浮沉。"杜甫这两句诗,确实是道出中国千百年来民族苦难中读书人的命运啊!

　　北京乃旧国乔木之区,自民国初到解放前,一般的民宅虽有贫富之分,宅院内外一切摆设装饰,以及室内陈设,三十多年一贯制,几乎很少改变。与上海、天津等码头相比较,令人顿生时间停滞的感觉。这与当时国家经济衰败,民穷财尽等状况有密切联系。自《洛阳伽蓝记》以至《东京梦华录》、《武林旧事》,中国人早已建立了一系列的"山河在,草木春"类型书系。蒋介石迁都南京前后,遗老遗少把北京当成文化首都,怀人吊古之作层出不穷,不让前人。然而,带感情的笔记型故事多,科学的总结书籍少。解放后直到改革开放前,特别是在"文化大革命"横扫一切之时,山河草木固然尚在,盆盆罐罐包括老式家具、文玩等被砸烂毁坏了不老少。笔者就见过一位老木工用硬木家具(红卫兵小爷砸烂后捡起来的残余)改制成若干木工工具,如刨子、锯棍等,用起来真是得心应手。此人早年制作过仿清式硬木家具,十分内行,苦笑着对我说:"早晚有一天,我这点家伙值大钱了,非上展览会不可。"现在呢,新造的仿古硬木家具,连同解放初一般市民家里的那点破烂家什,都分别开进了各自的展览馆啦！笔者前两年听舒乙老兄谈过香港和国际市场硬木家具、文玩等拍卖的飙升实况，以及鱼龙混杂的现实，才恍然于王老研究业绩之伟大，此项工作的现实性、必要性，及其及时与迫切。王老乃世家子弟，深受旧京文化氛围感染，见多识广，一直从事与中国古代文化密切关联的工作，益发眼界开阔。笔者浅见，先秦诸学派中，庄子一派大多出身败落知识界阶层，与劳动人民生活靠近，而且接近大自然。他们比较熟悉工匠，赞美匠人的高超手工技艺，惊叹："道也，进乎技矣！"他们了解并欣赏某些动物，如鱼和马。因此，不宜一概而论，说中国古代读书人都四体不勤，五谷不分。墨家后世无传，赞赏和记录科技绝艺的，似乎多少都有点庄周血脉（在这一点上，老与庄大有区别。老子"绝圣弃智"），当然也不乏儒家经世致用的成分。从另一方面说，庄学一派傲视权贵，不事王侯，但也能与社会在某种程度上调适，"彼且为婴儿，亦与之为婴儿"。其实，中国古代以至近现代，大多数读书人的一生都坎坎坷坷，其间调和心态的，基本上还得仗着庄生。笔者斗胆放言：王老与朱家溍这两位老先生，堪称北京旧家子弟中绩学上进之最佳代表。关于朱老，容当另文申述。且说王老，笔者认为，他这大半生基本上是活得有滋有味，活出了自己的风格，创造出自己独特的学术来。国家培养出这样一位国宝级人物相当不容易。王老从本身的主观条件方面作了大半生的积累，其代表成果之一，便是《锦灰堆》一书。又有数十种专业书籍环绕在此书周边。难得的是心态平和地熬过这几十年。国家自改革开放后二十来年，一直呈螺旋式上升。宽厚的客观条件给王老以大展身手之区。"二难"并矣！这些，哪能让晚学没有欣慨交心之感呢！

鲁殿灵光桑海后，东京人物梦华余！

（原载于《书品》2000年第5期）

周藏《北平笺谱》跋

启晋师弟新得《北平笺谱》，命我作跋。

以中国的国产高级手工抄造纸为载体，经过木版水印技术印制而成的笺纸，雅称"诗笺"，盛行于明清时期，高雅文士惯用，已近于"雅玩"一类。也就是说，不宜用之于常规的"八行书"内容。晚辈对长辈，除了祝寿、贺喜，特别是书写诗词祝贺以外，也不宜使用。总之，用对了地方，则为雅士添彩；用得不对路，特别是在非喜庆寿诞等场合用来书写呈献给长辈、大官僚，就显得轻佻了。

辛亥革命以后，使用舶来品自来水笔、墨水在西式信纸上书写者渐多，诗笺逐渐淡出历史舞台。郑振铎先生《北平笺谱·序》、《访笺杂记》中就生动地传达出此种信息。

但是，作为一种中国独有的综合性艺术品，诗笺集版画雕刻、饾饤彩印和拱花等高级印制技术于一身，加以使用精美的中国特产宣纸等为载体，由精通书画的名家绘制底稿，优秀的名刻工制版，熟练的印制工人印刷，成为"多美具"的综合艺术品。几乎每一张优美的诗笺，都可以作为此种中国传统的代表。

诗笺集在一起，可以编成"笺谱"。著名的笺谱，如《萝轩变古笺谱》、《十竹斋笺谱》等，都是十分高雅的艺术品，而今如我等都只能在展览会的橱窗外略窥其中翻过来让人看的那一两页罢了。按图书分类，它们似可算进艺术类中，属于某种"专集"。至于《北平笺谱》，则可算是一种"选集"，而且是从原诗笺中挑选，原店印刷，"本客自制""决无假冒"。此书之后，"此曲只应天上有"矣！就是将来影印("拱花"如何以西法影印?),也就是"虎贲中郎"之似,遗神取貌而已矣。

说到《北平笺谱》,最为珍贵的是,选定者是鲁迅、西谛(郑振铎),题签者沈尹默,书写者魏天行(建功)先生。这几位那时就是公认的大名家,现在更属于名播寰宇的大大大人物了。此书初印百部,手写编号发行。启晋新收得者为第二十二部,洵属难得。

过去的藏书家,姑且以文革前后为界,或前溯至解放前后为界,那时够得上称为藏书家者,以收藏百宋千元为贵,以掇拾敦煌卷子、明清档案自诩,后来基本上均化私为公,周叔弢先生堪为典型代表。先师周绍良先生走偏锋,大量收集唐人墓志拓本、明清宝卷、明代大统历历书等,下及近现代小说万余,今已分藏京津各大馆。我看到当代一些拍卖品目录,其中绝大多数,当年的书估是不敢往周府送的。可见时移世易,对"善本"概念内涵的认识必须与时俱进。五四运动及今已近百年,有人先知先觉,早已提出"新善本"的概念,不过尚未界定清楚。拙见以为,亟应新旧并重。启晋师弟于此早着先鞭,最近又以重金收得《域外小说集》之上册。观乎周府三代之收书,盖可以觇时变矣!

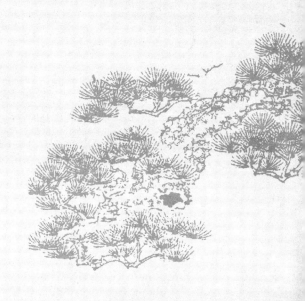

寿辞、碑文

上 寿 添 筹

秋浦周先生欣开九帙庆寿文集
征稿小启

　　学界耆宿秋浦周绍良先生，簪缨世胄，诗礼清门。学术精博，青年垦殖书林；修证虔恭，晚节扶持像教。燮和中外，蔚为法相之宗；容养贤愚，隐作士林之望。温然不伐，德业逾隆；卓尔自将，风标弥壮。某等夙荷推奖，误辱见知；企待扬徽，敢忘述美。维丁丑上巳良辰，正先生八十华诞。八千岁而为春秋，将载大椿之历；四十年以达百廿，争传乐圣之觥。行开九帙，当祝千龄。佥以当依学界通例，合刊祝嘏论文。近可昭庆千秋，远则传存百代。在先生可俯慰平生，于后进则仰答知遇。辄为小启，伏望名公：奋椽笔以掩映少微，资文言而式歌难老。翘瞻琰琬，切盼篇章。恳祈蚤颁珠玉，用寿枣梨。

秋浦周先生八十寿序

三月三日,文星降修禊之辰;八洞八仙,寿筵申引年之祝。五百年名世,谓此实然;八千岁为春,方今伊始。秋浦周先生,中山阀阅,族望通明;茂苑仪型,门风清邵。少年挺秀,总角从师。名儒敦诲,常闻长者徽音;故老披宣,颇记先贤逸事。进而负笈国子,深竟史家。洒笔成文,耽思述古。当典谒之年,有成章之目。唯时东邻构衅,外患荐臻。东北风尘,西南漂泊。闪避岩窟之内,崎岖戎马之间。战事如紧急春寒,家书仗迟延邮递。迢遥乡国,萧瑟江关。漫卷诗书,剑外忽传捷报;长驱水陆,春申便著游踪。惊战火之蔓延,恋春晖而归养。洛市题扉,时著书而载粟;长安贳酒,亦卖赋以取金。开国全盛,先生筮仕之年;天祚维新,学术勃兴之日。于是师从太乙,开辟酉山。随手铅丹,覃思考校。讵意学海波寒,儒林烟翳。值清流之罗织,痛女祸之披猖。世历横流,人坚松劲。骊珠独抱,雾豹深藏。人天共愤,讨群丑于广庭;雷电交加,扑四凶于庙社。欢腾万户,喜溢千门。国运再兴,法缘殊胜。先生宿根深厚,家学渊源。缁流共仰,物望咸推。旧齿屡征,蒲轮相望。于是稽首三归,虔行八戒。入参法事,出驾星轺。当国事纯熙之岁,正先生翊赞之年。此先生生平之大略也。先生学术,文史通淹。究其大者,厥有多端:曰红学,曰佛学;曰敦煌学,曰唐史学;曰石经之学,曰文物之学;曰小说之学,宝卷之学;曰唐人传奇之学,曰古代墓志之学。无不尽决旧藩,独标新帜。结预流之果,成综释之篇。于今视听不衰,尚披秘籍于朱明;神识自若，每竟缃编于午夜。名山藏厚，足以垂芬；夫子墙高，尚容仰赞。今当华辰祝嘏，群公既荐币以承筐；昼锦张筵，小子当历阶而扬觯。聊陈短引，用祷长年。时维丁丑上巳，吉日良辰。受业承泽退士白化文顶礼九拜谨叙。

恭祝秋浦周先生并沈夫人米寿
暨结缡七十载寿序

　　秋浦周先生暨德配东海沈夫人，朱张世胄，王谢名门。俊德天锺，徽音地协。乙酉季春，同届米寿。周先生风雅蝉联，冠裳奕叶。周流典籍，博涉辞章。䌷内典于蜂台，阐幽芳乎秘府。莫不探彼玄微，穷其旨奥；发言为论，操翰成章。允推学界元良，佛门弼士。从心之岁，领导倚畀，各界推升，复以余力，奋鹏翼于九天，骋骥足夫千里。苍颜赤绶，高议龙楼；丹笔青蒲，蜚声虎观。及乎晚岁，推位让贤，悬车归隐。陶潜解组，孙绰遂初。符东山之硕望，摅梁父之高吟。沈夫人画阃含章，名闺蕴采。内外同称圣善，子女仰望温慈。翼赞先生，齐登上寿。今当日暖桃源，风和柳径；黄鹂鸣树，紫燕栖梁。是应一晋羽觞，再陈华乐。行见苍茫瀛海，增蓬岛之筹；炳耀长庚，映浮丘之彩。时维乙酉桃月，修禊吉日良辰，受业白化文并李鼎霞顶礼九拜谨叙。

选堂先生米寿献辞

选堂先生，黉宫斗极，学海昆仑。照耀梓桑，辉光家国。维今米寿方启，茶龄可期。同人等愿言海屋添筹，当效华封称祝。献辞曰：

先生之学术堂构，才备九能，业精六学。燃藜虎观，问字鸡园。搜虫书鸟语之文，溯龙树马鸣之论。可谓通今博古、融中贯西者矣。

先生之文艺制作，以空灵瘦劲之笔，泻缠绵掩抑之音。歌佛国之凌云，咏美洲之落日。发林泉之高致，得山水之纯全。落笔吟风，拨弦写月。可谓托旨遥深、审音明晰者矣。

先生之敦煌研究，远发秘府，西陟鸣沙。推究笔精，披观墨妙。凿琵琶谱之混沌，解想尔注之阙疑。可谓沉沉伙颐、戛戛独造者矣。

夷考先生平昔，才艺博综。广见洽闻，饱学多识。早膺预流之选，不愧大师之名。今当金液延龄，必邀赤松等算。同人等时获教言，每怀感激。爰呈寿颂，遥祝椿年。

时维公元二零零五年岁次乙酉清和之月，
《敦煌吐鲁番研究》同人谨贺

临清季先生新开十秩庆寿征文小启

学界耆宿临清季先生,清时国老,昭代文星;泮水师仪,黉宫道范。鲁重灵光,天留硕果;世间人瑞,地上行仙。维辛巳荷月良辰,融风轻拂,丽日绵长。正先生百廿方开,九旬初度。同仁等夙承陶铸,叨列门墙,佥以适逢揽揆之辰,必显称扬之美。当依学界通例,合刊祝嘏论文。立德立言,颂兹不朽;寿人寿世,庆此无疆。勒成卷轴,岂唯鼓舞学人;结集篇章,抑亦光华史册。纳之二酉,千春扬盛世之祯符;广于五洲,奕世纪华国之盛事。辄为小启,翘盼鸿文。

临清季希逋先生九十寿序

临清季先生，生负异姿，少多至性。躬耕陇亩，负笈清华。既而万里西行，多师转益。天竺梵书，沈潜悉遍；焉耆残卷，解释无遗。载誉归来，秉铎国子。学津布护，教泽周流。林宗名盛，遂为多士之归；荀卿道高，克符祭酒之望。操翰成章，发言为论。浡成文集廿四册，自传卅万言。庆南山之寿，三千士声闻侍坐，诞东海之滨，五百年名世间生。耄耋之年，康强犹昔。虽力谢纷华，性安恬淡，而中外仰延，后进依为模楷，生徒倚赖，群贤奉为宗师。以是外事纷繁，内务丛脞。夜答电函，日应会议；晨了文债，夕接学人。所至车马群归，在座英杰广聚。席上常闻挥麈，门前时有鸣驺。王乔之履舄，足健凌云；绮季之冠裳，眉长赛雪。天下尊为人间瑞，世上谓之地行仙。先生养生神定，长世器弘，和以天倪，保兹纯素。仰厥生平，已全乎三不朽；揆公福泽，必至于万斯年。云泥自远，犹蒙垂念自师；泰斗维隆，尚得分辉照我。今当池莲未晚，篱菊将开，敢因捧斝之辰，聊纪添筹之盛。藉颂无疆之祉，用赓难老之章。时维西元二零零一年岁次辛巳荷月吉日，北京大学东方学研究院暨东方文学研究中心恭祝。门生承泽退士白化文拜撰。

酬世芜辞一

《北大百年百联》弁言

《北大百年百联》书封

《百联》弁言手稿

乔木百年，堂构荫深；朱草三秀，阶庭芳蔚。母校期颐，斯张庆典；群公缀藻，各展长才。挚友谷向阳先生，学识渊通，文心富赡。早步木天，培风直上；久耽联对，化雨旁流。爰有北大百年百联之作。信手拈辞，巧思绮合；因心属对，妙语珠穿。人物清华，事美一时；园林壮丽，语传千载。进而延致书家，供椽笔横挥；付诸影印，备艺林清赏。信是联坛别调，堪称书法大观。不佞与君，友谊莫逆，爱好从同。属予视草，实维崔峒读郑表之诗；承命题辞，敢云皇甫序左思之赋。爰弁卮言，以当击节鼓掌焉。时维公元一九九八年五月四日，北京大学百年校庆良辰，承泽退士白化文谨叙。

（《北大百年百联》，谷向阳著，北京大学出版社，1998）

《古籍整理浅谈》弁言

仲弘学长,三吴华胄,八斗捷才。幼敏才情,早耽文史。通籍国子,深竟古籍。既而服务中华书局四十余年。沈潜纂著之中,回翔木天之上。探书万轴,拂纸千言。莫不彰明缘起,考竟源流;该悉部区,洞察本末。进而奖掖同仁,主持大雅;推贤乐善,置己先人。高文大业,众口同词;狷操和风,一身兼备。顾问不遑,应答如响;辨无不释,言必造微。群推学林通矩,古籍鸿裁。今当盛世崇文,正宜名家阐道。于是纂辑傥论,汇为专书。实函今茹古之文,乃发藻摛光之作。俾后进得奉矩矱,惟大方足备典型。化文与学长,蚕同盍戠,忝属通家。倾盖华年,饮醇积岁。承命题辞,敷陈俚句;敢夸流水,用景高山。时维上章执徐之岁仲冬望日,同学弟承泽退士白化文谨叙。

(《古籍整理浅谈》,程毅中著,北京燕山出版社,2001)

《中国图书出版印刷史论》弁言

　　知交肖东发君，授业国子，究探图书。著作名世，桃李成阴；识鉴明通，学术淹博。敏求好古，朱公叔中食忘餐；逊稽潜搜，谯允南欣然独笑。常参昔贤之令典，愿集前辈之大成。洒壮采于篇章，运英才于著述。近日出其绪余，有《中国图书出版印刷史论》之作。广集多篇，汇成一帙；穿求七略，贯通百家。博洽则石渠天禄，恣采充栋之藏；旁搜则汉印魏碑，尽启名山之秘。蝉翼影钞，古香可挹；雕梨活字，新样堪传。张司空之博览深究，其成不易；荀秘监之校雠搜剔，为力甚艰。述往思来，守先待后；曲尽事理，不失雅裁。实为书海梯航，酉山地脉。提纲挈领，足见十倍文心；补阙拾遗，成就千秋事业。唯君素耽学术，方在盛年。此编第片羽吉光，乌足尽玄圃积玉。行见文溢缥囊，增论学之助；卷盈缃帙，为垂鉴之资。朽人猥荷关注，嘱作弁言。略缀俚辞，敷陈末简；深惭糠秕，何当琼瑶。时维庚辰岁嘉平月中浣，友谊承泽退士白化文谨叙。

（《中国图书出版印刷史论》，肖东发著，北京大学出版社，2001）

《清代书刻牌记图录》序

岁居丙戌,时值河清,知交董光和先生有《清代书刻牌记图录》之制作。遐访林泉,下问老朽。予曰:唯君问学方新,发挥未艾。匠心所寄,书刻迭刊。年经月纬,沉潜在丹铅书史之中;辑柳编蒲,整齐于亥豕鲁鱼之内。昔曾几度示予玉版,获睹青箱;莫不辉映三才,发皇万有。今更出其馀绪,成此鸿篇。启秀瑶林,植根秘苑。搜寻玄圃积玉,纂辑片羽吉光。深探二酉之山,勒成一家之作。藉兹林薮,树我琳琅。扬一代梨枣之休,综十朝典籍之盛。化文欣逢盛世,快睹大观。饱啖五侯之鲭,坐披七襄之锦。览兹巨制,愧我芜词。时维游兆淹茂之岁菊月初吉,友谊颐和退士白化文谨叙。

《清代敕修书籍御制序跋暨版式留真》序

有清式彰文治，留意纂修。储珍秘阁，著录石渠。网罗极载籍之博该，刊刻播同文之隆盛。惟是岁月推移，流通稀少。好学名士，寄雅兴而无从；博物闻人，望奇书以兴叹。朱赛虹女史，天资特出，慧业夙修，风调清豪，才情敏妙。供职故宫博物院图书馆二十馀年。整齐琐细，收拾散亡。燃藜暝写以杂考百家，弄墨晨书而广搜七略。风和紫禁，日丽彤云；奎壁焕光，瑚琏济美。万轴图书，尽可考订；六房案牍，足备参稽。春华秋实，学与年增。念清室刻书已属前尘，将成绝响。于是有《清代敕修书籍御制序跋暨版式留真》之作。选择排比，损益折中；挈领标纲，分条别类。考核精审，持论平正；体裁详密，义例分明。堪称雕缋万象，牢笼百家；简而弥文，博且有要。化身影印，二我千篇；玉轴牙签，总幻一集。开编证古，命牍传今；史揽十朝，学通众制。女史尝就读北京大学，化文有九载学业观摩之益。今当属予视草，承命题辞，深惭微末，何当琼瑶。略缀俚词，敷陈浅旨。勉副知交雅意，敢夸流水高山！时西元一九九八年岁次戊寅桐月，承泽退士白化文谨叙。

(《清代敕修书籍御制序跋暨版式留真》，朱赛虹编，
北京图书馆出版社，2001)

《佛教美术丛考二编》序

吾友金申先生,奕叶家声,蝉联华胄。风神雅静,识量冲和。学识圆通,文心富赡。发言为论,挥翰成章。属意塑雕,研精文物。旨在匡扶像教,矩度丛林。盖以虽法身难测,至理希诠;而造像所极,量度斯在。堪可究兹胜业,述此因缘;用表佛祖心宗,人天眼目。用是参谒中外,寝馈常年。掇彼玄微,穷其指奥。造为雄文,语必生新,篇皆获隽。近更冥搜箧笥,裒聚篇章,有《佛教美术丛考二编》之作。所论位置确当,剖析精明;法理湛深,文辞简驯。化文每亲麈拂,获聆绪言,今承以弁首见属。望风意注,展卷神驰。聊记岁时,以应雅意。时值休明,岁居己丑,释迦牟尼佛圣诞之日,颐和退士白化文谨叙。

《佛像粹编》序

佛出西土,法流东方。广树仁祠,大兴像教。虽真如阒寂,而色相假名。极壮伟观,恒多名塑。惟其德相彪炳,万众视瞻;意在普觉含灵,仰兹妙善;俾使群生易度,七众知皈。于今二千年本愿不相违,亿万尊分身无量数。国步屯艰之日,法物流徙之时。九州法难人灾,群盗狗偷鼠窃。缁衣合掌,志士摧心。时运昭苏,法缘殊胜。辅翼岂乏信士,研求每见学人。吾友金申先生,少怀雅量,长负隽才。属意经论典章,研习图塑艺术。志在绚花雨乎梵宫,扬鲸波于学海。锓版专书多种,风行四海五洲。今更出其绪余,有《佛像粹编》之新作。方当荟萃成书,刊校告竣;即行倩予视草,属以题辞。览兹述作,法雨缤纷,披此汇集,佛光煜耀。聊为弁语,藉表赏心。岁居丙戌新春,时值和谐社会,佛历二五五零年弥勒菩萨圣诞之日,友谊颐和退士白化文谨叙。

《开宝遗珍》序

覆面说法,世尊转轮。佛祖立教垂言,声闻结集述旨。法流东土,经到中原。蕴结竺乾,译传华夏。魏晋大经初出,隋唐诸贤继翻。品类星罗,理致渊奥。勒成大藏,实属丛书。典型定自智升,刊刻肇于《开宝》。

《开宝大藏》刻从西蜀,印于东京。于版刻为奇观,在佛家为盛事。藏弆诸山名刹,流传蓬岛鸡林。中国佛教史、书籍史并印刷史、中外文化交流史,均大书特书焉。

慨自中原多故,经籍罕存。残卷十余,珍如拱璧。方广锠[①]、李际宁诸君,创业英流,乘时杰士。遨游法海,挺秀学林。鼓吹休和,发扬幽寂;提倡影印,着意征求。揽金书贝叶之遗,搜藜阁蜂台之秘。藏家襄赞,社会谐和。法宝重光,化身二我。锡名《开宝遗珍》。远接祥光于雁塔,近听潮音自沪滨。佛事焕成,人天欢庆。以菲才始终翊赞,属为短引,以著前因。闲斋漫笔,深愧芜辞。

时维戊子天贶,观世音菩萨成道日,颐和退士白化文谨叙。

[①] 方广锠学长为北大博士,季希逋(羡林)、任又之(继愈)两位老师的嫡传弟子,曾任国家图书馆善本部主任,现任上海师范大学教授。李际宁同志为北大中文系李庆荣教授之子,其夫人张晓娟在北大电教中心工作。方、李二君均"北大人"也。

《风雅的诗钟》序

诗钟源从左海,盛于晚清。生面别开,名流共赏。刻烛击钵,网丽篆之才;裁绢穿珠,成色丝之作。虽云别调,衍为大观。作者声气相求,吟社组织叠起。丛刻收载,专辑编刊。斯亦和声鸣盛之一品也。爰及奕叶,微波递传。"文革"战鼓声喧,折枝音寂。然而时逢再造,肃杀过而繁华来;世无久虚,箫韶奏则英杰见。际昌隆之会,为盛世之征。阳春丽景,稍见遍地开花;姹紫嫣红,复睹繁英生树。唯是独缺马列主义观点研究著作,颇难历史辩证反映时代精神。王鹤龄先生,文章政事兼科,循吏儒林合传。群推长者,不愧名家。际会明时,沉潜斯学。参访耆旧,郾息篇章。今更纂成著作,付之枣梨。实为斯道梯航,无前傥论;堪称酿花作蜜,集腋成裘。化文猥以菲才,每承隆盼;一堂请益,数载从游。今当快睹鸿篇,顿忘愚陋;辄敢聊陈片语,略述都凡。时维公元二零零一年岁次辛巳菊月既望,承泽退士白化文谨叙。

《品味书简》序

方君继孝，少怀雅志，长负隽才。敏而好文，贤而博古。以霞举之才，当河清之代，每思鼓吹休和，发扬风雅。于是博综翰墨，属意简编，有《旧墨》五记、《碎锦零笺》等著述。组织遗牍坠简，研精尺素双鱼。意匠清新，情辞雅畅。更有新作《品味书简》，即将行世。收拾散亡，整齐琐细。续前贤之往绪，注学海以新流。隋珠和璧，间世皆属奇珍；柯笛爨桐，题品要归具眼。所望探彼玄微，穷其指奥；勤拂毫素，务使晶莹。遵嘱承乏作序，未敢固辞。爰弁厄言，辞达而已。时维已丑大雪节，颐和退士白化文谨叙。

《月无忘斋诗存》小引

仲弘学长，三吴世家。当湖山秀丽之区，乃人物菁华之地。高门旧德，奕代名贤。君英年负笈国子，奋力博览群书。着意文献考求，成就精深典洽。及夫统领书馆，宗主昭文，右史左图，月征日迈。旁搜博访，朱点黄勘。群推燮和长者，编审良才。晚节依托文馆，寄意彩毫。散珠玉于行间，写胸怀于字里。加以每多名胜之游，更得江山之助。是以清辞逸响，动魄惊心；短咏长篇，移形换步。堪称盛世元音，正风妙选；名流杰作，才子雄词。足超大历樊篱，堪入少陵丈室。化文蚤同盍戠，常获提撕，今更承示一帙，索我片言。觍缕率陈，拉杂琐记；负君雅意，愧我芜辞。时维庚寅人日，同学弟白化文谨叙。

二 辞世羌酬

北京大学图书馆纪念先贤铸像铭文

莘莘多士　岩岩学宫　唯我北大　屹立寰中
清季改制　立大学堂　近接国子　远绍周庠
成均乍启　学校初开　待兴百务　先设芸台
蔡公长校　髦士景从　繁荣学术　并包兼容
筹措专款　采购新书　新聘主任　新政权舆
章公行严　执掌镖签　前瞻后顾　推位让贤
守常继掌　革命先驱　藏书建设　兼容互需
马列主义　引进课堂　一新面貌　成绩辉煌
馆刊初版　马公叔平　考古美术　列架充楹
孟邻校座　教育名家　兼任馆长　踵事增华
设委员会　谋划孔嘉　群策群智　群女绩麻
袁公守和　任职年多　图书专业　经历坎坷
东邻构衅　禹域洪波　西南联大　不辍弦歌
严公绍诚　业务精明　抗战转徙　旧国春城
抗战胜利　北大复员　红楼如旧　馆舍依然
胡公掌校　首重庋藏　图书文物　满壁琳琅
欣逢解放　北大新生　首任馆长　向公觉明
传统文献　敦煌遗书　藏文梵语　剔抉爬梳
院系调整　移馆燕园　燕京中法　合为一垣
新建扩建　馆舍俨然　校园三景　海内争传
和谐社会　日上蒸蒸　知识圣殿　几代传承
永怀功烈　仰止高岑　荫深堂构　勒石铸金

蔡元培（1868－1940）

　　字鹤卿、孑民，号鹤廎。1917－1927年任北京大学校长。在任期间实行"兼容并包"的办学方针，开创了北京大学历史上学术繁荣的时代。蔡元培把办好图书馆作为学校发展的重要组成部分，提出筹措款项、多购新书的主张，聘任李大钊为图书馆主任，为北大图书馆的蓬勃发展做出了重要贡献。

章士钊（1881－1973）

　　字行严，湖南长沙人。著名教育家和政治活动家。1917年至1918年任北京大学图书馆主任。又推荐李大钊为继任图书馆主任。

李大钊（1889－1927）

　　字寿昌、守常。1918－1922年任北京大学图书馆主任。是北大图书馆历史上具有开创和革新精神的馆长，注意学习国内外图书馆先进经验、做法，提出"兼容互需"的藏书建设方针。在他领导下，北大图书馆逐步发展成为当时国内领先、具有重大影响的大学图书馆。

袁同礼（1895－1965）

　　字守和。是国内图书馆界第一批具有现代化图书馆学知识背景的专才和学者。1923－1926年任北京大学图书馆主任。1937－1946年任北大图书馆馆长。1937－1938年还曾任北大等校组成的长沙临时大学、西南联合大学图书馆馆长。

马衡（1881－1955）

　　字叔平。著名考古、金石学家。中国近代考古学前驱者和奠基人之一。1923年至1929年任北京大学图书馆古物美术部主任。1929－1931年任北京大学图书馆馆长。组织出版了《北大图书馆月刊》,这是北大图书馆历史上第一次出版的月刊。

蒋梦麟(1886—1964)

字兆贤,号孟邻。1935—1937年以北京大学校长职务兼任北大图书馆馆长。他很重视图书馆建设,专门成立了校图书委员会,对北大图书馆的繁荣发展起到了非常积极的作用。

严文郁(1904—)

字绍诚。著名图书馆学家。1935—1937年任北京大学图书馆主任。1938—1943年任北大等校组成的西南联合大学图书馆主任。

胡适(1891—1962)

字适之。1946—1949年任北京大学校长。胡适一直关心支持我国图书馆事业,任北大校长期间,亲自过问图书馆事务,对北大图书馆的建设发展起到了重要的推动作用。

向达(1900—1966)

字觉明。著名的历史、考古学家和敦煌学专家。1949年至1957年任北京大学图书馆馆长,成为新中国第一任馆长。在任期间注重中国传统文献的收藏,曾购入不少敦煌经卷及其他珍贵古籍。

中国农业大学校庆铸钟铭文

惟公元二零零五年，岁在乙酉，清和之月，中国农业大学百年校庆。校友会发起并与全校师生代表集议，佥曰：宜铸钟纪念。为之铭曰：

三农九谷，为政所先。万箱亿庾，是曰民天。
富民强国，实廪丰年。欣逢校庆，喜作斯篇：
农业匡国，成功允章。格于上下，光于四方。
春秋代序，人悦时康。造兹铭铸，庠序之光。
惟我农大，百川汇流。农科创建，我校本由。
农专农大，术业最优。农学立院，国内先筹。
东邻构衅，禹域洪波。西北联大，不断弦歌。
复员旧国，北大连柯。忻逢解放，善养嘉禾。
调整院校，辅仁同归。清华农院，来燕交飞。
华北农院，协我齐晖。新型农大，擢本兼围。
农机分立，多引芊芊。机耕学校，华北机专。
平原农院，攒立丛骈。农机农大，齐奏和弦。
硕学髦士，各育兰芝。敷言施教，春日熙熙。
郊原雨足，枝叶纷披。百花争艳，桃李盈篱。
狂飙奄至，气象阴森。芳草萧艾，万马齐喑。
民心所向，四害成擒。改革开放，万众开襟。
重整旗鼓，再踏征程。上下和洽，四海康平。

泽民书记,亲题校名。翰林挺秀,学海滋英。
十名院士,教授近仟。十三学院,九大学渊。
博士硕士,学位授权。体系完整,能者广延。
百年立校,百年求知。基础科学,特立冠时。
应用研讨,多种分支。效益深广,民生攸资。
十年树木,百年树人。育材数万,服务人民。
百年传统,大地耕耘。扎根群众,爱国立群。
进德修业,无失其时。鼓钟振铎,宣我教辞:
校风明训,深入人心:团结朴实,求是创新。
校训溥哉:"解民生之多艰,育天下之英才。"

文昌院记

　　九重门内，万寿山阳；宝藏库成，文昌院建。背倚芳亭，遥接银阙；近瞻云树，远溯沧桑。画栋雕栏，虽非旧馆；曲廊复室，或认新题。因时定法，即事敷宣；物力十朝，经营百事。参伍错综，选择排比，巨纤咸备，美善毕臻；斯则综合展厅也。翰墨云霞，丹青岁月；斯则书房展厅也。铜爵金盘，象尊牛鼎；铜器展厅所陈也。青气白虹，琼华瑶蕊；玉器展厅所陈也。青花五彩，沉瀯中宵；瓷器展厅所陈也。至宝神工，奇器绝妙，杂项文物展厅所陈也。始营多著辛劳，继踵或资改益。宋游者观摩有今昔之嗟，进化考推迁之故。放眼超乎尘世，昂头尚矣古人。以旅游残步，寄史鉴深思。不亦乐乎！

（铜制刻辞，立于北京颐和园内文昌院前）

大唐三藏大遍觉大师游学天竺那蓝陀寺纪念碑碑文

鹫头岭上，世尊开立教之宗；鸡足山中，迦叶表传心之旨。大雄西降，佛法东传。摩腾入汉，僧会游吴。化人有赫，弘道无边。大唐三藏大遍觉大师玄奘法师，其最著者也。法师俗姓陈，唐洛州缑氏县人也。家承令望，门袭仁风。幼习儒经，长饫佛典。莫不抠衣请益，凤夜精勤；触目无遗，口耳并匦。时值兵饥交至，投庇唯僧。于是披剃澄心，水云泛迹。修身戒律，练志菩提。巡礼名山，参学高座。维以玄机深缈，正觉希夷，思慕西天，永怀净境。遂以贞观三年杖锡遵路，犯险终达。其间往来亲践者一百一十国，传闻者二十八国，目晓耳闻其间物产风土之差，习俗山川之异。归作《大唐西域记》一十二卷，其为中印历史地理文化交流百科大典，世界文化名著，殆无间言。奘师游学，转益多师，栖迟名寺。那蓝陀寺，其最著者也。《大唐西域记》卷九详载那蓝陀寺建寺由来、沿革、当时盛况。《大慈恩寺三藏法师传》卷三所载从同。今中印载籍所传，莫有逾此者也。据所记，是时僧徒主客常有万人，并学大乘兼十八部，爰至俗典《吠陀》等书，因明、声明、医方、术数亦俱研习。凡解经、论二十部者千余人，五十部者十人，唯戒贤法师一切毕览，德茂年耆，僧众宗匠。寺内讲座日百余所，学徒修习，不弃寸阴。奘师于此听戒贤法师讲《瑜伽》三徧，《顺正理》一徧，《显扬》《对法》各一徧，《因明》《声明》《集量》等论各二徧，《中》

《百》二论各三徧。其《俱舍》《毗婆沙》《六足》《阿毗昙》等已在其他诸国各地听毕，于那蓝陀寺寻读决疑。此寺时为唯识论派中心，其后演化而成密宗一大核心。中国游学名僧，尚有义净、道琳、玄照、道生、智弘等；天竺来华之曾修学于此者，有善无畏、金刚智等。奘师于此造《会宗论》《制恶见论》等，讲论不辍。贞观十四年，奘师以暂栖灵境，频历岁时，愿遂初志，于是告别那蓝陀寺，端返中华。途经曲女城，因戒日王之请，讲述《制恶见论》要旨，竖立"真唯识量"论式，破除异见，折服外道。大乘上称号"大乘天"，小乘赠美号"解脱天"。奘师屡经星纪，弥历苦艰，虚往实归，先难后获。归国后一以翻译经文为务，智光远照，惠泽遐流。今有金陵刻经处纂辑《全集》行世。奘师之为中印文化交流使者，世界文化伟人，殆无间言。丰碑初立，为之颂曰：

乾坤正气，河岳英灵。民族脊骨，开士典型。
天竺求法，东土传薪。名王率顺，外道咸宾。
京都际会，著译真虔。鸿名绝后，懿德光前。
和谐中印，贞石高崇。慈光永在，依恋无终。
　　　　佛历二五五零年观世音菩萨圣诞吉日

（此文为当时应相关人士之请而作。当事者云，为立碑于那蓝陀寺遗址所用。送往之后，寂然无闻。敝帚自珍，附录于此，以存鸿爪。）

七塔报恩禅寺
新建山门牌楼落成记

经来西土，运流东方。皈依等觉，岁月二千；回向佛乘，丛林万所。标举宗风，入仁祠展归向之心；扶轮法事，建祇园表肃恭之意。化为净土，洒甘露于大千；延接德众，照慈灯于亿劫。信士常资妙善，当局以赞隆平。昭代重兴七塔报恩禅寺，盖以是也。方丈可祥法师，临济真传月西老和尚高足。幼悟真空，早标定慧。欣逢盛世，弘阐宗风。人天共证，领袖绀园；缁素同归，庄严鹫苑。法事隆兴，殿堂轮奂。寺内全面翻新，基本告竣。山门新建，提上日程。领导支持，专家献策。统一规划，全面调研：需满足启闭并景观功能，应显示壮丽与巍峨气势。良材致用，高工效奇：辨方审曲，测景立基。善择梁栋，巧用钧绳。拓址峻壖，量材增构。周回百步，直上千寻。望佛地而掩高深，陟金阶以探寥廓。内则香殿崛起，前即涌塔化成。璀璨翕赫，挺拔深沉。振法海之波澜，接禅宫之阃奥。近观阛阓，街巷千家；远瞰林峦，烟波一发。门额朴老大德手书，联语可祥方丈亲拟。烘托映衬，巍峨庄严。斯诚表章全寺之一大建筑也。形之所极，理亦在焉。谨按佛典："山门"亦称"三门"，禅宗伽蓝立为正门者是也。于佛法象征智慧、慈悲、方便三解脱，通称空门、无相门、无作门者是。或说象征信、解、行，亦备一解。总之，入山门即佛地。信众望门投止，当修净土，勿忘皈依。

时佛历二五五一年，岁次丁亥，准提菩萨圣诞之日，北京大学教授颐和退士白化文顶礼九拜谨叙。

七塔报恩禅寺记

佛应西乾，道通天地；法流东土，恩达尘凡。教义大隆，仁祠广树。虽灵光上际，应身入涅盘之境；而慧日旁临，梵宇遍中华之区。甬东财物阜充，人文渊蔚。南方都会，绵亘通津；唐代肇兴，巍峨宝刹。

大中戊寅之岁，心镜大师前驱觉路，兆启丛林。大师法名藏奂，降灵吴地华亭。早明佛性，夙悟真空。统汇五叶，萃于一花；光衍列祖，上承六代。杯渡西江，锡飞东甬。檀越任公舍宅建寺，迎以居焉。颜曰"东津禅院"。排疑信士，正色兵威。郡中奏请，改禅院为"栖心寺"。斯乃本寺之经始也。宋额"崇寿"，明号"补陀"。清初寺前因立"七塔"，口语传播渐多。前后数百载，先极祇园香火之盛，后经红羊劫难之残。

中兴本寺慈运大师，参临济之正法，得普洽之真传。担当在荒废之余，主持于凋敝之际。扫尘封之道场，蓁芜已久；修多罗之妙典，函匦仅存。佛事焕成，丕振宗风；天时默定，请领《龙藏》。敕赐嘉名"报恩禅寺"。此后文白兼用，雅俗结合，常称"七塔报恩禅寺"。此乃今日寺名之肇始也。选佛场开，宗风嗣阐。法子四十八人，法派蔚成，衣钵绵衍。化流海外，道播寰中。根深枝茂，源远流长。

昭代开国全盛，天祚维新。法侣腾欢，人民乐业。讵意逆潮迭起，浩劫俄临。所幸时逢再造，肃杀尽而繁华来；世无久虚，法鼓奏以英豪至。重兴本寺月西老和尚，当大教暂微，而夙志无替。世历横流，人坚劲节。期于兴废举坠，慈航津逮；继往开来，梵宇灯传。所赖"三中"作主,重焕寺容;四众同心,再兴香火。僧人拥护,政府支持。重理颓垣,再兴法事。

道有赖于箕裘,法必资于龙象。老和尚生西,入室高足今方丈可祥法师。法师灵慧夙持,法缘早启,识量冲和,风神雅静。外示常迹,内修宿和。克思教泽之深,式念慈荫之厚。搴提祖印,嗣阐门风。激扬群彦,统领法门。两代经营,卅年积聚。重修圆通宝殿、三圣殿、钟楼、综合楼等,辟建"栖心一览"文物陈列室,重建东厢房,新建鼓楼;创办七塔佛学文化网站与《报恩》杂志,修订重印《七塔寺志》,编辑出版《七塔禅寺五百罗汉图》等书籍。

专以土木而言,着见沧桑虽有变易,栋宇又复庄严。寺宇光华,门房伟丽。飞檐振景,结栋凌霞。迅若化城,俨同兜率。近更改建山门牌楼。既立三门,后镇层楼;又象双阙,旁耸连阁。背倚殿堂,俯瞰朝盈夕散之人;前望阛阓,遍阅朝宗聚落之众。岁居丁亥,时值河清;自今法炬方辉,山门永振。松膏常继,殿堂显明焕威仪;桂魄高悬,天地尽琉璃世界。僧众静参三昧,佛光普照十方。七众心赏胜迹,目骇奇功,金以当刻丰碑,用光盘美。

愿言有述,以属无能。承命述作,谨按《寺志》所载,勾稽连缀成文,幸世之君子垂览焉。

佛历二五五一年观世音菩萨圣诞日,
颐和退士白化文顶礼百拜谨叙

天寿陵园叙

龙脊云根,蟒山虎峪;地灵有待,天寿斯安。居岗环阜抱之区,当凤翥龙蟠之地;带太行而襟渤海,主乾位以广人财。陵开园辟,望京枕塞之乡;乾高巽低,聚气藏风之处。于是鸠工建设,破土经营。今已建成"十八景"。著者计有:佛光指引,弥勒听琴,金莲泉涌,玉盘溢珠,慈航普渡,天使圣堂,天成荷韵,故土坛高,等等。夫惟古先垂训,敷宣上承祖祢之风;圣哲修身,策励下广子孙之孝。意在考本寻根,承庥衍庆;体道传芳,慎终追远。斯则陵墓安而碑铭立,谱牒建以史籍书。勋华留后代之思,精爽寄空山之域。斯乃天寿陵园服务之宗旨也。嗟乎!生为役使,死则憩休。生特立于当世,死同宅乎一丘。随阴阳以融冶,托山野而同畴。为之辞曰:

终于天寿,高谢尘乡;一辞昭世,永闷玄堂。
故交凄楚,新识悲凉;长传徽烈,万古流芳。

丁亥之岁,中和之月。颐和退士白化文谨叙

三辞羌世酬

周绍良先生夫妇之碑碑文

周绍良先生夫妇之碑

秋浦周先生暨德配东海沈夫人，俊德天钟，徽音地协；朱张世胄，王谢名门。周先生家学世传，通淹文史；究其大者，厥有多端：曰红学，曰佛学，曰敦煌学，曰唐史学，曰石经学，曰宝卷学，曰文物考订之学，曰小说考证之学，曰古代墓志之学，曰制墨专门之学。无不尽决旧藩，独标新帜；结预流之果，成独到之篇。先生服务社会，任全国政协第七、第八届委员，中国佛教协会副会长兼秘书长，国家古籍整理出版规划小组顾问，文化部文物鉴定委员会委员。沈夫人襄赞先生七十年，内外佥称圣善，儿孙仰望温慈。相携齐登上寿，奄至耄耋同归。子女凝悲望景，刊石表德。铭曰：

前临普渡　后倚青山　万佛同佑　明月松间

游兆淹茂之岁上巳，先生冥寿之日
受业颐和退士白化文顶礼九拜谨叙

阎中雄之碑碑文

府君讳中雄，北京市人。一九三五年十一月生。一九五八年毕业于河北大学历史系。于历史、考古学界工作垂四十年。二零零零年五月八日病逝。嫠家施学珍携嗣子、孝女等，悲切凋松，痛深陟岵，敢树徽猷，勒兹玄户。词曰：

家积善庆	天钟粹和	唯我府君	磊落英多
令姿玉立	凤誉金声	成童游艺	弱冠孝恭
少爱艺术	长攻史书	博观约取	钩稽爬梳
冲襟弘度	茂学清词	深怀创见	富蕴真知
多任繁剧	不避艰辛	淡泊荣利	质朴率真
逝波不息	造物无情	式遵遗训	永志佳城

傅亨墓表

家衍世胄　是育斯人　荣敷华茂　步武英尘
唯君奇伟　天与精纯　德优才敏　勤到功醇
专攻晶体　旁擅多能　鸿陆方渐　龙门早升
品行儒雅　风矩端凝　刚柔在己　舒卷从朋
松声萧瑟　垄色苍茫　贞石永立　不朽传芳

公元一九九八年八月二十八日立

【附记】傅亨学长是傅作义将军之子。1946年起，与我在北京育英中学高中同学两年多。高一时还在丙班同班。高二时，他上了甲班，我在乙班，就不同班了。即使同班，几乎也没有接触。1949年至1953年，傅大学长在北大化学系攻读，我念的是中文系，更没有往来。倒是与从初中起一直同学的，后来又与傅亨在化学系同班的倪葆龄（现北大化学学院退休教授）、程述武（北京钢铁学院退休教授）处得熟些，那二位是从小拽小皮球、弹球的朋友。与傅亨简直就是不认识了。傅亨逝世，倪葆龄派我写墓表，不敢辞，因述其大略如上。表文受字数限制，但取辞达而已。

傅亨墓碑文近照

孟二冬之碑碑文

一九五七年一月十二日—二零零六年四月二十二日

　　孟二冬,安徽宿州人,中国共产党党员,文学博士,北京大学中文系教授,博士生导师。一生献身教育,从事中国诗学、南北朝与唐代文学、唐代科考等教学与研究,成就杰出,著作等身。支教新疆期间,宿疾突发,病倒讲坛,终至不起。生前荣获"全国共产党优秀党员""全国模范教师""全国五一劳动奖章获得者"等称号。胡锦涛总书记评为:"为人师表,品格高尚。"称之为"教书育人的杰出楷模,当代中国知识分子的优秀代表。"铭曰:

　　揭竿故地　诞育新英　品第通显　头角峥嵘
　　幼敏才情　早耽文史　济济学林　熠熠国子
　　文心富赡　学识渊通　录题雁塔　补正积功
　　教育楷模　中华英杰　魂兮归来　表兹峻碣

　　　　二零零七年　月　日　耿琴率女孟菲敬立

联语小集

一、为佛寺等处写的联语

为无锡祥符禅寺牌坊作联

仁山智水,名寺重新,十方共仰,抬头有无量自在;
慧日祥云,佛光普照,万善同登,进步入不二法门。
慈云永护,对山色湖光,握智珠心印,悬知自性真清净;
梵宇宏开,入香林宝界,悟妙果灵因,了彻诸法无去来。

(2001年2月25日)

为丘嘉伦作纪念妙善法师联

了身如虚空,微秒难思议;
离阐趣明正,众善得奉行。

(2003年1月27日)

宁波七塔寺可祥方丈升座志喜

二谛圆融,四禅慧净;
三门可驻,七塔祥呈。

月西上人圆寂十周年纪念

七塔留香火;
三生证净因。

(上两联均作于2003年4月15日)

为丘嘉伦与无锡祥符禅寺作宁波七塔寺月西上人十周年纪念联：

七佛塔内真佛子；
三生石上旧精魂。
于诸梵行悉坚持，三心尽转；
愿证法身成正觉，七塔重来。

（上两联均作于2003年1月30日）

苏州寒山寺普明宝塔联（四面五层新建）：

崇斯六度，佛影留龛，千灵拥护；
施彼七珍，神功造塔，万福庄严。
月落乌啼，鲸钟发菩提愿；
水浮地涌，宝塔证般若缘。
四面绚烂凌空，仰看无边花雨；
五层巍峨出地，倾听夜半钟声。
胜迹依然，江枫渔火；
宗风不坠，塔影钟声。

（上四联均作于2002年12月16日，此塔为仿唐代四面方塔）

为丘嘉伦作普陀山戒忍法师升全山方丈贺联：

戒蕴慈航，法资龙象；
忍坚精进，人证菩提。

（2002年12月1日）

为丘嘉伦作无锡祥符禅寺牌坊"五智门"楹联：

三万六千顷淼淼烟波，渔歌伴梵宫呗唱，大乘西来，太湖映佛光普照；

四百八十院苍苍薔蔔,谷响赓精舍钟声,宗风南衍,灵山建临济名蓝。

入五智门,仰宝像金容,莲座祥云拥护,应身璀璨天中,观想如来八相;

传四照用,破尘缘世网,灵山花雨缤纷,覆面弥纶法界,敷宣临济三玄。

（此两联均作于2002年12月2日）

为丘嘉伦取弘一法师集晋译《华严》偈颂集句拼成三联：

断除烦恼,舍离贪欲嗔恚痴,自性真清净;
具足菩提,示现生老病死患,诸法无去来。
究竟得到头陀彼岸,永获大安,无上胜妙地;
具足成就智慧藏身,令出爱狱,离垢清凉园。
安住平等相,犹如满月显高山,有无量自在;
广发大悲心,开示众生见正道,入不二法门。

（2002年12月9日）

无锡太湖赵朴初老居士纪念堂联：

我辈有情痴,谒拜所馀唯涕泪;
先生无尽意,生平遗爱是湖山。

为无锡"清和楼"试拟楹联稿：

古运河边,检点茶灶笔床,凭栏望烟蓑雨笠;
清名桥畔,安排紫砂青釉,对客烹雀舌龙团。

（2008年8月24日）

无锡灵山精舍禅堂联：

精舍花从天女散;
灵山偈共净名参。

（2010年2月）

为北京天寿陵园三殿作

正殿，即最大的告别厅，有永久性的丧葬祭祀陈列。作两副：

去日可念，顿悟前古后今皆如是；
远山相亲，深知地厚天高靡已时。

博物致知，体察入微，片时目验人间世；
慎终追远，显亲裕后，百代心存天寿园。

西配殿，即办公厅：

悟此因缘，顺时而行，同归安宅；
卧兹幽胜，修德有报，垂裕后昆。

东配殿，即准备作小告别室者：

明时立业，丰碑大碣留天地；
定后迁安，素业清风遗子孙。

(2007年4月3日)

二、挽联

个人所作挽联，在《北大熏习录》书中多附载于相关文章之中，以下所录为书中不及载入之一部分。

挽刘坚（大学同班，中国社会科学院语言研究所所长，2002年12月17日逝世）：

文字结亲缘，真醇雅量承陈老；
语言多妙解，邃密宗风绍吕翁。

代表原北京育英中学1949届毕业班全体老同学挽张仁佑联（北京化工大学教授，1997年7月11日逝世）：

六载溯同游，忠厚谦诚，友情无间；

一心攻专业，博达勤奋，学术有成。

挽倪其心（北大中文系教授，2002年7月27日逝世）：

　　甄综百家，广栽桃李；
　　沉潜四部，周检嫏嬛。

挽北大化学系赵匡华教授之母北师大骆涵素老教授（1997年2月26日拟稿）：

　　上寿百龄，须臾不待；
　　夕阳无限，嗣续皆贤。

挽刘修业先辈（1910—1993年10月1日）：

　　肠断辑遗文，远同后序金石录；
　　客游发秘府，早识残编型世言。（与程毅中合撰）
　　相夫缀述传千载；
　　教子专攻擅一家。（代刘氏亲戚作）

2007年1月15日，陕西师范大学黄永年老教授逝世。当日发挽联：

　　秘阁早回翔，天禄校书多述作；
　　黉官勤化育，渭南治史广薪传。

三、喜联

杨军、李永卫结婚（1997年3月16日）：

　　五色瑞云期化凤；
　　双飞春燕共衔泥。

四、寿联

春澍学长七十整寿（丙戌桃月，即 2006 年旧历三月。袁行霈字春澍）

> 教授时为法；
> 文章老更成。

程毅中八十华诞（大学同班，中华书局总编，中央文史馆馆员。2010 年 3 月 25 日中华书局组织的庆寿会上悬挂）：

> 三千岁月春方早；
> 九帙耆英古所稀。

也如躬鞠

定位·从师·交流·考察

《文史知识》编辑部派我写一篇个人学习数十年的经历与教训的材料,说是或可供青年同志参考。在下忝列本刊编委,写稿自责无旁贷,不过熟人都知道我学无所成,所写绝非治学之道,这一点是很明确的。

定　位

想搞点学问的青年同志大多有"成名成家"的愿望。按现在的观点看,似乎应该鼓励。可是,学术的海洋十分广袤,您想成什么家,最好是尽早把方向确定,以利航行,以免触礁。这也是老生常谈了,但是,实行起来并不容易。

首先,它受客观制约。说到底,就是饭碗(工作)与爱好(学习)的矛盾。我听说,史学大名家陈直先生,解放前在银行界工作半生;词学大名家王仲闻先生,在邮局也耗了大半辈子。许多老知识分子都有这样那样的经历,人家不也都卓然有所树立吗!学术上定方向跟饭碗经常不是一码事。当然要力争合二而一,可是,争取不到,也别灰心丧气,怨天尤人。建议您把搞学术作为业余爱好,甚至发展成第二职业,那不也是挺好的么?

现在单说定位问题。陈寅恪先生《敦煌劫余录序》开头的那段名言实为歧路灯:

一时代之学术，必有其新材料与新问题。取用此材料以研求问题，则为此时代学术之新潮流。治学之士得预于此潮流者，谓之预流——借用佛教"初果"之名——其未得预者，谓之未入流。此古今学术史之通义，非彼闭门造车之徒所能同喻者也。

照我的理解，"新材料"大致可归为以下三类：

一类是真正新出现的材料，如陈先生序文中"本地风光"指出的敦煌学材料，再如考古发掘中新出土的材料，都是。可是，这些材料在其始发见阶段，常被垄断，一般人不容易接触和能够使用到。再则，使用新材料以发见和解决新问题，非学有根柢之人莫办。如我国近年来连续在各地出土的汉简，其整理与研究者一定得是斯学专家。初学者打打下手借此提高当然是最好的，充当主力似非其宜。

再一类是虽然触目皆是但过去没有充当过学术研究对象的材料。这就需要有识之士建立一门新学科，开辟一个新领域，把它们使用起来。如鲁迅先生《中国小说史略》、郑振铎先生《中国俗文学史》两书之大量采用不登大雅之堂的俗文学材料，创立了斯学的起点站与里程碑，就是两个好例证。

第三类是把别人没有注意到的材料找出来，用于自己的研究。例如向达先生《唐代俗讲考》一文，把有关变文和俗讲的各种材料搜集得既完且备，后人研究均需从此文开始，即为佳例。有些著作所用材料并非珍奇，大多是眼面前的东西，经作者一番引据钩稽排比，便如李光弼入郭子仪军垒，号令之下，军容为之一变。那才见出会用"新材料"的真功夫呐。初学者非得先学这手不可！

总之，创造性使用的材料，都可称新材料。

至于"新问题"呐，管见以为，大致可分两类：

一类是就新发见的材料研究引发的新问题，如敦煌藏经洞内发见了变文,研究变文,在一段时期内就是新问题。或是由研究老材料建立新学科,如宝卷研究,武侠文学研究,在一段时期内也是新问题。这些都属于开辟学科研究领域之列。王国维先生一生的学术研究大都可归入这一类。它要求学者具有超前的洞察力,犀利的眼光,迅速而准确地掌握并使用大量资料——而不被资料所淹没——的能力。

另一类是在旧的学术领域里作深度开掘和广度拓展。这方面例子不少,就不一一列举了。在这一段里,最后要说的是,取新材料以研究新问题,必须预流,即相度好哪股明流或暗流是"此时代学术之新潮流",然后设法参加进去。从来是时势造英雄,顺应时势的英雄再加强了时势。笔者非常爱读费孝通先生《留英记》一文(初次发表于1962年出版的《文史资料选辑》第31辑),并愿向初学者推荐。此文通过费先生现身说法,剖析自己留学英国的情况,以举例手法暗含着谈到了许多具有"通义"性的东西。例如,费先生赴英国留学时,带了两份实地调查材料去,一份是广西瑶山调查报告,一份是《江村经济》的初稿。入学后逐渐发现,资产阶级人类学研究"原始部落"的潮流正在向研究"文明社区"拓展。前一份报告显然落后于当时那一学派的潮流,《江村经济》却是新潮流酝酿中迎头赶上推波助澜的一股活水,因而取得了成功。当然,我们这里举此例,不涉及潮流正逆之类问题。

从　师

"一时代之学术",是由一时代的学者群体推动的。要想预流,必须参加进这个群体中去。

对初学者来说,一开始就是入学从师。

"匡衡抗疏功名薄,刘向传经心事违!"杜甫这两句诗真能确切道出一代代中国老知识分子的心声。学者们一方面不得不被官定的职称牵着鼻子走,以摇笔为文的方式不断地表现自己。老来又怕找不到合适的接班人,怕自己带着一肚子陈谷子烂芝麻进了火葬场。中国的老知识分子现在大多还保存有这股傻劲,只要你肯拜师,老老实实地学,恭恭敬敬地学,他一定倾筐倒箧而出,毫不藏着掖着。总的说,只要态度好,不存在老师肯不肯教的问题。

笔者要说的是一些学习方法上的问题。

笔者有一种偏颇的见解,认为,在已有课本、讲义、教学大纲印发的、照本宣科的文科(不包括初中级外语)课堂教学中,听讲抄笔记的办法并不可取,因为那些内容已包括在印发的材料中了。重点是看教师怎样教,即体会他是如何组织和消化教材的,又补充了些什么。例如,笔者50年代初听王昭琛(瑶)老师新文学史课时,《中国新文学史稿》一书方出,于是拿着书专记老师顺嘴说出的"党在重庆和老舍先生等搞统战"之类的当时不宜见诸记载的言辞,充实了对叙事平直的课本的理解。

笔者更有一种体会,即,光靠课堂教学,无法建立真正的师生关系,跟老师也学不到真本事。"师傅是在他自己的作坊里带徒弟的",费先生《留英记》中记载他从学于马凌诺斯基的情况很可供参考。笔者从学过的几位老师也常说,自己是跟着老师"熏"出来的。但这样熏有两个条件,一条是,要逐步建立家人父子式的亲密关系,这在中国特别重要;另一条是,自己要有一定的水平,否则就会听不懂老师教导的真髓所在。

笔者读北大中文系,从学受益于周燕孙(祖谟)先生最深。1953年,先生教"现代汉语",我是课代表,开课前先研究了先生的生平与著作,知道先生于古代音韵、训诂等最为擅长。当先生问我是否愿意专攻汉语时,我直率地答以是大舌头,发音不清,无法学好音韵学。先生喜我诚实,许我随时登堂求教。一次侍坐时,因为我先曾选学过先生开的工具书使用法课(1951年在北大由先生首开),话题由此展开。先生说,学工具书,不可满足于只学查阅。

要从治学角度掌握工具书。这番话使我终生受益。试举一小例：60年代，一位学者写了一篇有关《左传》、《论语》两书中"人""民"两字阶级内涵的分析稿。一位学长读后，骇其引据浩博，认为非通读两书莫办。我则告以据两种《引得》一查足矣，再据引得核对上下文便成。这位爷问我哪儿学的这招，我说周先生教的。他大概至今还以为周先生是手把着手教我查引得呐。

再一次，周先生说，工具书的发展趋势，可能是多样化和一书多功能化。我也牢记在心。近四十年来我国工具书品种层出不穷，证明了多样化先见之正确。至于多功能化，笔者常想，索引到了"堪靠灯"（Concordance）已达极致，还能有什么发展？及至看了四川大学向熹学长寄赠的《诗经词典》，略有所悟：可以把词语解释和"堪靠灯"式索引结合起来，便成一部专书索引辞典。它是一个"杂交品种"。其实，搞专书词典的，多半得利用已出的"堪靠灯"式索引，还不如在查阅的同时记录，合二而一呐。

交　流

学术进步一日千里，信息交流至关重要。对初学者来说，多参加学界讨论，常聆听高人发言，至关重要。费先生《留英记》中写到英国人搞"席明纳"（Seminar，意译"研究班讨论""课堂讨论"）的情况，可供借鉴，节引如下：

一种大规模的"熏"

席明纳是欧洲传统的一种教学组织，也是一种教学方法。在欧洲各大学里指导高年级学生时常被采用的。……马凌诺斯基不喜登台讲课而善于搞席明纳……每星期五（除假期）他总是坐在伦敦经济政治学院那间门上标着他名字的大房间里。这间房说是办公室不很合适，因为满墙、满桌，甚至满地是书籍、杂志、文稿,到处是形式不同的沙发、靠椅、板凳,到了那个规定的时候,他的朋友们、同事们、学生们就陆陆续续地来了,相当拥挤。这批人中有来自各国的人类学家,有毕业了已有多年的老徒弟,也有刚刚注册的小伙子。他有他一定的座位,其他人就各自就座,年轻的大多躲在墙角里。

人是怎么来的?为什么有这么多人来呢?

有些是马凌诺斯基自己邀请来的,凡是要和他谈学术的朋友就在这时候到这里来。其他场合当然也可以谈学术,但是在这里是公开地谈,大家一起谈。绝大部分是自动来的,凡是他的门徒到了伦敦,逢到那一天就争着要来此会会老师。主要的目的是要在这里闻闻人类学的新气息。

在这里讨论的,不但收本上还没有写,课堂上还没有讲,甚至有一般的人类学家还没有想到的问题。这类问题为什么在这里会提得出来,与其说是靠这个老头子学问高,倒不如说靠参加的人多;他们在四面八方从实地研究中带来了新问题。他们遇到困难,或有了心得,在老师的席明纳里发言,经过讨论得到了启发,又回去工作,解决问题,提高质量。大家得到好处。……马凌诺斯基自己在席明纳里不多说话。他主要是起组织作用,就是在事先安排一两个主要发言人。这个发言人首先念一篇准备好了的文章,有的是调查报告,有的是对于一个问题的意见。换一句话说,这个老头子首先抓的是在席明纳里要提出什么问题,大体上有一个方向。

我们这些小伙子就躲在墙角里喷烟,喷喷就慢慢喷得懂了一些,也觉得它的味道不薄了。

笔者抄了这么多,目的是想让读者通过费先生那支生花妙笔,感染一下那种热烈的学术交流气氛。在中国,可以起到"席明纳"

作用的,是一种更大规模、更正规的"席明纳",即各种学会召开的学术研讨会。鄙见以为,青年人多参加这种会,获益非浅。要力争参加。

青年人参加学术会议,一定要带"小、新、精"的论文去。论文题目不宜过大,如《目录学的研究对象》之类,不合初学身份,有夸夸其谈之嫌。可以公布一个新材料,提出一个新问题并谈谈自己的看法,足矣。1986年,我指导的研究生杨宝玉(现在社科院历史所)参加一次敦煌学会议,提交的论文是《北京大学所藏〈下女夫词〉一本残卷校录》,后附"讨论"。此卷《敦煌变文集》未收,有其特色,"讨论"中提出下女夫词的演唱者问题,也有新见。得到与会前辈好评。这提示我们:青年人出席一次会,就要在自己提高的同时,使学术界中人对自己有个基本认识。如此打一仗提高一次,方能逐渐"入围"。学术会议中你研究别人,别人也在研究你。

考 察

开学术会议多在与此项学术有关之地区,正宜考察。读万卷书,行万里路,学问与游历乃是互相促进之两端。以下提出几点注意事项:

一、赴某地开会考察前,作好充分的阅读准备,相关资料读得越多越好。如赴大足考察,就得多读有关大足的书,到当地后还可买一些,按图索骥。

二、多听多问,不可仗着自己有些准备,在当地土圣人面前卖三字经。

三、作有心人,多看多思考。动用自己的学问蓄积以发现新问题,回来再整理研究。如我的朋友北京大学考古系晁华山先生,在吐鲁番考察中发现七十余处原认为佛教而实属摩尼教的石窟,堪称本世纪摩尼教研究的第三次大发见。这与他在德国全面研究过前两次大发见的材料有关。笔者也去过那里的一些石窟,见过那些"生命之树"的壁画,还以为是画的背景呢。

最后的建议是:学术界是由人组成的,是有新陈代谢的,识英雄当于其未遇之时。在交流和考察中,要目光犀利,结交有真才实学而尚未成大名的中青年朋友,他们是学术界的未来。

(原载于《文史知识》1993年第3期)